微生物学实验教程系列

病毒与免疫学实验教程

康友敏　张永亮　主编

科学出版社

北京

内 容 简 介

本书由中国农业大学、北京大学、河南大学、四川农业大学和中国医学科学院的教师共同编写完成。本实验教程汇集了各位参编教师多年一线教学和科研积累的素材，并根据当前教学和科研的实际需要编写而成。病毒学部分重点介绍了病毒学实验技术的基本原理、方法、操作步骤及结果分析，内容包括病毒的培养、提纯，形态学观察及血清学、分子水平的检测方法，共 17 个实验；免疫学实验结合了编者多年的研究经验及当前免疫学最新进展，介绍了实验动物、免疫细胞培养、抗体制备、补体实验及淋巴细胞纯化及功能检测方法，共 37 个实验。

本书可供理、工、农、医学及师范类院校生物学专业本科生、研究生使用，也可作为病毒学与免疫学及相关领域研究人员的参考书。

图书在版编目（CIP）数据

病毒与免疫学实验教程 / 康友敏，张永亮主编. —北京：科学出版社，2014.6

微生物学实验教程系列

ISBN 978-7-03-041111-2

Ⅰ. ①病… Ⅱ. ①康… ②张… Ⅲ. ①人体病毒学–实验–高等学校–教材 ②医学–免疫学–实验–高等学校–教材 Ⅳ. ①R373-33 ②R392-33

中国版本图书馆 CIP 数据核字（2014）第 129083 号

责任编辑：王玉时 / 责任校对：桂伟利
责任印制：赵　博 / 封面设计：迷底书装

科学出版社出版
北京东黄城根北街 16 号
邮政编码：100717
http://www.sciencep.com
北京凌奇印刷有限责任公司印刷
科学出版社发行　各地新华书店经销
*
2014 年 6 月第　一　版　开本：720 × 1000 B5
2025 年 7 月第八次印刷　印张：15 1/2
字数：309 000

定价：59.80 元

（如有印装质量问题，我社负责调换）

微生物学实验教程系列编委会

《病毒与免疫学实验教程》编委会名单

主　　编　康友敏　张永亮

主　　审　李大伟　封文海　王　宾

编写人员　（按姓氏汉语拼音排序）

杜小刚　四川农业大学

封文海　中国农业大学

胡艳欣　中国农业大学

康友敏　中国农业大学

李大伟　中国农业大学

孙晓麟　北京大学

王　宾　复旦大学

王军朋　河南大学

王　颖　中国农业大学

肖　冲　中国医学科学院

徐　进　中国农业大学

张永亮　中国农业大学

张宗英　中国农业大学

周　磊　中国农业大学

周　涛　中国农业大学

总　　序

中国农业大学生物学院微生物学科创建于1958年，由原北京农业大学植保系和土化系的微生物学教研组合并组建而成，是我国高等院校第一个农业微生物学专业。1981年被国务院学位委员会列为第一批博士点，1993年被评为农业部重点学科，2001年被评为国家级重点学科。

本学科特色是研究、挖掘和利用丰富的微生物资源，为农业生产服务。研究方向包括根瘤菌资源调查和系统发育学、固氮酶的生化机制及遗传调控、真菌生理及遗传学、药用及食用真菌学、微生物发酵工程、土壤和环境微生物学，并在此基础上，加强了微生物分子遗传，增加了病毒学、免疫学和生物质能源等研究方向。1985年，原在植保系的微生物专业参与了中国农业大学生物学院的组建，建立了微生物系，于2003年更名为“微生物及免疫学系”。目前本系开设的本科生课程包括：微生物生物学，原核生物进化与系统分类学，真菌生物学，微生物生理学，微生物遗传学，微生物发酵工程，食用菌学，资源与环境微生物学，病毒学及免疫学，每门课程均有理论课和实验课。

本系俞大绂教授等老一代学者及多位已经退休的老师在微生物学教学思想、课程设置及团队建设等方面，为学科发展作出了巨大的贡献，也为后人的工作奠定了良好的基础。在教学中突出的特色是理论课程与实验课程的紧密结合，特别是对于本专业入门的实验课程，积极推进将“死标本”的观察转变为学生自行分离和观察活体标本，使学生们从被动地接受知识转变为主动地参与学习，有利于促进学生们掌握实验技能，并锻炼思考和分析能力。这种教学理念和模式一直沿用至今。目前本系担任教学工作的是一支中、青年教师结合的队伍，他们责任心强、思想活跃、虚心进取，不断进行教学改革，积极探讨在新的形势下，如何正确解决“基础与创新”、“理论与实践”、“教学与科研”的关系，认真履行着教师的职责。

本套实验教程的基本资料均来自教师们多年的积累。本系历来坚持教学与科研并重的原则，在多年的发展过程中，逐步规划将教师的科研方向与所承担的课程内容紧密相关，保证教学内容中基础知识与前沿知识相结合，很多实验设计出自任课教师的科研积累。大家齐心协力，勇于创新，不断更新实验教学内容，使各门实验课程的教学工作一直受到学生的好评。

本系承担的9门本科生微生物学实验课程一直没有编写正式出版的教材。最近，在大家的努力和领导的支持下，各位主编在近年完成实验课教学大纲修订的前提下，汇集了来自其他兄弟院校教师们的智慧，终于完成 9 本实验教程的编写，这是大家共同努力的结果。

衷心感谢南开大学邢来君教授、山东大学陈冠军教授、山西大学赵良启教授欣然接受我们的邀请，不仅为本套教材的审稿付出辛勤劳动，同时作为本套实验教程编委会成员，为保证教材的质量献计献策。感谢中国农业大学生物学院领导的支持和“教育部高等学校专业综合改革试点”项目的资助，感谢来自兄弟院校全体参编教师们的认真合作。感谢科学出版社为编辑和出版本套教材所付出的努力。希望这套实验教程的出版，为本学科和相关学科读者的学习和工作带来有益的参考，也希望广大读者提出批评和建议，以便我们今后作出修改。

李季伦

2014 年 1 月

前　言

本书的编写参考了现代病毒学与免疫学研究的技术原理和方法，以病毒及免疫系统的体液和细胞免疫为主线，分别在病毒的形态观察、病毒培养及检测技术和免疫细胞分离纯化、免疫细胞功能及抗体检测等方面予以介绍。既强调了研究方法的科学性，又通过详细的操作步骤，体现了研究方法的实用性及可操作性，并结合研究经验对关键步骤作了重点提示，每个实验提供了可供读者参考的实验结果。本书还提供了目前病毒学及免疫学研究中常用的试剂配制方法，以供读者参考。

全书由康友敏和张永亮统筹整理，由李大伟教授（中国农业大学）、封文海教授（中国农业大学）和王宾教授（复旦大学）主审。本教程病毒学实验一至七由张永亮编写；实验八至十由周磊、徐进和张永亮编写；实验十一至十五由张宗英、周涛、王颖和张永亮编写；实验十六、实验十七由周涛和张永亮编写。病毒学实验部分由张永亮统稿。免疫学实验十八由肖冲、郭琦瑞和康友敏编写；实验二十、实验二十一由孙晓麟、郭琦瑞和康友敏编写；实验二十二至二十四由高文娟和康友敏编写；实验二十五、实验二十七、实验二十八及实验四十四由王军朋编写；实验三十、实验三十一由胡艳欣编写；实验三十二、实验三十三由杨倩、杜银平和封文海编写；实验三十七、实验三十八由孙晓麟编写；实验四十九由杜小刚编写；实验十九、实验二十六、实验二十九、实验三十四至三十六、实验三十九至四十二、实验四十五至四十八和实验五十至五十四由康友敏编写；试剂配制由高文娟和康友敏整理。免疫学实验部分由康友敏统稿。

本书的撰写得到中国农业大学生物学院“教育部高等学校专业综合改革试点”项目的资助；感谢科学出版社给予的全力支持与帮助。在此也向为本实验指导编写提供材料的中国农业大学生物学院博士研究生曹修岭、郭雪坤、杜银平、杨倩、郭琦瑞和硕士研究生高文娟及本科生杨阳表示衷心感谢！

编者希望把病毒和免疫学科研和教学中常用的实验方法提供给从事相关研究的教师和学生参考使用，然而限于作者水平，仍然存在不足之处，还望广大读者提出批评和建议，以便本书再版时作出修订。

编　者

2014年4月

目　　录

第一部分　病毒学实验

第一章　病毒的提纯及浓度测定

实验一　植物病毒的提纯

一、实验目的

1. 学习植物病毒提纯的原理和方法。
2. 掌握不同形态植物病毒的提纯操作。

二、实验原理

为了研究病毒的结构、组分等形态学特征及复制、运动等生物学性质，首先要对病毒进行纯化并准确地测定其浓度。病毒的纯化和测定技术对人们研究病毒具有非常重要的意义，其发展完善使得病毒学作为一门现代学科得以长足发展。

病毒的纯化利用了病毒的多种性质。病毒粒子的主要成分为蛋白质，其结构通常比正常细胞的组分稳定，并且具有表面蛋白。因此，许多用于分离蛋白质和细胞器的技术也可用于病毒的分离。其中，应用最为广泛的 4 种技术是：①差速和密度梯度离心法；②病毒沉淀法；③杂质变性法；④细胞组分的酶消化法。此外有时也用到吸附法、电泳法、柱层析法及抗血清处理法等。

1. 差速和密度梯度离心法

高速（超速）离心机是病毒纯化中的必备仪器，常见的转头包括角转头和水平转头两种类型（图 1-1），当样品在上述两种不同类型的转头中离心时，沉淀形成的位置会有所不同（图 1-2）。

由于各种离心机转子的半径或者离心管至旋转轴中心的距离不同，所产生的离心力也不同，因此在文献中常用“相对离心力”或“数字×g”表示离心力。只要 RCF 值不变，一个样品可以在不同的离心机上获得相同的结果，RCF 就是实际离心场转化为重力加速度的倍数。

$$\mathrm{RCF}=\frac{F_{\text{离心力}}}{F_{\text{重力}}}=\frac{m\omega^2 X}{mg}=\frac{\omega^2 X}{g}=\frac{(2\pi n/60)}{980}\cdot X=1.118\times10^{-5}\cdot n\cdot X$$

式中，X 为离心转子的半径距离（cm）；m 为样品的质量（g 或 kg）；g 为地球重力加速度（980cm/S^2）；n 为转子每分钟的转数（r/min）。

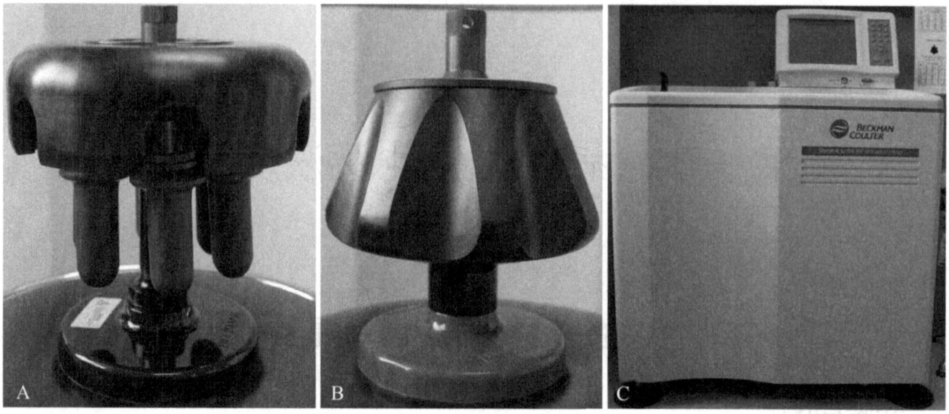

图 1-1　超速离心机水平转头和角转头示意图

A. Beckman SW28 型水平转头，静止条件下，离心管自然垂直放置，离心时，离线管呈水平状态；B. Beckman Type70 角转头，无论离心还是静止时，离心管均呈现一定的倾斜角度；C. Beckman 超速离心机（Optima L-100 XP）

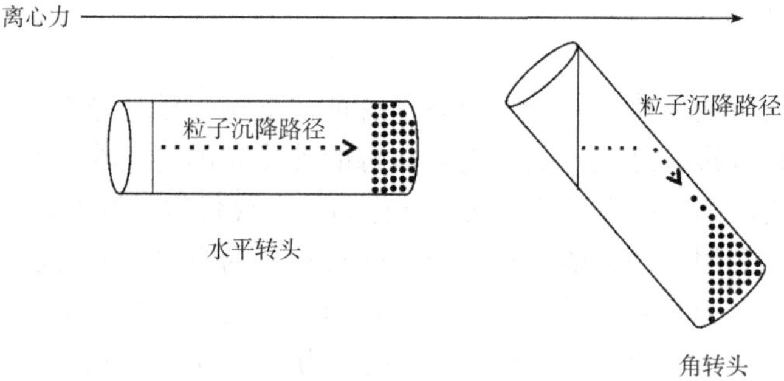

图 1-2　水平转头和角转头的离心力方向及离心后沉淀所在位置示意图

水平转头离心后形成的沉淀呈平面状，角转头离心后形成的沉淀呈现出一定的弧度

差速离心法是基于不同大小和密度的粒子在沉降速度上存在差别，从而分离不同蛋白质组分的方法，通常是将被分离的样品交替进行低速离心与高速（或超高速）离心（图 1-3）。对于沉降速度差别在一个或几个数量级的粒子，可用本法提取。差速离心常用于病毒样品的浓缩和粗提，虽然分辨率不高，但能够快速处理大量样品。对于沉降系数在同一个数量级内的各种粒子（与病毒大小相近的细胞亚单位及细胞碎片），差速离心的方法并不适用。

速率区带离心法是根据被分离物质在强大离心力中沉降速度不同而进行分离的方法。该法使用的介质密度应该小于被分离物质的密度（$\rho_m < \rho_P$）。介质可以为均一密度，也可以为梯度密度。当被分离的物质沉降到与介质密度相等的区域时就不再沉降。不同分子形成不同的区带，成为速率区带。常用的介质有蔗糖、甘油、聚蔗糖等。在差速区带离心中，颗粒物质根据各自大小和密度得以分离，通常病毒越大

沿密度梯度沉降得越快（图 1-4）。

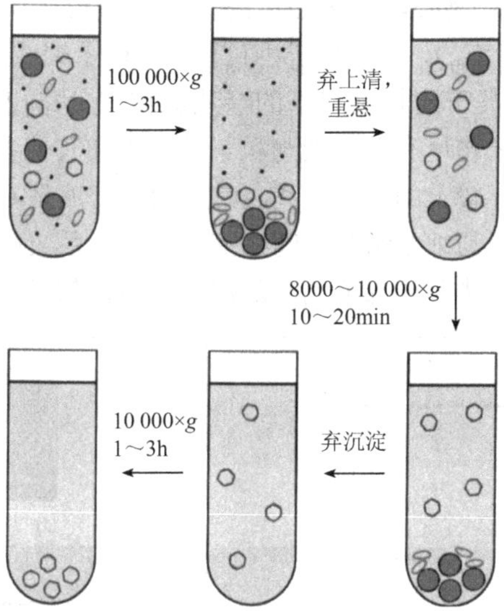

图 1-3　利用差速离心法分离病毒的一般流程（Prescott *et al.*，2002）

起初在离心管中含有细胞破碎后的匀浆混合物，其中包括病毒粒子（棱形）。通过离心将较大的细胞颗粒和病毒沉淀下来，将可溶性上清弃掉后重悬沉淀，低速离心使其恰好除去比病毒重的物质，然后高速离心，使病毒沉淀。重复以上步骤可进一步纯化病毒颗粒

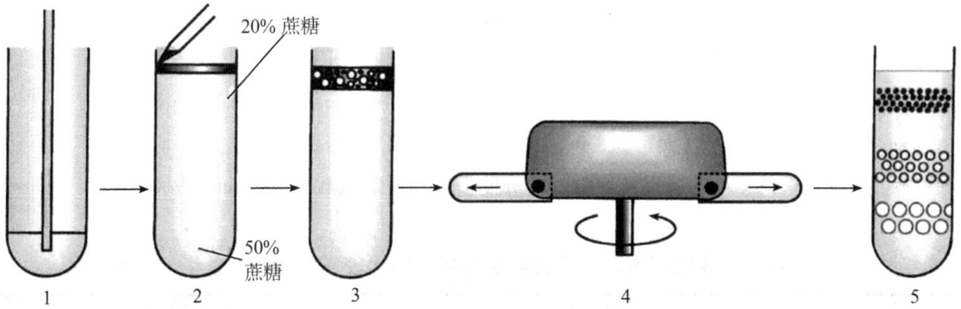

图 1-4　梯度离心示意图（Prescott *et al.*，2002）

首先制备蔗糖（sucrose）线性梯度，然后将差速离心后的样品铺于梯度介质之上，通过离心，各组分由于其沉降系数和密度的不同而被分离。在速率区带离心中，各组分的分离基于其沉降系数的不同，由于速率区带中离心管底部的介质密度要小于待分离颗粒的密度，因此，离心时间相对较短，以避免所有的颗粒组分沉降到离心管底部。但在等密度梯度离心中，离心管底部介质的密度要大于所有待分离的组分，因此，离心时间通常较长，以使各组分到达与其密度相等的位置

等密度离心法是在离心前预先配制介质的密度梯度，待分离的样品铺在梯度液顶上或与梯度液预先混合。离心开始后，当梯度液由于离心力的作用逐渐形成管底

浓而管顶稀的线性梯度，原来分布均匀的粒子也发生重新分布。将经差速离心纯化的病毒标本平铺于梯度上离心，在离心力的作用下颗粒物质分别沉降到与它们各自密度相等的位置（即 $\rho_P=\rho_m$），此时粒子不再移动，粒子聚成纯组分的区带（图 1-4）。这样就可以将病毒从与其密度相差很小的杂质颗粒中分离出来。等密度梯度离心所形成的区带与样品粒子的密度有关，而与粒子的大小和其他参数无关。此法一般应用于大小相近，而密度差异较大的物质分离。常用的梯度液是 CsCl。从图 1-5 中可以看出不同的病毒之间及病毒与细胞组分之间在密度和沉降系数（sedimentation coefficient）上均有不同。因此，这两种类型的梯度离心对病毒的纯化都是非常有效的方法（表 1-1）。

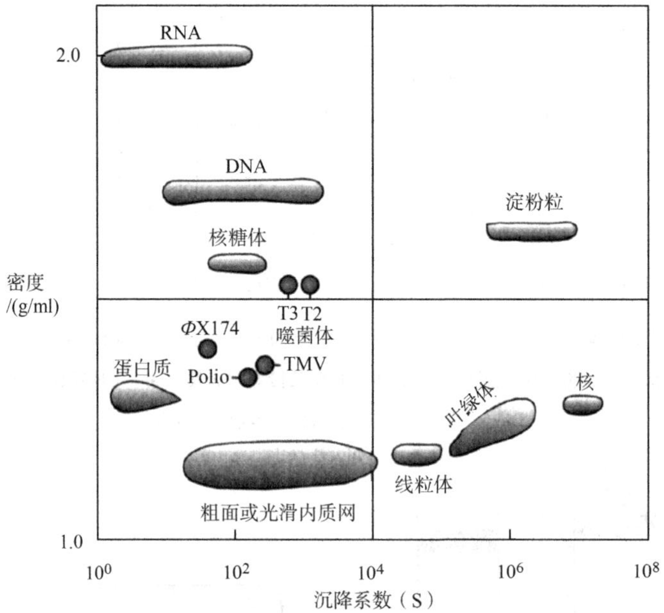

图 1-5　一些常见的病毒及细胞内组分的密度和沉降系数（Prescott *et al.*，2002）

表 1-1　速率区带离心和等密度梯度离心法比较（殷震和刘景华，1997）

	速率区带离心	等密度梯度离心
原理	沉降与颗粒质量成正比，以物质沉降速度的不同进行分离	沉降与颗粒的密度成正比，以物质的浮密度不同进行分离
介质	密度小，如蔗糖、甘油、聚蔗糖，蔗糖浓度 10%～67%，密度 1～1.3286g/ml 预制梯度，不连续	密度大，如 CsCl 和 Cs_2SO_4，浓度 0～1.355g/ml，密度为 1～1.9025g/ml，自成连续梯度
离心力场	强，离心速度高，使被分离物质易沉降	稍强，速度相对低，使 CsCl 形成梯度，建立沉降扩散平衡
离心过程	样品向离心管底沉降	不论样品起始时在什么位置，离心时样品停留于介质的等密度部位
离心时间	较短，一般为几小时到几十小时	较长，十几小时到数天

在进行梯度溶液的制备时，选择合适的介质很重要。一种理想的梯度材料应具

备以下几点：与被分离的生物材料不发生反应，即完全惰性；易与所分离的生物粒子分开；可达到要求的密度范围，且在所要求的密度范围内；黏度低，渗透压低，离子强度和 pH 变化较小；不会对离心设备发生腐蚀作用；容易纯化，价格便宜或容易回收；浓度便于测定，如具有折光率；对于超速离心分析工作来说，它的物理性质、热力学性质应该是已知的（表 1-2）。这些条件是理想条件，完全符合各个性能的梯度材料几乎是没有的。常用的介质及其密度如下。

蔗糖：水溶性大，性质稳定，渗透压较高，其最高密度可达 1.33g/ml，且由于价格低，容易制备，是现在实验室里细胞器、病毒、RNA 分离的常用梯度材料。但由于有较大的渗透压，不宜用于细胞的分离。

聚蔗糖：商品名 Ficoll，常采用 Ficoll-400 也就是相对分子质量为 400 000。Ficoll 渗透压低，但它的黏度却特别高，为此常与泛影葡胺混合使用，以降低黏度。主要用于分离各种细胞，包括血细胞、成纤维细胞、肿瘤细胞、鼠肝细胞等。

氯化铯：是一种离子性介质、水溶性大，最高密度可达 1.91g/ml。由于它是重金属盐类，在离心时形成的梯度有较好的分辨率，被广泛地用于 DNA、质粒、病毒和脂蛋白的分离，但价格较贵。

卤化盐类：KBr 和 NaCl 可用于脂蛋白分离，KI 和 NaI 可用于 RNA 分离，其分辨率高于铯盐。NaCl 梯度也可用于分离脂蛋白，NaI 梯度可分离天然或变性的 DNA。

Percoll：此为商品名，它是一种 SiO_2 胶体外面包了一层聚乙烯吡咯酮（PVP）。渗透压低，黏度高，对生物材料的影响小。在冷却和冻融情况下稳定，在酸性和高离子强度下不稳定。它可用于细胞、细胞器和病毒的分离。大多数病毒的浮密度在 1.1～1.4g/ml，其制备悬浮介质的密度为 1.0～1.7g/ml，可满足大多数病毒密度梯度离心的要求。

表 1-2　平衡梯度离心时介质的密度与质量百分比的关系（殷震和刘景华，1997）

介质质量的百分比/% 介质密度/（g/ml）	10	20	30	40	50	60
LiCl	1.054	1.113	1.178	1.250	—	—
LiBr	1.073	1.160	1.261	1.381	1.529	1.716
KBr	1.072	1.158	1.257	1.371	—	—
NaBr	1.078	1.172	1.281	1.410	—	—
RbBr	1.079	1.174	1.285	1.419	1.582	—
CsCl	1.079	1.174	1.286	1.420	1.582	1.785
CsBr	1.081	1.180	1.297	1.440	1.616	—
Cs_2SO_4	1.086	1.190	—	—	—	—
乙酸钾	1.048	1.100	1.155	1.213	1.242	1.333
柠檬酸钾	1.066	1.140	1.221	—	—	—
酒石酸钾	1.066	1.139	1.218	1.305	1.400	—
甘油	1.021	1.045	1.071	1.097	1.124	1.151
蔗糖	1.038	1.081	1.127	1.176	1.230	1.289

注：“—”代表无实验数据。

2. 病毒沉淀法

和多种蛋白质的纯化一样，病毒纯化也可以用硫酸盐沉淀法。首先，加入一定饱和度的硫酸铵，使浓度恰好达到低于病毒被沉淀析出的水平。除去析出的杂质，再加入硫酸铵沉淀出病毒粒子，进而通过离心收集。一般情况下，当硫酸铵浓度达30%～50%饱和度时，多数病毒会沉淀。如果病毒对硫酸铵敏感，则可用聚乙二醇沉淀法（浓度达 4%～8%）纯化。此外还有如等电点沉淀法（加乙酸或盐酸）、丙酮沉淀法（浓度达 40%～70%）及乙醇沉淀法（浓度达 20%）等，沉淀法简便快速，但粗糙且易造成病毒粒子变性。

3. 杂质变性法

与正常的细胞组分相比较，病毒粒子往往不易变性。热处理或改变 pH 可使杂质变性沉淀，从而纯化病毒。由于某些病毒还能耐受丁醇和氯仿等有机溶剂的处理，利用有机溶剂处理不仅可以使杂质蛋白变性沉淀，还能抽提出材料中的脂肪、有色杂质或非病毒的变性蛋白。此方法中有机溶剂要与病毒材料充分混匀，然后静置分层。最后溶液将分为有机相和水相。未变性的病毒仍悬浮在水相中，脂质则溶解在有机相中，变性的物质则聚集在水相和有机相的临界处。分离出水相，然后再进一步纯化病毒。利用杂质变性法提纯病毒要考虑病毒对有机溶剂的耐受性。

4. 细胞组分的酶消化法

因为病毒比游离的核酸和蛋白质更耐受核酸酶和蛋白酶的降解，所以通过酶促降解法可以将病毒材料中的细胞蛋白和核酸除去。例如，核酸核糖酶和胰蛋白酶常可降解细胞的核糖核酸和蛋白质，但不能降解病毒粒。

植物病毒的提纯就是利用病毒粒子与寄主细胞正常组分在理化特性上的差异，逐步将细胞成分尽可能除掉，同时保持病毒的活性。病毒提纯的程序和方法多种多样。初步提纯主要包括破碎细胞和释放病毒、澄清提取液和浓缩病毒；精提纯则需要进一步利用各种方法除去中间组分，如植物蛋白、核糖核蛋白体和微粒体（内质网膜的小碎片）等。提纯过程中需要各种缓冲液来保证提纯病毒的产量、侵染力和粒子完整性。病毒纯化过程中常用的一些缓冲液包括磷酸盐、Tris-HCl、巯基乙醇等，主要是保护病毒防止变性。

本实验分别以烟草花叶病毒（tobacco mosaic virus，TMV）和甜菜黑色焦枯病毒（beet black scorch virus，BBSV）为材料进行杆状病毒和球形病毒的提纯，学习了解各步骤操作方法及超速离心机的使用。

三、实验材料

1. 植物材料和病毒

普通烟（*Nicotiana tabacum* cv. Xanthi nn）和本生烟（*Nicotiana benthamiana*）。

烟草花叶病毒（TMV）和甜菜黑色焦枯病毒（BBSV）。

2. 试剂

0.2mol/L 磷酸缓冲液（pH7.0）：10.58g KH_2PO_4，43.78g $Na_2HPO_4·12H_2O$，补水至 1L，高温高压灭菌；10mmol/L 磷酸缓冲液（由 0.2mol/L 磷酸缓冲液稀释而成）。

20%（*W/V*）聚乙二醇（PEG_{6000}）、5mol/L NaCl、正丁醇、蔗糖、巯基乙醇（β-ME）、氯仿（$CHCl_3$）、曲拉通（TritonX-100）。

3. 仪器

匀浆机、涡旋振荡器、Beckman 冷冻高速离心机和超速离心机、磁力搅拌器、转子、恒温水浴锅。

4. 其他

Beckman 50ml 和 250ml 离心管、尼龙网、量筒、烧杯、三角瓶、滴管、吸管。

四、实验步骤

（一）杆状病毒（TMV）的纯化

（1）将 TMV 接种至 5～6 叶期的普通烟植株，1～2 周后收取接种叶片和呈现花叶症状的系统侵染叶片。

（2）将上述采集的病叶置于组织捣碎机中，加入 1.5 倍体积的 0.2mol/L 磷酸缓冲液（含 1%巯基乙醇，*V/V*），将叶片打碎成浆状（如果提取的样品量少，则采用液氮研磨的方法）。

（3）使用尼龙网过滤叶片匀浆（双层尼龙网过滤），去除固体颗粒后将滤液收集在 50ml 离心管中。

（4）在磁力搅拌器上边搅拌边加入 8%正丁醇（*V/V*），待叶绿素凝聚后，继续搅拌 15min。

（5）4℃，12 000r/min，离心 30min，分离有机相与水相。

（6）收集水相，转入新的烧杯中（注意：勿吸取任何固体或深色的有机相）。

（7）分别加入 20% PEG_{6000} 溶液和 NaCl 至终浓度为 4%（*W/V*），边加边搅拌，4℃条件下搅拌 4h 或过夜（注意：加 PEG_{6000} 溶液和 NaCl 时速度不要过快）。

（8）4℃，12 000r/min，离心 20min 分离病毒颗粒，去除上清液后短暂离心去除残留液体，仅留白色沉淀。

（9）利用涡旋振荡器将沉淀充分重悬于 10mmol/L 磷酸缓冲液中（按初提纯汁液 2/10 加缓冲液，*V/V*），而后转移至烧杯中，磁力搅拌器上 4℃搅拌 1h。

（10）4℃，12 000r/min，离心 15min，留上清液。

（11）取上清液，分别加入 PEG_{6000} 溶液和 NaCl 至终浓度为 4%，边加边搅拌，4℃条件下搅拌 4h 或过夜。

（12）4℃，12 000r/min，离心 15min 分离病毒粒子，去除上清液后短暂离心，吸出残余液体，保留沉淀。

（13）将沉淀于 1～2ml 10mmol/L 磷酸缓冲液中重悬，应为乳白色病毒悬浮液，4℃保存。

（14）制备蔗糖梯度柱用 Beckman 离心机 SW28 型转头的离心管制备 33ml 的梯度柱。蔗糖梯度柱的手工制备，根据所用的转头和离心管决定梯度柱的容量。

①用 10mmol/L 磷酸缓冲液分别配制 10%、20%、30%、40%和 50%的蔗糖液（*W*/*V*）；②以 Beckman SW28 型转头的离心管为例，按 7ml（10%）、7ml（20%）、8ml（30%）和 8ml（40%）的量由低浓度开始依次加入管中。用 10ml 注射器和长针头将蔗糖液注入离心管底部，最后加 3ml 50%（*W*/*V*）的蔗糖垫，形成由上至下，浓度由低到高的梯度柱，放置 12～15h 后使用（注意：操作时不要摇动离心管，注入蔗糖液时动作要慢，放置时间不可过长或过短）。

（15）加入 2～3ml 样品至蔗糖梯度上（注意：不同大小的梯度管上样量不同，SW28 型转头的梯度离心管加样 2～3ml。加样时用注射器从管壁与液面成 45° 角倾斜缓缓加入，针头高出液面 2～3mm，也可用吸管或滴管加样）。

（16）超速离心，30 000r/min，4℃，2h。

（17）取出病毒带，然后加入 2 倍体积的 10mmol/L 磷酸缓冲液稀释（如有可见带，可用注射器和端部弯成直角的注射针头取出；如无可见带，由液面开始用微量取样器顺序取样，每管 1ml 分别测定 A_{260} 和 A_{280} 值，选 A_{260}/A_{280} 比值最接近标准者合并后稀释）。

（18）将稀释后的样品超速离心，30 000r/min，4℃，1.5h，保留沉淀。

（19）用 0.5～1.0ml 10mmol/L 磷酸缓冲液再重悬，即为病毒提纯产品。

注意：①上样前的粗提悬液应保证一定的浓度，才能在密度梯度离心中形成病毒带；②使用不同型号转头时加样量不同，并应换算离心力和转速；③最后的超速离心沉淀应为无色半透明。

（二）球形病毒（BBSV）的提取

（1）将感染 BBSV 的本生烟叶片称重，加入 3 倍体积 0.2mol/L 磷酸缓冲液，匀浆（如果提取的样品量少，则采用液氮研磨的方法）[注意：取病斑多的部位采样，病斑少的地方除掉（叶脉等纤维组织会吸附大量病毒）]。

（2）匀浆液倒入烧杯后在通风橱内加入 1%的 β-巯基乙醇（*V*/*V*），冰浴中搅拌 30min。而后 8000r/min，4℃离心 10min（或用双层尼龙网过滤）。

（3）取上层液冰浴中边搅拌边加入 15%氯仿，然后继续搅拌 1h。而后 12 000r/min，4℃离心 30min。

（4）取上清，冰浴中边搅拌边加入 3% NaCl（*W*/*V*），充分搅拌溶解。然后边搅拌边加入 PEG_{6000} 至终浓度 6%（*W*/*V*），继续搅拌 2h，4℃静置过夜。

（5）将过夜处理的溶液 12 000r/min 离心 30min，弃上清，沉淀溶于 10mmol/L 磷酸缓冲液中（pH7.0，含 0.1 % TritonX-100）（每 250ml 过夜处理溶液用 30～40ml 重悬）。

（6）加到超速离心管中，20ml/管。然后用注射器在底部加入 5ml 20%的蔗糖垫。4℃，38 000r/min（Beckman Type70 转头）离心 1h（注意：注射器加蔗糖垫时不要产生气泡，可以分两次加完）。

（7）沉淀溶于 10mmol/L 磷酸缓冲液（pH7.0，含 0.1% TritonX-100），冰浴中搅拌 2h，使其充分溶解（每个超速离心管溶 10ml）。

（8）12 000r/min，4℃离心 20min，收集上清。上清液加入超速离心管中，20ml/管。加入 5ml 20%蔗糖垫，38 000r/min 离心 1.5h。

（9）于 1～2ml 10mmol/L 磷酸缓冲液中重悬病毒颗粒，应为乳白色病毒悬浮液，4℃保存。

五、实验结果

分别描述在 TMV 提纯过程中加入正丁醇后和 BBSV 纯化过程中加入氯仿后离心管中各层的物质，并分析产生各层物质的原因。

六、思考题

1. 叙述以上两种病毒的纯化方法，根据原理和方法区分差速离心和密度梯度离心。
2. 请简单介绍病毒提纯过程中加入 PEG_{6000} 和 NaCl 的作用。
3. 请分析在上面两种病毒纯化过程中，植物细胞中的细胞壁、叶绿素和可溶蛋白是在哪些步骤中除去的，并简单介绍其原理。
4. 在 TMV 的纯化过程中，蔗糖梯度柱制备后放置的目的是什么？时间过长或过短会产生什么影响？

实验二　紫外分光光度法测定提纯病毒的浓度

一、实验目的

1. 学习病毒纯度测定的方法和原理。
2. 掌握紫外分光光度法测定病毒浓度的原理。

二、实验原理

基于不同的用途，对病毒的纯度要求也会不同。如用于病毒特异抗血清的制备，则要求没有宿主的抗原；如要研究病毒的核酸和蛋白质，则要求没有宿主的核酸和蛋白质类似物。病毒的纯度鉴定方法主要是依据其物理学性质进行的，常用的方法如下。

1. 超速离心法

根据各组分大小、形状和密度等性质决定的沉降系数的不同来测定病毒纯度的方法。

2. 电泳分析法

粒体较小的病毒可用琼脂糖和/或 SDS-PAGE 及等电聚焦电泳来检查病毒的纯度。

3. 电镜分析法

病毒粒体的大小、形态虽有所差别，但均一性是病毒的重要特点。可根据电镜下病毒粒体形态的均一性判断提纯病毒的纯度。

4. 紫外吸收光谱分析法

病毒核酸所含嘌呤和嘧啶在 260nm 左右有强烈的紫外线吸收，而病毒蛋白质则在 280nm 处吸收紫外线，最终提纯病毒在紫外光谱下呈现出如图 2-1 中所示的特异吸收峰，不同形态的病毒其 A_{260}/A_{280} 的值略有差异（表 2-1）。

杆状和线状病毒：A_{260}/A_{280}=1.15～1.55

球形病毒：A_{260}/A_{280}=1.42～1.92

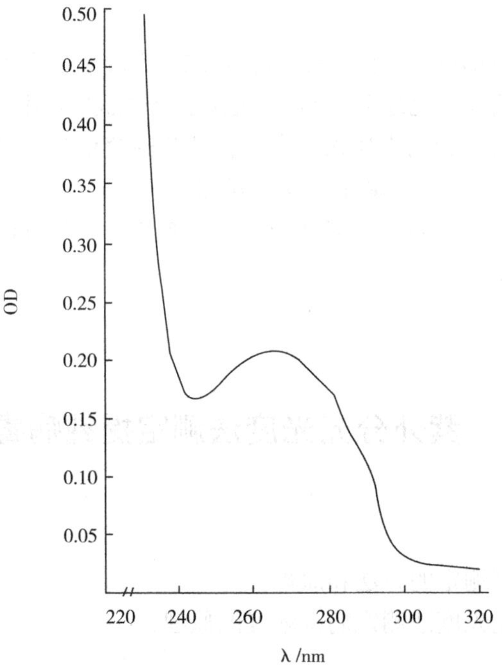

图 2-1　提纯病毒的紫外吸收曲线（田波和裴美云，1987）

5. 免疫化学方法

免疫化学方法虽可测纯度，但灵敏度低，可用于测病毒的株系特异性。

6. 其他方法

病毒纯度的鉴定方法还有 X 射线晶体学方法，溶解度测定法等。由核蛋白组成的病毒有特有的紫外吸收峰，因此，常用紫外分光光度法来测定病毒的纯度和浓度。每种病毒的蛋白质与核酸含量有固定比例（表 2-1），可用 A_{260} 值计算病毒的浓度及产量：

$$病毒浓度（mg/ml）=A_{260}\times 稀释倍数 / E_{1cm}^{0.1\%}\ 260nm$$

式中，E 为消光系数，即在波长 260nm 时，浓度为 0.1%（1mg/ml）的悬浮液，光程为 1cm 时的光（光密度）吸收值。对已知病毒可以从表 2-1 中查到；对未知病毒要想定量病毒，先把病毒纯品干燥称重，配成已知浓度的病毒悬液，在 260nm 下测其光密度，并折算成 $E_{1cm}^{0.1\%}$。

表 2-1　几种植物病毒的消光系数（E）和 A_{260}/A_{280} 值（田波等，1987）

病毒种类	$E_{1cm}^{0.1\%}$	A_{260}/A_{280}
烟草花叶病毒（TMV）	3.1	1.19
黄瓜花叶病毒（CMV）	5.0	1.65
芜青黄色花叶病毒（TYMV）	9.6	1.51
马铃薯 Y 病毒（PVY）	2.8	1.28
马铃薯 X 病毒（PVX）	2.97	1.19
烟草坏死病毒（TNV）	5.6	1.70
烟草脆裂病毒（TRV）	3.0	1.88
烟草蚀纹病毒（TEV）	2.4	1.27
烟草环斑病毒（TRSV）	12.8	—
马铃薯 S 病毒（PVS）	3.0	—

注：“—”代表无实验数据。

测得病毒浓度后，进一步可计算病毒产量：

$$病毒产量（mg/kg）=浓度\times 提纯总毫升数\times 1000/组织重（g）$$

注意：测量时所用测量杯的宽度应是 1cm，若杯宽为 0.5cm，则所得光密度值应乘以 2。

Nanodrop 的测量光程是 1mm 和 0.2mm。但是软件会自动将所测得的吸光度值转换成 1cm 光程对应的值。A_{260} 10mm Path 就是指 1cm 测量光程时样品在 260nm 波长时的 OD 值。A_{280} 10mm Path 即 1cm 测量光程时，样品在 280nm 波长时的 OD 值。

本实验利用实验一中提纯的病毒，学习 Nanodrop 微量核酸分析仪的使用及病毒纯度与定量的方法。

三、实验材料

（1）TMV 和 BBSV 病毒提纯样品悬浮液。

（2）Nanodrop 微量核酸分析仪器（thermo scientific）、移液枪、Tip 头、擦镜纸。

（3）ddH_2O，10mmol/L 磷酸缓冲液（见实验一）。

四、实验步骤

（1）连接 Nanodrop 电源，并打开电脑，双击电脑屏幕上的 Nanodrop 图标，启动软件。

（2）选择所需的测量模式，这里选择核酸模式（“Nucleic Acid”），屏幕上会弹出初始化仪器的提示。在仪器的加样孔中加入 2μl 的蒸馏水（图 2-2B），合上盖使形成液柱（图 2-2C），然后点击确定以初始化，可以听见电磁阀开合的声音。

（3）5～6s 后屏幕上的提示信息消失，表示初始化完成，用擦镜纸将蒸馏水擦干净，加入 2μl 的 10 mmol/L 磷酸缓冲液，合上盖并点击“Blank”，调零。

（4）调零完成后，用擦镜纸将缓冲液擦干净。取 2μl 病毒提纯液加入加样孔中，点击“Measure”或直接按 F1 键开始测量（注意：每次测量的样品量不少于 2μl，上样过程中不能有气泡；每换一种待测样品，用擦镜纸擦拭干净即可）。

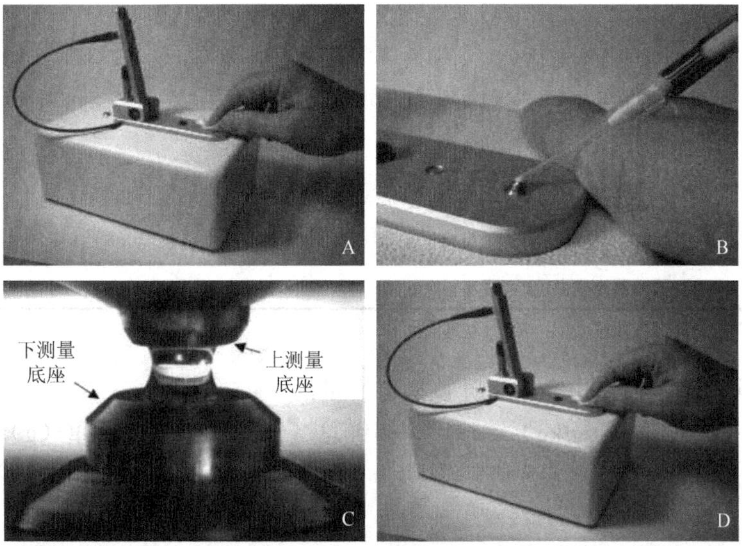

图 2-2 Nanodrop 操作流程示意图

A. 向仪器的加样孔中加入 2μl 的 ddH_2O，在软件上点击“Nucleic acid”，进行初始化，而后擦拭干净；B. 取 2μl 病毒样品，加入加样孔中；C. 点击键盘上的 F1 键，测定 A_{260} 和 A_{280}；D. 每测量完一个样品用擦镜纸将加样孔擦拭干净

（5）测量完成后，点击“Show Report”查看结果，选择“Save”进行保存（注意：每次测量完毕后，用蒸馏水清洁样品平台，这样可以保证下一次测量的准确性）。

（6）保存的数据对应地保存在 C：\Nanodrop Data 文件夹。

（7）根据表 2-1 中的 E 值和测定的相应 OD 值，分别计算提纯的 TMV 和 BBSV 病毒的浓度和产量，并计算 A_{260}/A_{280} 值，判断提纯液中病毒的纯度（注：表 2-1 中没有 BBSV 病毒的 E 值，可使用与 BBSV 同属的 TNV 病毒的 E 值来近似计算）。

五、实验结果

分别绘制提纯的 TMV 病毒和 BBSV 病毒的紫外吸收曲线，计算提纯液中病毒的纯度和产量。

六、思考题

1. 结合实验一，分析影响病毒纯度和产量的因素。
2. 植物病毒纯度检测有哪几种方法？试比较各自的优缺点。

实验三 动物病毒的提纯和感染单位测定

一、实验目的

1. 学习猪繁殖与呼吸综合征病毒（porcine reproductive and respiratory syndrome virus，PRRSV）提纯的方法。
2. 学习动物病毒感染单位的测定方法。

二、实验原理

PRRS 是一种严重危害养猪生产的病毒性传染病，临床上主要以各日龄猪呼吸道疾病及母猪妊娠后期的早产、流产、产弱仔、死胎和木乃伊胎为特征。该病于 1987 年首次在美国报道，1990 年德国暴发该病，随后蔓延至欧洲各国。我国于 1996 年首次暴发该病。2006 年，高致病性 PRRS（时称“猪高热病”、“猪高热综合征”）在我国大部分养猪地区发生和流行，给我国养猪生产造成巨大经济损失。

PRRS 的病原为猪繁殖与呼吸综合征病毒（PRRSV），该病毒于 1991 年首次在荷兰分离得到。分类上 PRRSV 与马动脉炎病毒（equine arteritis virus，EAV）、小鼠乳酸脱氢酶增高症病毒（lactate dehydrogenase elevating virus，LDEV）和猴出血热病毒（simian hemorrhagic fever virus，SHFV）同属于套式病毒目（Nidovirales）、动脉炎病毒科（Arteriviridae）、动脉炎病毒属（*Arterivirus*）。根据 PRRSV 基因组的差异，可分为欧洲型（基因Ⅰ型）和北美型（基因Ⅱ型），我国流行的大部分为北美型。PRRSV 具有严格的宿主特异性和细胞嗜性，猪肺泡巨噬细胞（porcine alveolar macrophage，PAM）是其主要靶细胞。病毒的分离和体外培养可用 PAMs、非洲绿猴肾细胞 MA104 及其衍生细胞系（CL262、MARC-145 等），其中 MARC-145 细胞是常用于分离和培养 PRRSV 的传代细胞系。病毒感染细胞可出现以细胞圆缩、聚集和脱落为特征的细胞病变（CPE），不同 PRRSV 毒株对 MARC-145 的适应性稍有差别，大多数北美型毒株可用 MARC-145 分离培养，但有的毒株初次需用 PAMs 进行分离。

虽然动物病毒和植物病毒提纯所需的材料不同，但是二者提纯的过程有相似之处，核心的方法都是根据病毒浮密度及沉降系数的不同，通过不同的离心处理而获得，常见动物病毒的一些参数如表 3-1 所示。

表 3-1 各种动物病毒的浮密度和沉降系数值（殷震和刘景华，1997，略修改）

种类	浮密度/（g/ml）	大小/nm	*S* 值
痘病毒	1.24～1.31	250～300	—
疱疹病毒	1.27～1.29	120～130	1000～1100
腺病毒	1.30～1.34	70～90	800
乳头瘤病毒	1.29～1.34	45	280
SV40	1.30	40～45	240
脊髓灰质炎病毒	1.56～1.62	22～27	160
口蹄疫病毒	1.30～1.39	20～25	140
猪繁殖与呼吸综合征病毒	1.18～1.23	40～60	214～230
乙型脑炎病毒	1.30～1.34	42～45	200
流感病毒	1.19～1.25	80～120	700
狂犬病毒	1.20	100～150	600
马传贫病毒	1.14～1.28	83～140	—
冠状病毒	1.23	80～160	—
正黏病毒	1.19～1.25	80～120	700
副黏病毒	1.21～1.22	100～200	—
艾柯病毒	1.34	—	157
艾滋病毒	1.16	90～130	600

注：*S* 为病毒粒子的沉降系数，是物体在单位离心力场下的沉降速度，单位为 s；“—”代表无实验数据。

与植物病毒提纯后的浓度测定不同的是，动物病毒分离纯化后，需对病毒的感染单位进行测定，通常采用空斑实验和终点稀释法测定病毒的滴度。后者应用更加广泛，包括某些不能产生空斑的病毒。首先将病毒做系列稀释，选择 4～6 个稀释度接种一定数量的细胞、鸡胚或实验动物，每个稀释度做 4～6 个重复。一定时间后观察 CPE 或免疫荧光阳性信号来确定不同稀释度下的阴阳性孔数，经 Reed & Muench 法计算细胞上的半数组织培养感染量 $TCID_{50}$，或根据鸡胚或动物的感染量或致死量计算半数感染量（ID_{50}）、鸡胚半数致死量（ELD_{50}）或鸡胚半数感染量（EID_{50}）。

本实验以 PRRSV 为例，学习利用差速离心和蔗糖密度梯度离心分离动物病毒，并熟悉测定 $TCID_{50}$ 的操作步骤。

三、实验材料

（1）PRRSV 高致病性毒株 JXwn06。

（2）传代细胞 MARC-145。

（3）试剂如下。

①1×DMEM 培养液：瓶装 GIBCOTM DMEM 购于 Invitrogen 公司，4℃保存备用。

②胎牛血清（FBS）：Hyclone 公司（HyClone Laboratories Inc.，UT，USA）产品，–20℃保存备用。

③$2\times10^4$ U/ml 青链霉素液（双抗）：青霉素、链霉素各 2×10^6 U 溶于 100ml 三蒸水中，过滤除菌，分装为 1ml/管，–20℃ 保存备用。

④生长培养基（10% FBS）：于 447ml 1×DMEM 培养液中加入 50ml FBS，2.5ml 2×10^4U/ml 青链霉素液，用 7.5% $NaHCO_3$ 溶液调节 pH 至 7.2～7.4，4℃保存备用。

⑤维持培养基（5% FBS）：于 472ml 1×DMEM 培养液中加入 25ml FBS，2.5ml 2×10^4 U/ml 青链霉素液，用 7.5% $NaHCO_3$ 溶液调节 pH 至 7.2～7.4，4℃保存备用。

⑥10×Na_2EDTA-胰酶溶液：（2.5%）Na_2EDTA 0.2g，NaCl 8.0g，KCl 0.2g，$Na_2HPO_4\cdot12H_2O$ 2.89g，KH_2PO_4 0.2g，溶于 90ml 三蒸水中，再加入 1∶250 胰酶（Amresco）2.5g，完全溶解后，加三蒸水补足至 100ml，$NaHCO_3$ 调节 pH 至 7.2～7.4，过滤除菌，分装，–20℃保存备用，使用时 1∶10 稀释。

⑦10mmol/L 磷酸缓冲液（见实验一）。

⑧PBS 缓冲液见附录三。

（4）其他：Beckman 高速离心机和超速离心机、超速离心管、吸管、移液枪、96 孔细胞培养板。

四、实验步骤

（一）PRRSV 的提纯

（1）将 PRRSV 毒株 JXwn06 接种于长成单层的 MARC-145 细胞上，37℃感染 1h 后，弃病毒液，在细胞瓶中加入无菌 PBS 3ml，清洗两次，弃洗液，加含有 5% FBS 的 DMEM，培养 3～5 天，观察细胞病变，收集病毒培养液，–80℃保存备用。

（2）将病毒培养液反复冻融 3 次，4℃，12 000r/min 离心 10min，取上清（S1）待用。

（3）将 S1 于 4℃，27 000r/min 离心 10h（SW28 型转头），弃上清，留沉淀。

（4）沉淀用 10mmol/L 磷酸缓冲液悬浮后进行非线性蔗糖密度梯度离心，4℃，27 000r/min 离心 3h，蔗糖密度梯度分别为 20%、35%、45%和 60%（*W/V*），需进行预冷处理。

（5）收集 35%～45%梯度区带上的蛋白质提取物，4℃，27 000r/min 再次离心 2h，沉淀用少量 10mmol/L 磷酸缓冲液悬浮，即为纯化病毒。

（二）$TCID_{50}$ 法测定病毒感染单位

（1）取长满单层的细胞一瓶，2%胰酶消化处理使细胞分散成单个细胞后，铺于 3 块 96 孔细胞培养板中培养，两天后即可接种病毒。

（2）在 1.5ml 离心管中将病毒液做连续 10 倍的稀释，从 10^{-8}～10^{-1}。

（3）将稀释好的病毒接种于 96 孔细胞培养板中，每一稀释度接种纵排共 4 个孔，每孔接种 100μl。

（4）设置正常细胞对照（每孔接种 100μl 生长液）。

（5）培养 72h 后，观察细胞 CPE 情况，计算每个稀释度 CPE 阳性孔数目，用 Reed&Muench 法计算病毒的 $TCID_{50}$，具体实例如表 3-2 所示。

表 3-2　病毒 $TCID_{50}$ 的计算示例

病毒稀释度（10^{-x}）	接种细胞孔数	无病变细胞孔数	有病变细胞孔数	累积总数		细胞病变孔比例	出现细胞病变率/%
				无病变孔数	有病变孔数		
1	4	0	4	0	16	16/16	100
2	4	0	4	0	12	12/12	100
3	4	0	4	0	8	8/8	100
4	4	1	3	1	4	4/5	80
5	4	3	1	4	1	1/5	20
6	4	4	0	8	0	0/8	0
正常对照	4	4	0				

由表 3-2 看出，能使 50%细胞出现病变的病毒稀释度为 10^{-5}～10^{-4}，其中间距离比例按 Reed&Muench 公式计算。

距离比例=（高于 50%CPE 的百分比–50%）/（高于 50%CPE 的百分比–低于 50%CPE 的百分比）=（80%–50%）/（80%–20%）= 0.5

$lgTCID_{50}$=高于 50%病变的病毒稀释度的对数＋距离比例×稀释系数的对数=–4＋0.5×（–1）=–4.5

故能使 50%细胞管发生病变的病毒稀释度为 $10^{-4.5}$，即 $TCID_{50}$ 为 $10^{-4.5}$，病毒滴度为 $10^{4.5}$ $TCID_{50}$/100μl。

五、实验结果

分离纯化 PRRSV，并测定纯化后病毒的 $TCID_{50}$。

六、思考题

1. 比较动物病毒和植物病毒提纯过程的差异。
2. 比较动物病毒和植物病毒浓度测定的差异。

七、参考文献

田波，裴美云. 1987. 植物病毒研究方法. 北京：科学出版社

欣顿 R，多布罗塔 M. 1982. 密度梯度离心法. 北京：科学出版社
严亚贤，孙建和. 2001. 猪繁殖-呼吸综合征病毒上海分离株的病毒特性研究. 南京农业大学学报，24（2）：90-93
殷震，刘景华. 1997. 动物病毒学. 2 版. 北京：科学出版社
周磊. 2010. 猪繁殖与呼吸综合征病毒高致病性毒株的进化分析与致病性的分子基础. 北京：中国农业大学博士学位论文
Carter J，Saunders VA. 2007. Virology：Principles and Applications. New York：John Wiley & Sons
Prescott L，Harley PJ，Klein AD. 2002. Microbiology. New York：McGraw-Hill Education
Zhang YL，Li J，Pu H，et al. 2010. Development of Tobacco necrosis virus A as a vector for efficient and stable expression of FMDV VP1 peptides. Plant Biotechnol J，8：506-523

第二章　病毒的形态学观察

电子显微镜技术在细胞学、生物学、病毒学、组织学等多个微观领域都有着非常广泛的应用，对病毒的检测也有很大的贡献。它通过直接观察病毒的形态与结构，来判断其存在与否，可以提供最直接、最精准的检测结果，即便人们在病毒领域已经进入了分子阶段，但电子显微镜技术仍然是不可替代的。电子显微镜检测方法一般以电磁波作为光源，将感病组织或提纯的病毒制作成检测的样本，再利用短波的电子流，放在显微镜下进行观察，可以实现极高的分辨率（图Ⅱ-1）。对于病毒的观察主要是基于透射电子显微镜，通过负染色或者超薄切片方法，以及将负染色和电镜技术相结合的免疫电镜检测技术来诊断感病组织中的病毒。

负染色检测方法使用起来较为快速简便，可以对病毒的形态、大小、表面结构及有无包膜等基本情况进行直接的观察，用到的染色剂可以根据实际情况选用磷钨酸、乙酸铀、甲酸铀及钼酸铵等，负染色检测的样品既可以使用病毒纯化液也可用粗提液（图Ⅱ-2）。

图Ⅱ-1　Hitachi H-7650 电子显微镜

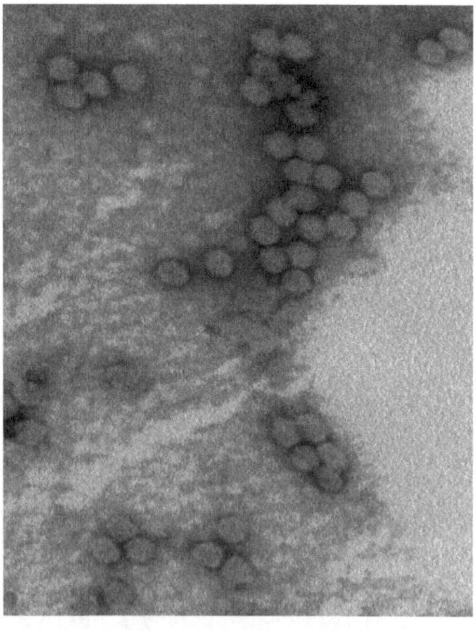

图Ⅱ-2　负染色观察提纯的烟草坏死病毒 A

寄主细胞在被病毒侵染后会导致寄主细胞产生一系列病理的变化，超薄切片检测法则可以观察病毒在寄主植物细胞内的分布，了解细胞病变，可以对动植物病毒的感染、增殖等进行深层次的动态探讨（图Ⅱ-3），尤其对于某些未知的病毒、难以提纯的病毒样品等无法运用负染色方法的一般都可以运用超薄切片法。

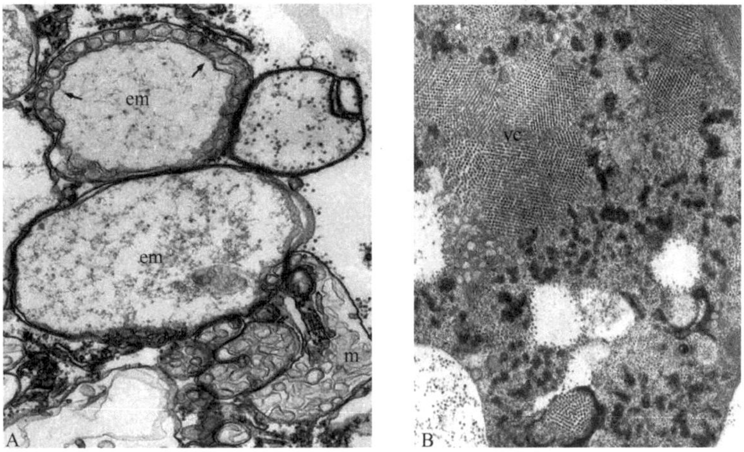

图Ⅱ-3 玉米坏死条纹病毒（maize necrotic streak virus，MNeSV）感染玉米后不同天数超薄切片观察（Stradis *et al.*，2005）

A. 显示 7 天时，感染 MNeSV 的玉米细胞中呈现出线粒体的空泡化（em）或形态异常（m），箭头所指表示在两个片层之间形成的囊泡；B. 表示 15 天时感染 MNeSV 的玉米细胞中呈现出大量的病毒结晶（vc）

还有一种应用较为普遍的电子显微镜检测方法是免疫电镜检测法（immune electron microscopy），这种方法一般与负染色检测方法相结合使用，是利用抗原抗体具备吸附性的特性，实现病毒的集中沉积，并与电子显微镜在有效的视野内观察，病毒被检测到的概率得到极大的提高，也可以进一步增加检测的灵敏度（图Ⅱ-4）。

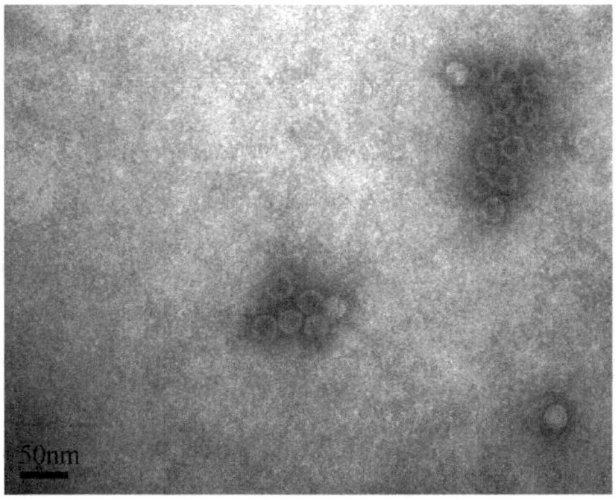

图Ⅱ-4 免疫诱捕法检测感染甜菜黑色焦枯病毒（BBSV）的本生烟叶片粗提液中 BBSV 病毒粒子

首先利用 BBSV 特异性一抗包被铜网，而后将铜网悬浮于研磨的叶片汁液之上，最后经洗涤和负染色，在电镜下即可观察到明显的 BBSV 病毒粒子在常规免疫电镜基础上发展出的胶体金法基本思路是通过样品与特异性免疫球蛋白发生反应，利用胶体金标记的免疫球蛋白，经负染后在电镜下观察。由于胶体金的附着，在电镜下很容易观测出是否存在病毒粒子（图Ⅱ-5）。此外也可以利用免疫胶体金检测目标蛋白在组织和细胞中的分布（图Ⅱ-6）。

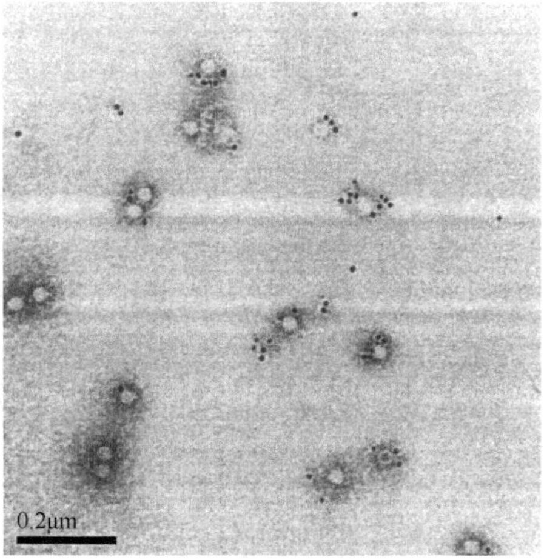

图Ⅱ-5　利用免疫胶体金检测提纯的香石竹斑驳病毒（carnation mottle virus，CarMV）粒子（谢礼，2009）

可以看到 CarMV 病毒粒子的周围被胶体金所包围

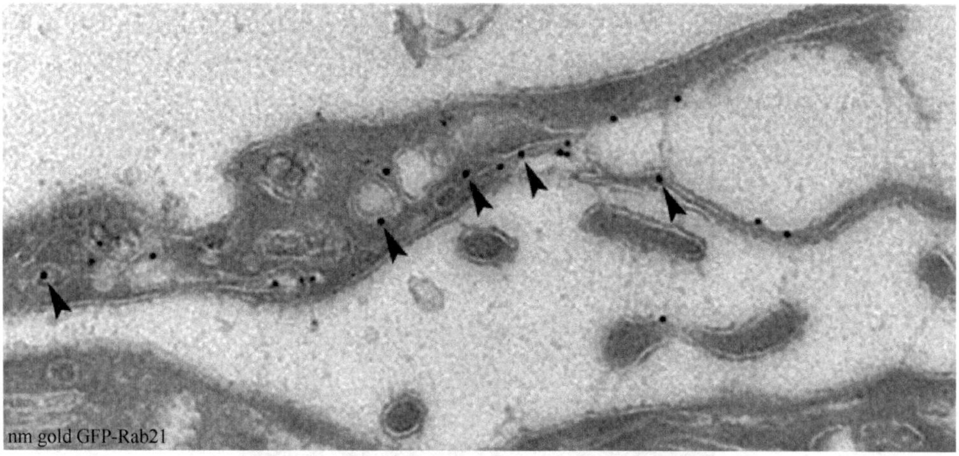

图Ⅱ-6　免疫胶体金检测 GFP-Rab21 在 HeLa 细胞内的定位（Simpson *et al.*，2004）

箭头表示 GFP-Rab21 蛋白分布于质膜和内囊泡的外周

虽然电镜检测在病毒鉴定方面有其独特的优势，但是综合比较而言，电镜技术费用比较高，并且操作电镜需要一定技能，尤其是制作超薄切片更需经专业的培训后，才能制备出符合要求的切片。此外，电子显微镜因需在真空条件下工作，所以很难观察活的生物，而且电子束的照射也会使生物样品受到辐照损伤。其他的问题，如电子枪亮度和电子透镜质量的提高，检测的样本量相对较少等问题也有待继续研究。

本章将学习负染法和免疫电镜法观察样本中的病毒粒子，掌握超薄切片法鉴定病毒及病毒感染寄主后细胞病理学的变化。

实验四 负染法观察提纯的病毒

一、实验目的

1. 学习负染法的原理。
2. 初步掌握负染法来观察提纯的病毒。

二、实验原理

负染法是在分子水平上阐明病毒细微结构的一种常用方法，在电镜生物样品制备中以快速、简便、用量少、反差大和效果好而成为一项普遍应用的重要方法。电镜负染技术的原理是，高密度重金属盐类染色剂对蛋白质不能染色，因此可在病毒粒子周围的背景处沉积下来，造成很强的电子散射而形成较暗的背景，病毒粒体易被电子束穿透成为亮的物体，如同照片的底片（负片）一样，这种染色方法被称为负染。

三、实验材料

1. 仪器

透射电子显微镜（JEM-1230）及 iTEM 成像平台、超净工作台、红外线烘烤灯。

2. 样品

提纯的 BBSV。

3. 试剂

3%磷钨酸（PTA，$P_2O_2\cdot 24WO_3\cdot nH_2O$）水溶液，pH 为 6.0～7.0，1%乙酸铀［UA，$UO_2\cdot(CH_3COO)_2\cdot 2H_2O$］水溶液，pH 为 4.0～5.2，dd$H_2O$。

4. 其他

电镜专用镊子、滴管、Parafilm 膜、培养皿、滤纸、洗瓶及蒸馏水、200 目铜网、铅笔。

四、实验步骤

（1）将提纯的 BBSV 悬液用蒸馏水进行 1∶10 或 1∶100 的稀释。

（2）超净工作台内，用滴管吸取病毒悬液，滴在 Parafilm 膜上，用镊子夹持铜网边缘（切勿夹入网膜内），使铜网漂浮在病毒液滴之上，2～3min 后取出铜网，用洗瓶冲洗铜网（约 20 滴 ddH_2O），用滤纸片从铜网边缘吸掉余液。

（3）超净工作台内，用滴管吸取 3% PTA 或 1%UA，滴在 Parafilm 膜上，用镊子夹持铜网边缘覆盖在染液之上，负染色 1～2min（注意：勿使铜网背面粘上染液）。

（4）用洗瓶冲洗铜网（约 20 滴 ddH_2O），用滤纸吸掉余液后，将染好的铜网（铜网覆膜的一侧朝上）放入覆盖有滤纸培养皿中，红外线烘烤灯下干燥 5min 或放入超净工作台自然干燥，并用铅笔在滤纸上做好编号。

（5）将铜网置于电镜的样品杆中（不用区分正反面），进行电镜观察。

五、实验结果

拍照并描述 BBSV 粒子的形态和大小。

六、思考题

1. 负染法观察球星病毒粒子时，为什么有的病毒粒子内部是实心，而有的是空心？

2. 相对于负染法，什么是正染法，什么情况下用正染法更合适？

实验五　免疫电镜法检测发病叶片中的病毒

一、实验目的

学习免疫诱捕法检测发病叶片中的特定病毒。

二、实验原理

免疫电镜是血清学方法与电镜技术的结合，常见的免疫电镜检测病毒的方法包括诱捕法、修饰法、免疫胶体金技术或上述方法的联合。诱捕法（trapping method）是首先用病毒的特异性抗体包被铜网上的支持膜，接着将铜网浮在适当稀释的病毒溶液上，然后冲洗，干燥，负染，最后镜检。修饰法是利用抗体对病毒粒子的吸附造成病毒粒子周围形成晕圈。免疫电镜具有高度特异性，结果清晰，血清学反应可见，假阳性结果少，且在较短的时间内可完成病毒的鉴定，本实验主要学习免疫诱捕法检测发病叶片中的特定病毒。

三、实验材料

1. 仪器

透射电子显微镜（JEM-1230）及 iTEM 成像平台、超净工作台、红外线烘烤灯、Mini Eppendorf 离心机。

2. 样品和血清

感染烟草坏死病毒 A（TNV-A）的本生烟新鲜叶片、TNV-A 外壳蛋白兔抗血清。

3. 试剂

3%磷钨酸（PTA，$P_2O_2 \cdot 24WO_3 \cdot nH_2O$）水溶液，pH 为 6.0～7.0，1%乙酸铀［UA，$UO_2 \cdot (CH_3COO)_2 \cdot 2H_2O$］水溶液，pH 为 4.0～5.2，$ddH_2O$，PBS 缓冲液（附录三），抗体稀释液（含 1% BSA、0.05% Tween-20，0.01mol/L PBS，pH7.4）。

4. 其他

塑料研磨棒、1.5ml 离心管、电镜专用镊子、滴管、Parafilm 膜、培养皿、滤纸、洗瓶、200 目铜网、铅笔。

四、实验步骤

（1）超净工作台内，将 TNV-A 外壳蛋白兔抗血清用抗体稀释液稀释 200 倍，混匀后，吸管吸取并滴在 Parafilm 膜上。

（2）将铜网覆膜的一侧漂载于抗体液滴上，37℃孵育 5～10min。

（3）用镊子夹持铜网，洗瓶（约 20 滴 ddH_2O）冲洗铜网，滤纸吸干铜网余液。

（4）将发病的叶片在 1.5ml 离心管中用塑料研磨棒研磨，而后 12 000r/min 离心 2min，用滴管吸取叶片汁液于 Parafilm 膜上。

（5）超净工作台内，将血清包被的铜网（覆膜一侧）漂浮于叶片汁液上，37℃孵育约 10min，而后洗瓶（约 20 滴 ddH_2O）冲洗铜网，滤纸吸干铜网余液。

（6）超净工作台内，用 3%PTA 或 1%UA 染色 3～5min，洗瓶（约 20 滴 ddH_2O）冲洗铜网，滤纸吸干铜网余液。

（7）将铜网置于覆盖有滤纸培养皿中，红外线烘烤灯下干燥 5min 或放入超净工作台自然干燥，并用铅笔在滤纸上做好编号。

（8）将铜网置于电镜的样品杆中（不用区分正反面），进行电镜观察。

五、实验结果

拍照记录免疫诱捕法观察到的 TNV-A 病毒粒子，分析免疫电镜观察到的病毒粒子与负染法的差异。

六、思考题

1. 试述免疫电镜的原理及常见的免疫电镜方法。

2. 从抗原与抗体交叉反应的角度说明免疫电镜诊断病毒的不足，并提出解决的方案。

实验六　超薄切片法观察组织中的病毒及细胞病理学变化

一、实验目的

1. 了解并学习制备超薄切片。

2. 观察样品中的病毒粒子及细胞病理学的变化。

二、实验原理

电子显微镜的出现大大地推进了生物和医学的研究，使生物研究从宏观到微观，从显微水平发展到超显微水平。由于透射电镜产生的电子束穿透能力很弱，必须把标本切成厚度小于 100nm 以下的薄片才适用，这种薄片称为超薄切片。常用的超薄切片厚度是 50～70nm。在透射电镜的样品制备方法中，超薄切片技术是最基本、最常用的制备技术。超薄切片的制作过程基本上和石蜡切片相似，需要经过取材、固定、脱水、渗透、包埋聚合、切片、染色和电镜下观察等步骤，每个步骤都有其目的，例如，固定是为了保证细胞中的各种细胞器和生物大分子保持原有的状态，并在原来的位置保持不动；而渗透是为了提供外在的固体支架以对样品进行超薄切片，通过电镜观察超薄切片可以确定病毒在组织细胞中的具体存在状态及细胞病理学的改变。

三、实验材料

1. 仪器

透射电子显微镜（Hitachi H-7650 电子显微镜）、超薄切片机（Leica EM UC7）、真空泵及真空瓶、数显电子控温箱（北京中兴百瑞）、超净工作台、红外线烘烤灯、Mini Eppendorf 离心机。

2. 样品和血清

感染大麦条纹花叶病毒（BSMV）的本生烟叶片。

3. 试剂

ddH_2O、2.5%的戊二醛溶液、丙酮、Spurr 包埋剂试剂盒（Spurr kit）（美国 SPI 公司）。

1%的锇酸溶液：四氧化锇购自美国 SPI 公司，先用蒸馏水将 OsO_4 配 2%的原液，然后用 0.2mol/L 磷酸盐缓冲液 1∶1 稀释即可使用（注意：在通风橱中戴手套配制，配好后密封避光保存）。

1%柠檬酸铅染液：柠檬酸铅（美国 SPI 公司）0.1g，加 ddH_2O 到 10ml。配制铅染液时，要先加水 6ml，超声振荡 30min，使乳白色柠檬酸铅悬液充分混匀。然后滴加 1mol/L NaOH，同时用磁力搅拌器搅拌，直至溶液变清亮，最后定容至 10ml。

乙酸双氧铀 50%乙醇饱和溶液：乙酸双氧铀 2g，50%乙醇 100ml，充分摇动 10min，静置 1～2 天，使未溶解部分自然沉淀，取上清液，棕色试剂瓶中避光保存。溶液应呈鲜黄色，变淡则表示失效。

无水乙醇和 95%乙醇：配制成 30%、50%、70%、80%和 90%乙醇备用。

0.2mol/L 磷酸缓冲液（pH7.0）：10.58g KH_2PO_4，43.78g $Na_2HPO_4 \cdot 12H_2O$，补水至 1L，高温高压灭菌。或者 0.2mol/L PBS（100ml，pH7.0）：61ml 0.2mol/L Na_2HPO_4 和 39ml 0.2mol/L NaH_2PO_4 混合。

4. 其他

刀片、1.5ml 离心管、电镜专用镊子、滴管、Parafilm 膜、培养皿、滤纸、洗瓶、200 目铜网、铅笔。

四、实验步骤

（1）用刀片切取本生烟发病叶片（注意：取样务必要少，一般取 0.5mm×5.0mm 大小，取样过多影响后续的固定、渗透和包埋）。

（2）将样品转移至 1.5ml 离心管中，加入 400μl 的 2.5%的戊二醛溶液，真空抽滤 10min，使得戊二醛溶液充分浸入到组织中。

（3）将样品置于 Mini Eppendorf 离心机中离心 2min，此时表现为样品沉到离心管底部（如果样品漂浮于液面上，需要再次抽滤并离心直至使得样品沉到管底），而后将样品放于 4℃冰箱中固定过夜。

（4）倒掉固定液，在 0.1mol/L 磷酸缓冲液（pH7.0）中漂洗样品 3 次，15min/次。

（5）用 1%的锇酸溶液固定样品 1～2h。

（6）倒掉固定液，用 0.1mol/L 磷酸缓冲液（pH7.0）漂洗样品 3 次，15min/次。

（7）用梯度浓度（包括 30%、50%、70%、80%、90%和 95% 5 种浓度）的乙醇溶液对样品进行脱水处理，每种浓度处理 15min，再用无水乙醇处理 20min，最后过渡到纯丙酮中处理 20min。

（8）用 Spurr 包埋剂和丙酮的混合液（$V/V = 1/1$）处理样品 1h。

（9）用 Spurr 包埋剂和丙酮的混合液（$V/V = 3/1$）处理样品 3h。

（10）用纯包埋剂处理样品过夜。

（11）将经过渗透处理的样品包埋起来，70℃加热过夜，即得包埋好的样品。

（12）样品在 Leica EM UC7 超薄切片机中切片，得到 80nm 的切片，该切片经柠檬酸铅溶液和乙酸双氧铀 50%乙醇饱和溶液各染色 15min，即可在 Hitachi H-7650 型投射电镜中观察。

五、实验结果

（1）拍照记录观察到的细胞显微图像，描述 BSMV 的杆状形态及其在叶绿体周围的分布。

（2）分析 BSMV 侵染对细胞叶绿体形态的改变（图 6-1），并分析导致这种形态改变的可能的原因。

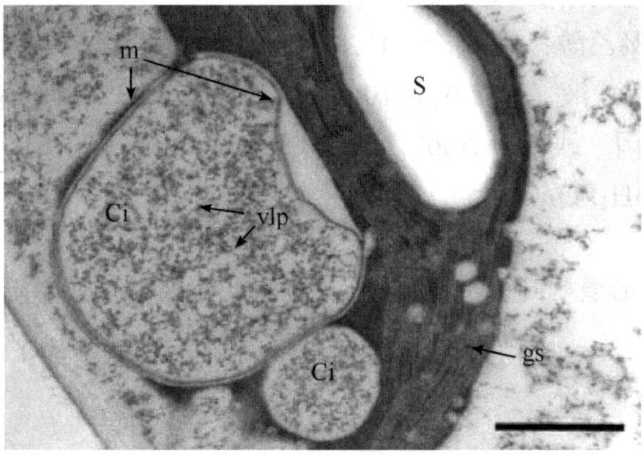

图 6-1　电镜观察 BSMV 感染大麦条纹花叶病毒（BSMV）的本生烟叶片细胞病理学变化（Torrance *et al.*，2006）

从图中可以看出细胞质组分渗入至叶绿体膜的外周，Ci 指的是细胞内涵体，S 代表淀粉粒，vlp 指的是病毒样颗粒，m 指的是膜，gs 代表叶绿体基粒堆，标尺的大小为 1μm

六、思考题

1. 分析超薄切片制备过程中，各操作步骤的目的。

2. 什么是半薄切片，为什么在利用电子显微镜进行组织病理学观察之前，常用到半薄切片技术来预处理样品？

实验七　免疫胶体金检测细胞中病毒的分布

一、实验目的

1. 了解并学习低温包埋法制备样品。
2. 学习免疫胶体金检测病毒的原理。
3. 掌握免疫胶体金检测病毒的操作。

二、实验原理

免疫电镜技术是将抗原抗体反应的特异性与电子显微镜的高分辨力相结合，在亚细胞和超微结构水平上对抗原物质进行定位分析的一种高度精确、灵敏的方法。特异性抗体用电子致密物质，如铁蛋白、胶体金等标记后，使之与组织超薄切片中的抗原结合，在电镜下观察到标记物所在位置，即为抗原抗体反应的部位。

免疫金标记技术（immunogold labelling technique）是目前被广泛应用于组织细胞中抗原定位的检测方法，应用该技术可直接观察到抗原在细胞中的分布状况，对受侵染细胞的超薄切片中病毒抗原的定位尤为重要。胶体金标记，实质上是蛋白质等高分子被吸附到胶体金颗粒表面的包被过程。吸附机制可能是胶体金颗粒表面的负电荷，与蛋白质的正电荷基团因静电吸附而且牢固结合且相当稳定的复合体。1959年，Singer 首创此项技术，当时使用铁蛋白标记抗体的方法。免疫电镜的示踪物：除铁蛋白外，主要有过氧化物配合胶体金。标记物：除抗体外，还有葡萄球菌 A 蛋白（SPA）、生物素、亲和素和凝集素等检测方法。由于金颗粒具有高电子密度的特性，在显微镜下可见黑褐色颗粒，这种稳定的复合体能用来定位铜网上和病毒蛋白相结合的任何 IgG 分子。金粒子越大越容易在染色的超薄切片中看到，目前可从氯金酸（$HAuCl_4$）制备各种不同粒径的胶体金颗粒（如 5nm、10nm 和 15nm）。

常规树脂包埋由于需高温聚合等处理程序，组织抗原性可能全部或部分丢失。因此，在免疫电镜技术方面，目前已开始采用低温技术如低温包埋和冰冻超薄切片等，后者需配置冰冻超薄切片机，且技术操作较难掌握，不如低温包埋法易操作。本实验通过低温包埋感病叶片制备超薄切片，进而利用免疫胶体金检测病毒在细胞中的分布。

三、实验材料

1. 仪器

透射电子显微镜（Hitachi H-7650 电子显微镜）、超薄切片机（Leica EM UC7）、真空泵及真空瓶、低温紫外聚合包埋箱（中镜科仪）、超净工作台、红外线烘烤灯、Mini Eppendorf 离心机。

2. 样品和血清

感染小麦黄花叶病毒（WYMV）的小麦叶片，WYMV 外壳蛋白兔抗血清，5nm 金颗粒标记羊抗兔血清（Sigma）。

3. 试剂

（1）ddH_2O。

（2）固定液：3%甲醛、0.1%戊二醛、4%蔗糖、0.1mol/L 二甲酸砷钠（或 0.1mol/L 磷酸缓冲液）缓冲液（pH7.2～7.4）。

（3）甲醇及不同浓度的稀释液（包括 30%、50%、70%、80%和 95%）。

（4）低温包埋机剂 LK4M（Sigma，20ml）：交联剂（cross linker A）2.7ml，单体（monomer B）17.3ml，引发剂（initiator C）0.1g，3 种试剂顺次加入棕色小瓶中，氮气搅拌 3～5min。

（5）封闭液：1% BSA、0.05% Triton X-100、0.05% Tween-20 的 0.01mol/L PBS（pH7.4）。

（6）抗体稀释液：1% BSA、0.05% Tween-20、0.01mol/L PBS（pH7.4）。

（7）1%柠檬酸铅染液：同本章实验六。

（8）3%的乙酸双氧铀（SPI 公司）。

（9）0.2mol/L 磷酸缓冲液（pH7.0）：10.58g KH_2PO_4，43.78g $Na_2HPO_4 \cdot 12H_2O$，补水至 1L，高温高压灭菌。

4. 其他

刀片、1.5ml 离心管、电镜专用镊子、滴管、Parafilm 膜、培养皿、滤纸、洗瓶、200 目铜网、铅笔。

四、实验步骤

（1）用刀片切取发病的小麦叶片（注意：取样务必要少，一般取 0.5mm×5.0mm 大小，取样过多影响后续的固定、渗透和包埋）。

（2）将样品转移至 1.5ml 离心管中，加入 400μl 的固定液，真空抽滤 10min，使得固定液充分浸入到组织中。

（3）将样品置于 Mini Eppendorf 离心机中离心 2min，此时表现为样品沉到离心管底部（如果样品漂浮于液面上，需要再次抽滤并离心直至使得样品沉到管底），而后将样品放于 4℃冰箱中固定过夜。

（4）洗涤：用含有 4%蔗糖的 0.1mol/L 的磷酸缓冲液在 4℃条件下洗涤 4 次，15min/次。

（5）洗涤：用含有 4%蔗糖和 0.1mol/L 甘氨酸（75mg/10ml）和 0.1mol/L 磷酸缓冲液在 4℃洗涤 30min。

（6）样品逐级脱水：①30%甲醇在 0℃脱水 30min；②50%甲醇在 0℃脱水 30min；③70%甲醇在–20℃脱水 30min；④80%甲醇在–20℃脱水 30min；⑤95%甲醇在–20℃脱水 30min；⑥100%甲醇在–20℃脱水 30min。

（7）渗透：①用 100%甲醇：LK4M=1：1，–20℃渗透 60min；②用 100%甲醇：LK4M=1：3，–20℃渗透 60min；③纯 LK4M，–20℃渗透 60min；④纯 LK4M，–20℃渗透过夜。

（8）包埋：将过夜的样品转移到加有纯包埋剂的 200μl 离心管中，扣紧管盖。

（9）聚合：将包埋好的样品置于紫外聚合包埋箱中照射，–35℃，48h，然后转移到常温照射 12h，即得到用于制作超薄切片的包埋块。

（10）将包埋块在 Leica EM UC7 超薄切片机中，经修块、切片后得到 80nm 的超薄切片。

（11）润湿：将附有切片的载网倒扣在 ddH_2O 中，润湿 5min，有切片的面（光面）朝下。

（12）铜网封闭，把载网置于封闭液常温中封闭 5min。

（13）一抗孵育：将 WYMV 外壳蛋白兔抗血清用抗体稀释液稀释 150～200 倍，10 000r/min，离心 2min 除去溶液中可能存在的杂质，而后将铜网置于稀释的抗血清液滴上进行孵育，常温 2h 或 4℃过夜。

（14）洗涤，用 0.01mol/L PBS 洗涤 6 次，2min/次。

（15）二抗孵育：将结合有 5nm 金颗粒的羊抗兔血清用抗体稀释液稀释 100 倍，10 000r/min 离心 2min，而后将铜网置于稀释的抗血清液滴上常温孵育 1h。

（16）洗涤：①常温 0.01mol/L PBS 洗涤 6 次，2min/次；②常温 ddH_2O 洗涤 4 次，2min/次。

（17）常温染色：用 3%的乙酸双氧铀染色 5min，再用柠檬酸铅染色 3min，用滤纸吸干。

（18）将铜网置于红外线烘烤灯下干燥 5min，而后放入电镜的样品杆中（不用区分正反面），进行电镜观察。

五、实验结果

拍照记录并描述 WYMV 在植物细胞中的分布，具体到每个细胞器。

六、思考题

1. 免疫胶体金电镜观察是否可用于目标抗原的定量？
2. 生活中也常见到胶体金检测试纸条，试述其原理。

七、参考文献

洪健，李德葆，周雪平. 2001. 植物病毒分类图谱. 北京：科学出版社

黄立. 1982. 电子显微镜生物标本制备技术. 南京：江苏科学技术出版社

林钧安，高锦梁，洪健. 1989. 实用生物电子显微术. 沈阳：辽宁科学技术出版社

田波，裴美云. 1987. 植物病毒研究方法. 北京：科学出版社

谢礼. 2009. CarMV 和 IFV 衣壳结构，SrMV 柱状内含体的电子显微镜三维重构研究. 杭州：浙江大学博士学位论文

殷震，刘景华. 1997. 动物病毒学. 2 版. 北京：科学出版社

应国华. 1993. 医学生物学电镜技术与细胞超微结构. 香港：香港现代出版社

Simpson JC，Griffiths G，Wessling-Resnick M，et al. 2004. A role for the small GTPase Rab21 in the early endocytic pathway. J Cell Sci，117：6297-6311

Singer SJ. 1959. Preparation of an electron dense antibody conjugate. Nature，183：1523-1524

Stradis AD，Redinbaugh MG，Abt JJ. 2005. Ultrastructure of maize necrotic streak virus infections. J Plant Pathol，87：213-221

Torrance L，Cowan GH，Gillespie T，et al. 2006. Barley stripe mosaic virus-encoded proteins triple-gene block 2 and γb localize to chloroplasts in virus-infected monocot and dicot plants，revealing hitherto-unknown roles in virus replication. J Gen Virol，87：2403-2411

Zhang YL，Li J，Pu H，et al. 2010. Development of Tobacco necrosis virus A as a vector for efficient and stable expression of FMDV VP1 peptides. Plant Biotechnol J，8：506-523

第三章　RNA 病毒侵染性 cDNA 克隆的构建

实验八　烟草花叶病毒侵染性 cDNA 克隆的构建

一、实验目的

1. 学习病毒侵染性 cDNA 克隆构建的原理与方法。
2. 掌握病毒侵染性 cDNA 克隆的体外转录方法。
3. 学习病毒全长 cDNA 侵染性验证的方法。

二、实验原理

（一）植物 RNA 病毒侵染性 cDNA 克隆及其构建策略

植物 RNA 病毒通常由核糖核酸（RNA）和蛋白质组成。RNA 作为病毒的遗传物质，构成了病毒的基因组，对病毒基因表达、复制和繁殖至关重要。了解病毒 RNA 所编码的基因功能是经典病毒学研究的重要内容。但是病毒的 RNA 组分在体外很难进行突变、重组或替换等遗传操作，因此，对植物 RNA 病毒基因功能的研究，通常第一步是建立病毒的侵染性 cDNA 克隆，再对其进行突变等遗传操作。

侵染性 cDNA 克隆是指 RNA 病毒具有侵染性的 cDNA 或是 cDNA 具有侵染性的体外转录物。RNA 病毒侵染性克隆的建立，使重组 DNA 技术及其他相关技术可以应用到病毒学研究中，从而克服了 RNA 病毒难以进行遗传操作的问题。

病毒全长侵染性 cDNA 克隆构建策略很多，可因病毒不同而采用不同的策略。一般情况下，若已知病毒基因组的序列，便可利用 RT-PCR 一次性合成 RNA 病毒的全长 cDNA，将其插入克隆载体，获得侵染性 cDNA 克隆；然而一些 RNA 病毒由于受病毒 RNA 的二级结构影响，或是反转录酶延伸长度的限制，一次性合成全长的第一链 cDNA 非常困难，可利用合成的 cDNA 片段拼接获得全长 cDNA。

（二）侵染性 cDNA 克隆的启动子与体外转录

植物 RNA 病毒的侵染性 cDNA 克隆中使用的启动子共有两类。

一类是在花椰菜花叶病毒（cauliflower mosaic virus，CaMV）35S 启动子控制下的侵染性 cDNA，所构建的质粒载体可以直接进行机械接种。侵染性 cDNA 进入细胞后首先转录出病毒 RNA，再进行病毒基因组的复制与表达。它的优点是：①能克服体外转录 RNA 时 RNA 酶对转录产物降解的不利影响；②不需要体外转录出病毒 RNA，这对于一些难于得到较高产量全长转录物的病毒非常重要，而且不需要 RNA 聚合酶和 RNA 5′端帽子（5′-cap）类似物等昂贵的试剂；③接种物易于制备，接种方法多样。

另一类是在 T7、SP6、T3 和λPm 等启动子控制下的侵染性体外转录物 RNA。其过程是将所构建的含有这些启动子的载体在病毒序列的 3′端后面进行酶切形成线性化载体后，在相应的聚合酶作用下转录产生有侵染活性的 RNA。由于大肠杆菌启动子转录产量较低，目前多采用噬菌体启动子，其中，噬菌体 T7 启动子是首选启动子，有时也用 SP6 或 T3 启动子。T7 启动子的共有序列对于高效转录是非常重要的，因此，常常需要在 T7 启动子序列和病毒 5′端序列之间加入 1 或 2 个额外的碱基 G，以提高转录物的产量。

噬菌体启动子下的病毒体外转录产物的侵染性，指的是体外转录物在与病毒复制酶复合体、寄主组分及其他调节因子相互作用的过程中所表现出来的可侵染寄主植物的特性。要获得高效率的侵染性，要求体外转录物的序列和结构必须尽量与自然的病毒 RNA 保持一致性。一般影响其侵染性的因素有以下几点。①转录物 5′和 3′端的核苷酸序列：体外转录物 5′端若带有较多的非病毒核苷酸，将大大降低或完全消除体外转录物的侵染活性，而 3′端的额外序列相对影响较小。②5′端帽子结构：帽子结构（m^7GpppG）的存在与高水平的侵染活性密切相关，对于含有帽子结构的 RNA 病毒，没有加帽的转录产物通常没有侵染性或侵染性低下。③3′端 Poly（A）尾序：对于 3′ 端带有 Poly（A）尾的病毒，可能存在腺苷酸长度的阈值，低于此阈值则影响相应转录物的稳定性。④序列突变的影响：有些病毒 RNA 在自身复制过程中发生了致死的突变，它们在下一轮复制中将被淘汰，以这样的 RNA 为模板构建的侵染性克隆将不具有侵染性。⑤不同接种方法的影响：体外转录产物或侵染性 cDNA 常采用机械接种的方法，但有些蚜虫传代或仅存在于韧皮部的病毒不易被机械接种，需通过农杆菌注射的方法才能实现。

（三）农杆菌注射及其在分子植物病毒学研究中的应用

1993 年瑞士科学家 Rossi 等创建了一种由农杆菌介导的基因瞬间表达系统，他们将带有重组质粒的农杆菌，经诱导后通过抽真空渗透入植物叶片并进而渗透植物细胞，通过目的基因瞬间表达来检测植物中农杆菌介导的 T-DNA 转移的效率。随后人们又采用注射器的针管注射活体植株叶片进行农杆菌介导的基因瞬间表达。把这两种农杆菌介导的基因瞬间表达统称为农杆菌注射（agro-infiltration）。

农杆菌注射是在根癌农杆菌 Ti 质粒介导植物细胞转化的理论基础上形成并发展起来的。它是将目的基因或者病毒完整基因组的 cDNA 插入农杆菌 Ti 质粒的 T-DNA 区，形成共整合载体或双元载体，转化根癌农杆菌，后者通过真空渗透或针管注射进入植物叶片中，农杆菌在叶片内与植物细胞紧密接触。用于注射的农杆菌预先要经酚类化合物（如乙酰丁香酮）的诱导处理，激活 Ti 质粒中 Vir 区基因的表达来使 T-DNA 向植物细胞核转移，完成携带有目的基因的 T-DNA 的转化。大部分 T-DNA 并未整合入植物基因组，暂时存在于核内并在植物细胞转录、翻译成分的协助下瞬间表达 T-DNA 中的目的基因，几天后即可检测到目的基因的表达或者病毒在植物中的复制。而少量整合进植物染色体的 T-DNA 在瞬间表达中不起作用或极为微弱。近几年该技术不断发展、完善，已被广泛应用于外源基因表达分析、无毒基因与抗性基因的相互作用、基因沉默、启动子分析及分离新的防御基因等诸多植物分子生物学领域。

（四）烟草花叶病毒 cDNA 侵染性克隆构建策略和侵染性测定

烟草花叶病毒（tobacco mosaic virus，TMV）是一种植物 RNA 病毒，可侵染烟草及其他茄科植物等，致使植物发病叶片出现褪绿花叶等症状。其基因组为 6.5kb 左右的正义单链 RNA。前期已有关于 TMV 序列的信息，在此基础上，本实验以 TMV 株系 U1 为材料，通过构建含有 T7 启动子的全长 cDNA 克隆，进而在体外通过 T7 RNA 聚合酶合成具有侵染性的转录物用于接种普通烟草，以检测所构建 cDNA 克隆的侵染性（图 8-1）。

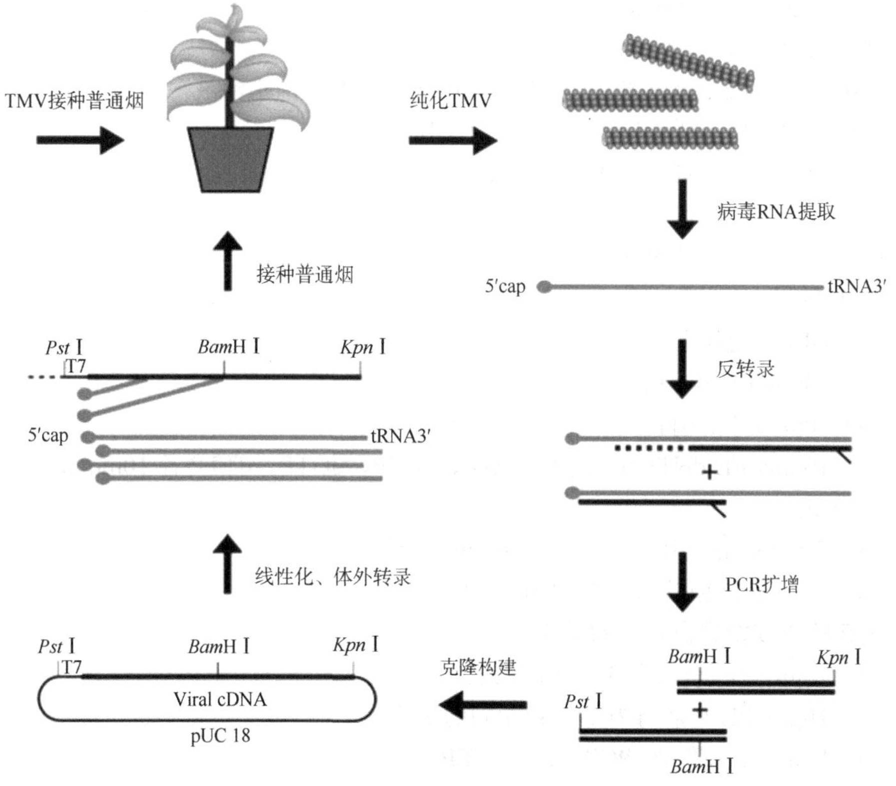

图 8-1　TMV 侵染性 cDNA 克隆构建流程（Foster *et al.*，2008）

三、实验材料

1. 病毒 RNA 提取

（1）TLES 缓冲液：50mmol/L Tris-HCl pH9.0（Sigma），150mmol/L LiCl，5mmol/L EDTA（pH8.0），5% SDS。

（2）核酸电泳缓冲液（5×TBE）的配制：Tris-base 108g，硼酸（H_3BO_3）55g，0.5mol/L EDTA（pH8.0）40ml，用蒸馏水定容至 2L，用前稀释 10 倍（工作浓度为 0.5×）使用。

（3）苯酚/氯仿/异戊醇（phenol：chloroform：isoamyl alcohol，25：24：1)：100ml Tris 饱和酚，96ml 三氯甲烷，4ml 异戊醇混匀，上层用 0.1mol/L Tris-HCl（含 0.2% β-巯基乙醇）封顶。

（4）3mol/L NaAc（100ml，pH5.2），见附录三。

（5）异丙醇。

（6）DEPC 处理水：1L ddH_2O 中加入 1ml DEPC（Sigma），37℃处理过夜，充分失活潜在的 RNase，而后高温高压灭菌。

（7）乙醇。

（8）琼脂糖（Invitrogen）。

（9）EB 储备液，见附录三。

（10）6×凝胶上样缓冲液：0.25%溴酚蓝，30%甘油水溶液，常温保存。

（11）DNA 分子质量标准（Marker）（Takara）。

（12）Nanodrop ND-1000 微量核酸分析仪（Nanodrop）。

（13）凝胶成像仪（Bio-Rad）。

（14）离心管（1.5ml 和 0.5ml）。

2. 反转录

（1）DEPC 处理水。

（2）10μmol/L 5′引物。

（3）10μmol/L 3′引物。

（4）10mmol/L dNTP 混合物（dATP、dCTP、dGTP、dTTP 各 10mmol/L 于中性 pH）（Takara）。

（5）SuperScript Ⅲ 反转录酶（Invitrogen）。

（6）RNasin 核糖核酸酶抑制剂（Takara）。

3. 5′端和 3′端重叠片段的扩增

（1）10μmol/L 与病毒 5′端相同的引物。

（2）10μmol/L 与病毒内部序列相同的引物。

（3）Phusion 高保真 PCR 系统（NEB）。

（4）TaKaRa MiniBest DNA 片段纯化试剂盒（Ver.4.0）。

4. 扩增片段克隆

（1）限制性内切酶 *Bam*H Ⅰ，*Kpn* Ⅰ，*Pst* Ⅰ及其缓冲液（NEB）。

（2）pUC18 质粒（Takara）。

（3）QIAquick 凝胶回收试剂盒（Qiagen）。

（4）TaKaRa MiniBEST DNA 片段回收试剂盒（Ver.4.0）。

（5）10mmol/L Trizma-HCl，pH8.0。

（6）T4 DNA 连接酶（Takara）。

（7）Trans1-Blue 大肠杆菌感受态细胞（Transgen Biotech，Beijing）。

（8）氨苄青霉素（ampicillin）储液（100mg/ml）：100mg 氨苄青霉素溶于 1ml 灭菌水中，用滤膜过滤灭菌，分装，–20℃保存。

（9）90mm 培养皿。

（10）琼脂（Sigma）。

（11）LB 培养基（1L）：蛋白胨（tryptone）10g，酵母提取物（yeast extract）5g，NaCl 10g，溶于 950ml 蒸馏水中，调 pH7.0，而后用蒸馏水定溶至 1L（固体培养基每升加 10～12g 琼脂粉），121℃（103.4kPa）高温高压灭菌 20min。

（12）0.84mol/L IPTG 溶于水中，称取 0.5g IPTG 粉末，用 2ml 蒸馏水将其完全溶解后，补加蒸馏水至 2.5ml，0.22μm 滤膜过滤除菌，–20℃冻存。

（13）X-gal 溶于 DMF，储液浓度为 20mg/ml。IPTG 和 X-Gal 需分装后保存在 –20℃，可保存 2～4 个月。称取 0.2g X-gal，加入 10ml 二甲基甲酰胺（DMF），溶解后避光保存于棕色小试剂瓶内，试剂瓶外部用锡箔纸封裹，–20℃保存，X-gal 无需过滤除菌。

（14）QIAprep Spin Miniprep 质粒提取试剂盒（Qiagen）。

（15）控温摇床，移液枪。

5. 检测全长 cDNA 克隆的侵染性

（1）T7 mMESSAGE mMACHINE Kit（Life Technologies）。

（2）6×凝胶上样缓冲液（Takara）。

（3）2×GKP 缓冲液：50mmol/L Glycine，30mmol/L K_2HPO_4（pH9.2），1% bentonite，1% celite。

（4）植物材料：本生烟（*N. benthamiana*），普通烟 [（*N. tabacum* cv. Xanthi（nn）和 *N. tabacum* cv. Xanthi nc（NN）]。

四、实验步骤

（一）病毒 RNA 提取

（1）向 4 个 2ml 小离心管中各加入 0.25ml 新鲜的 10mg/ml TMV 病毒溶液，每个管中加入 0.75ml TLES 缓冲液，颠倒混匀。

（2）每管中加入 0.9ml 苯酚/氯仿/异戊醇混合液，振荡后 37℃温育 15min，颠倒混匀。

（3）13 000*g* 离心 5min 分离水相与有机相，收集上层水相，避免接触任何中间界面的变性蛋白。再用等体积的苯酚/氯仿/异戊醇抽提 1 次。

（4）将水相转移到 1.5ml 小离心管中，用等体积氯仿抽提，振荡并吸取上清液。

（5）将 0.4ml 水相上清液转移至新的 1.5ml 小离心管中，每管加入 1/10 体积的 3mol/L NaAc（pH5.2）和等体积的异丙醇，混匀内容物并冰浴 15min。

（6）4℃条件下 13 000*g* 离心 30min。倒去上清液体，以 0.5ml 70%的冷乙醇洗涤沉淀，离心 5min 后弃去上清液，短暂离心后吸去残留液体。在通风处干燥沉淀，最后以 0.1ml DEPC 处理水溶解沉淀，所得即为病毒 RNA 溶液。

（7）取 2μl 溶液，用 Nanodrop 测定 260nm 波长时的吸光值，假设 40μg/ml RNA 溶液的吸光值 A_{260} 为 1，计算 RNA 产量。

（8）计算 RNA 的产量及浓度，并进而稀释至 0.5mg/ml。为了确认回收到的 RNA，可以取 0.5～2.0μg 进行水平非变性琼脂糖凝胶电泳。用 1×TBE 溶液于微波炉内加热溶解琼脂糖配制浓度为 0.8%琼脂糖凝胶，冷却后加入少量 EB 染料。RNA 溶液与 6×凝胶上样缓冲液混合后上样，同时以 DNA 分子质量标准（Marker）作为对照，电泳后凝胶成像仪检测目的条带。病毒 RNA 应为基本不发生扩散的单一条带。如果 RNA 溶液不需要马上使用，需要在–80℃冰箱保存。

（二）反转录

（1）合成病毒 RNA 的 cDNA 需要两次退火反应。第一次需要一段与病毒基因组序列 3′端互补并额外带有一个基因组中不存在的限制性酶切位点（如 *Kpn* Ⅰ）的寡核苷酸序列启动反应。另一条寡核苷酸需要与病毒基因序列的一部分完全互补，这一段序列应靠近病毒基因序列中部的限制酶切位点（如 *Bam*H Ⅰ）的 3′端。反应应在无核苷酸酶的 0.5ml 小离心管中进行，加入 2μl 浓度为 10μmol/L 的两种引物，2μl 0.5mg/ml 的病毒 RNA，以及 8μl DEPC 处理水。混匀后 70℃温育 10min，立即放在冰上。

（2）冰浴 1min，随即短暂离心，然后将其他组分加入反应中：1μl 10mmol/L dNTP，4μl 5×第一条链合成缓冲液，1μl 0.1mol/L DTT，1μl RNasin，1μl SuperScript Ⅲ。用移液器轻轻吹打混合，50℃温育 2h。

（三）5′端和 3′端重叠片段的扩增

（1）根据说明书通过 Phusion 高保真 PCR 系统进行 2 次 PCR 反应。为扩增病毒基因组 5′端片段，向薄壁 0.5ml PCR 管中加入：10μl 中间引物启动的第一条链的纯化反应产物，2μl 10mmol/L dNTPs，1μl 10μmol/L 5′端引物，1μl 10μmol/L 中间互补引物，36μl 水。3′端片段的扩增与之类似，将下列反应体系加入薄壁 PCR 管中：10μl

3′端引物启动的第一条链的纯化反应产物，2μl 10mmol/L dNTPs，1μl 10μmol/L 中段引物，1μl 10μmol/L 3′端互补引物，36μl 水。此外，准备酶液混合物（77μl 水，20μl 含有 15mmol/L $MgCl_2$ 的 10×Phusion High Fidelity 缓冲液，3μl Expand High Fidelity 酶液），轻柔吹打混合后置于冰上。

（2）在 PCR 仪上设置如下程序：94℃变性 2min；10 次包含 94℃变性 15s、45℃退火 30s、68℃延伸 2.5min 的循环，其中每增加一个循环退火温度即升高 1℃；两次包含 94℃变性 15s、55℃退火 30s、68℃延伸 2.5min 的循环，其中每增加一个循环时间延长 5s；最后 68℃延长 7min。

（3）开启热循环程序，到达 94℃时暂停，将 PCR 反应管安放在仪器中静置 15s 以满足温度要求，随后每管加入 50μl 混合酶液，轻柔吹打混匀，继续反应。

（4）热循环反应结束，利用 TaKaRa MiniBest DNA 片段纯化试剂盒对 PCR 产物进行纯化。

（5）取 5μl PCR 产物与 DNA 标准分子梯度，以 1%琼脂糖/0.5×TBE 凝胶共同电泳，检验 PCR 产物，其分子质量应为 3.5kb 和 3.2kb（图 8-2），并估算产率。产物应约为 1μg：如果产量不足则需要提高 PCR 扩增循环数量；如果产物过多则减少 PCR 循环数以减少 PCR 过程中产生的错配。

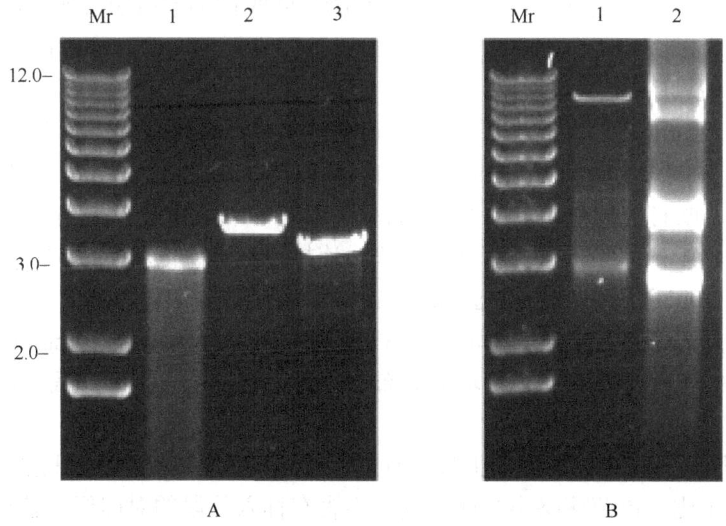

图 8-2 非变性琼脂糖凝胶检测 TMV 的核酸片段（Foster *et al.*，2008）

A. 泳道 1，提取的 TMV 的 RNA；泳道 2，对应于 TMV 基因组近 5′部分的 RT-PCR 产物；泳道 3，对应于 TMV 基因组近 3′部分的 RT-PCR 产物；B. 泳道 1，TMV 全长 cDNA 克隆酶切线性化后的体外转录物；泳道 2，末端含有核酶序列的 TMV 全长 cDNA 环形质粒的体外转录物。Mr. DNA 分子质量标准（1kb plus DNA ladder，Invitrogen）

（四）扩增片段的克隆

（1）在 0.5ml 小离心管中消化两组纯化的 PCR 产物：用水稀释产物至 88μl，加入 10μl *Bam*H Ⅰ，NEBuffer 3 和 2μl *Bam*H Ⅰ（20U/μl）。混匀后 37℃反应 3h。通过 TaKaRa MiniBEST DNA 片段回收试剂盒来纯化酶切消化后的产物。然后在 0.5ml 离心管中进行第二次消化：对于 88μl *Bam*H Ⅰ消化过的 5′端 PCR 产物，加入 10μl NEBuffer 3，2 μl*Pst* Ⅰ（20U/μl）；对于 88μl *Bam*H Ⅰ消化过的 3′端 PCR 产物，加入 10μl NEBuffer 1，2μl *Kpn* Ⅰ（10U/μl）。混合离心管内容物，并在 37℃反应 3h。反应结束后，通过 TaKaRa MiniBEST DNA 片段回收试剂盒纯化二次消化产物。对于 5′端 PCR 产物，可以同时进行双酶切反应。

（2）在 0.5ml 离心管中消化 5μg pUC18 质粒：用水稀释质粒到 88μl，加入 10μl NEBuffer 1，2μl *Pst* Ⅰ（10U/μl）。混合均匀后 37℃反应 3h，用 TaKaRa MiniBEST DNA 片段回收试剂盒来纯化产物。同时用 10μl *Pst* Ⅰ消化质粒作为定量参考。随后进行二次消化：78μl *Pst* Ⅰ消化后的 pUC18 质粒，10μl 水，10μl BEBuffer 1，2μl *Kpn* Ⅰ。混合均匀后 37℃温育 2h。

（3）将酶切后的载体取 5μl，混入 6×凝胶上样缓冲液中，于 1%琼脂糖凝胶/0.5×TBE 中上样，以 8V/cm 电压进行电泳。电泳结束后，以凝胶成像仪观察核苷酸，切取分子质量约为 3kb 的条带，以 QIAquick 凝胶回收试剂盒按照说明书纯化 DNA 载体（最后一步以 25μl 10mmol/L pH8.0 Trizma-HCl 洗脱 DNA）。琼脂糖凝胶检测回收产物条带并估算产量。

（4）在 1.5ml 离心管中建立一个 20μl 连接体系以连接载体：每个消化后的插入片段取 100ng 混合，加入 50ng 载体；加水稀释至 17μl；加入 2μl 10×DNA 连接酶反应缓冲液，吹打混匀；加入 1μl T4 DNA 连接酶（1U/μl）再次混匀。同时，设置连接反应的对照组，即不加入任何插入片段。连接反应在 16℃反应过夜。

（5）取 10μl 连接产物，通过 42℃热激转化至 Trans1-Blue 感受态细胞中，向感受态细胞中加入等体积 LB 培养基，于 37℃温育 1h 后，与 40μl 20mg/ml 的 X-gal 和 5μl 0.84mol/L IPTG 储液混匀后，均匀涂布于含有 100μg/ml 氨苄青霉素的 LB 平板上，37℃培养过夜。

（6）按照估计，接种平板上生长带有插入片段的连接产物转化细胞的菌落数（白色菌落，大小比蓝色菌落略小）应远高于不含有插入片段的对照组（蓝色菌落）。

（五）摇菌

从平板上挑取 10 个白色菌落，分别转移至 10 管含有 100μg/ml 青霉素的 2ml LB 培养基中，37℃摇床振荡培养过夜。

（六）质粒提取和酶切鉴定

利用 QIAprep Spin Miniprep 质粒提取试剂盒从过夜培养菌液中提取 DNA。为了证实克隆菌落确实含有目标插入基因和用于克隆的限制酶切位点，可用与载体相关的 3 种限制性内切酶分别鉴定是否有目的 DNA 片段的插入。

（七）检验全长 cDNA 侵染性

（1）设置单独的反应体系将模板 DNA 线性化：在 0.5ml 离心管中加入 10μl mini-prep DNA，33μl 水，5μl NEBuffer 1，2μl *Kpn* Ⅰ，37℃反应过夜。

（2）TaKaRa MiniBEST DNA 片段回收试剂盒来纯化线性化产物。取 1μl 纯化的产物进行 0.8%琼脂糖凝胶电泳以确定线性化反应的效果。

（3）根据说明书在室温下以 T7 mMESSAGE mMACHINE 体外转录试剂盒在 0.5ml 离心管中以 20μl 体系转录线性化产物：按顺序依次加入 6μl 线性化模板，10μl 2×NTP/Cap 混合物，2μl 10×反应缓冲液，2μl 混合酶液。轻柔吹吸混匀后，37℃反应。1h 后吸取 0.5μl 转录产物，加入 8μl 无核酸酶水，再混入 2μl 凝胶上样缓冲液，以 10V/cm 于 0.8%琼脂糖凝胶进行电泳。电泳结束后观察转录产物并估测产量。

（4）转录反应在 37℃进行 2h 后，将产物用水稀释两倍，并迅速接种植物本生烟 *N. benthamiana*，*N. tabacum* cv. Xanthi（nn）与 *N. tabacum* cv. Xanthi nc（NN）。在植株为 5～6 叶期时，将转录产物与等体积的 2×GKP 缓冲液混合后，沿同一方向轻柔均匀摩擦接种叶片。在 25℃或以下，以 16h 光照与 8h 黑暗光周期下培养植物。

（5）定时观察植物症状。本生烟与 *N. tabacum* cv. Xanthi（nn）在接种 3 天后应该发生系统侵染，产生花叶症状，并从顶端开始坏死。侵染性转录产物在 *N. tabacum* cv. Xanthi（NN）接种叶产生坏死，这是因为植株中 *N* 基因在 28℃以下条件时会使植物对 TMV 产生抗性导致过敏性坏死反应。坏死斑的数量可以作为转录产物相对侵染性的指示。保留能够在寄主上产生更多坏死斑的克隆用于后续的研究。

五、实验结果

（1）记录侵染性克隆构建过程中涉及的电泳图谱。

（2）记录 TMV 的体外转录物接种植物后的症状表现。

六、思考题

1. 试述病毒侵染性 cDNA 克隆构建的策略。
2. 思考用于体外转录的线性化质粒 DNA 其 3′端的酶切末端有何要求。
3. 如何验证所构建病毒 cDNA 克隆的侵染性？
4. 是不是可以针对所有的病毒构建侵染性克隆？
5. 比较在侵染性克隆末尾加核酶序列和直接用限制性内切酶进行质粒线性化的区别。

实验九　猪繁殖与呼吸综合征病毒感染性 cDNA 克隆的构建

一、实验目的

1. 学习动物病毒感染性 cDNA 克隆构建的原理及方法。
2. 掌握正链 RNA 病毒感染性 cDNA 克隆的构建。
3. 学习病毒全长 cDNA 感染性验证的方法。

二、实验原理

猪繁殖与呼吸综合征病毒（porcine reproductive and respiratory syndrome virus，PRRSV）属于套式病毒目，动脉炎病毒科，动脉炎病毒属。基因组为单股正链 RNA，5′端具有帽子结构，3′端具有 Poly（A），基因组全长约 15.4kb。整个基因组包含至少 10 个开放阅读框（包括 ORF1a、ORF1b、ORF2a、ORF2b、ORF3、ORF4、ORF5、ORF5a、ORF6 和 ORF7），其中位于基因组 5′端的 ORF1a 和 ORF1b 负责编码两个大的病毒复制酶多聚蛋白，ORF2～7 负责编码病毒结构蛋白。

侵染性克隆技术又称为反向遗传学操作，自从 1981 年该技术首次用于动物病毒脊髓灰质炎病毒的研究以来，感染性克隆技术已经成为研究病毒致病性、病毒蛋白功能、病毒复制机制及新型疫苗开发等方面极其重要的工具。

在反向遗传学的操作过程中，序列的准确性是后期构建和改造的先决条件，因此在测序和中间质粒构建中需高保真 PCR 聚合酶，并且每步操作后需要对构建好的质粒进行序列确认。此外在构建过程中需要扩增 3～4kb 的长片段，因此对病毒 RNA 模板的要求较高，既要保证数量充足还必须保证其完整性。如果 PCR 过程中引入突变点，应根据重新扩增或使用点突变试剂盒进行回复突变。为了区分反向遗传拯救病毒与亲本病毒，通常在 cDNA 克隆中引入沉默突变，来作为遗传标记。

在操作带有 T7 或 SP6 等原核启动子的感染性克隆时，首先病毒拯救需要涉及 RNA 的体外转录和转染等步骤，必须采取相应措施来防止或减少 RNase 污染。其次，RNA 分子容易断裂，操作必须轻柔。也可使用真核启动子 CMV 代替 T7 或 SP6，直接构建能够在动物细胞体内转录的 cDNA 全长克隆，这样不但省去了 RNA 繁琐的体外操作，而且能够省去体外转录试剂的成本。

感染性克隆全长质粒的构建策略因病毒序列的不同而各不相同，需要综合考虑病毒基因组序列和载体的单一酶切位点。如果设计带有原核启动子 T7 和 SP6 的系统，需要在启动子后病毒基因组前加入 1 或 2 个 G 以增加 RNA 体外转录的效率。根据基因组单一酶切位点的分布设计各个片段的长度，最后在基因组的末尾加入线性化位点。若选用 CMV 真核启动子，则通常在启动子后及基因组末尾加入核酶序列。

三、实验材料

1. 病毒和细胞

（1）PRRSV 高致病性毒株 JXwn06（GenBank No. EF641008）。

（2）传代细胞 MARC-145，以及 RNA 转染所需细胞 BHK-21。

2. 载体

（1）pEASY-Blunt 克隆载体（Transgene）。

（2）pWSK-29 低拷贝质粒，用于全长感染性克隆质粒的构建。

（3）DH5α 感受态细胞（Transgene）。

3. 主要分子生物学试剂

（1）QIAamp Viral RNA Mini Kit RNA 提取试剂盒（Qiagen）。

（2）PrimeSTAR™ HS DNA Ploymeras PCR 保真酶（Takara）。

（3）SuperScript® Ⅲ Reverse Transcriptase 反转录酶（Invitrogen）。

（4）DMRIE-C 转染试剂盒（Invitrogen）。

（5）dNTPs、DL2000 plus 及 DNA 琼脂糖胶回收试剂（Tansgene）。

（6）质粒提取试剂盒 Wizard® Plus Midipreps DNA Purification System（Promega）。

（7）T4 DNA 连接酶（Promega）。

（8）限制性内切酶（NEB）。

4. 其他试剂

（1）胰酶（Gibico）。

（2）DMEM 细胞培养液（Invitrogen）。

（3）GIBCO™ Opti-MEM® I Reduced Serum Medium（Invitrogen）。

（4）FBS（Hyclone）。

（5）PBS（Hyclone）。

（6）10% SDS（终浓度 0.5%）和 20mg/ml 蛋白酶 K（Sigma）。

（7）PRRSV N 蛋白单抗 SDOW-17。

（8）FITC 标记的山羊抗小鼠 IgG 荧光二抗（中杉金桥）。

5. 主要仪器设备

（1）Biofuge Primer R 台式冷冻高速离心机。

（2）Centrifuge 5810R 低温冷冻高速离心机。

（3）Bio-Rad PCR 仪。

（4）Mini spin 小型离心机。

（5）核酸水平电泳仪。

（6）水套式 CO_2 细胞培养箱。

（7）Alpha Imager™2200 型凝胶成像分析系统。

（8）倒置荧光显微镜。

（9）紫外分光光度计。

（10）PURIFIER CLASS II 生物安全柜。

四、实验步骤

（一）构建策略

1. 设计克隆策略

如图 9-1 所示，将利用单一酶切位点 *Nhe* Ⅰ、*Asc* Ⅰ及人工引入的沉默突变 *Bst* BⅠ将 JXwn06 基因组分为 A、B、C 和 D 4 个片段，并在基因组末尾加入 *Pac* Ⅰ作为线性化位点，最后在 SP6 前及 *Pac* Ⅰ后分别加入 *Not* Ⅰ和 *Sac* Ⅰ用于将基因组插入载体质粒中。

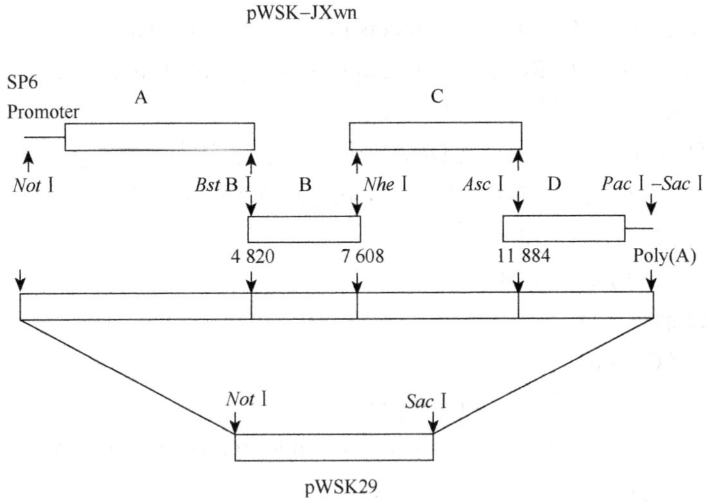

图 9-1 pWSK-JXwn 各片段 cDNA 的获得（周磊，2010）

2. 反转录

使用 QIAamp viral RNA kit（Qiagen）提取 JXwn06 病毒液总 RNA。取所得 RNA 9μl，加下游引物 JAR、JBR、JCR 或者 JDR（25pmol/L）2μl，dNTP mix（10mmol/L）1μl。65℃水浴 5min，迅速转入冰浴 2min。加入剩余组分配制反转录反应液，建立 20μl 反转录反应体系：

5×First-Strand buffer	4μl
RNase Inhibitor（40U/μl）	1μl
DTT（0.1mol/L）	1μl
SuperscriptTM Ⅲ（200U/μl）	1μl
DEPC 处理水补足至 20μl	

瞬时离心混匀，30℃水浴 10min，55℃水浴 2h，70℃ 10min 终止反应，冷却后直接 PCR 或–20℃保存。

（二）JXwn06 各个片段的克隆和中间质粒的构建

1. PCR 扩增获得各目的片段

5×PrimeSTAR buffer	10μl
dNTP Mixture（2.5mmol/L each）	4μl
上游引物	1μl
下游引物	1μl
反转录 cDNA	4μl
PrimeSTAR™ HS	0.5μl
ddH_2O 补足至 50μl	

反应条件：98℃，10s；53～55℃，15s；72℃，1min/kb，重复 35 个循环。

2. 电泳

经 1%琼脂糖凝胶电泳检查扩增产物，PCR 产物利用全式金胶回收试剂盒回收目的片段。

3. 目的片段连入 T 载体

将回收产物连接平末端克隆载体 pEASY-Blunt，室温反应 12min（室温较低时可置于 30℃），反应体系如下：

PCR 回收产物	4μl
pEASY-Blunt vector（含 buffer 和连接酶）	1μl
总体积	5μl

4. 转化、筛选和测序

大肠杆菌 DH5α，过夜培养后用特异性引物经菌落 PCR 筛选阳性克隆质粒。将阳性克隆质粒进行插入片段测序，确定无突变，获得中间质粒 pEB-JA、pEB-JB、pEB-JC 和 pEB-JD。

（三）JXwn06 全长质粒的获得

1. 载体酶切和片段回收

使用两端的 *Not* I 和 *Sac* I 将 pEB-JD 上的 PRRSV 片段切下，经琼脂糖凝胶电泳后利用试剂盒回收 D 片段和 pWSK29 质粒，酶切反应体系：

NEB 10×buffer 4	10μl
100×BSA	1μl
Not I	3μl
Sac I	3μl
pWSK29/pEB-JD	40μl/20μl
ddH_2O 补足至 100μl	

37℃反应 3～4h。

2. 反应

T4 连接酶将回收片段连于 pWSK29 载体，按以下比例进行连接反应（反应条件如前面所述）：

pEB-JD 片段回收产物	2μl
pWSK29 回收产物	6μl
T4 连接酶 buffer	1μl
T4 连接酶	1μl
总体积	10μl

反应液混匀后在 22℃连接 2h。

3. 转化

转化 DH5α 感受态细胞，方法如前所述。

4. 菌落 PCR 筛选

使用 D 片段引物 JDF 和 JDR 鉴定阳性克隆。

5. 提取质粒

挑取单克隆接入含有 100ng/ml 的 LB 培养基中，37℃ 200r/min 摇床培养 8h 后使用 Promega 质粒提取试剂盒提取质粒。

6. 全长质粒的拼接

B、C 和 A 片段的酶切及连接方法与 D 片段方法类似，酶切过程根据说明书所示温度操作，其他步骤一致。连接后的全长质粒经全序列测定确定其序列准确性，并命名为 pWSK-JXwn。

（四）全长侵染性 cDNA 的线性化

1. 质粒的线性化

取全长质粒 pWSK-JXwn 15μg 使用位于 Poly（A）后的单一酶切位点 *Pac* I 进行质粒线化。为了使线化完全，建立 200μl 酶切体系，37℃过夜酶切。线性化酶切体系如下：

NEB 10×buffer 4	20μl
Pac Ⅰ	6μl
pWSK-JXwn	40μl
DEPC 处理水补至 200μl	

2. 电泳检测线性化产物

取出 7μl 酶切混合物，以 0.8%的琼脂糖凝胶电泳，参照质粒酶切前条带，检查线化是否完全，完全线化后，65℃水浴 20min 热灭活 *Pac* Ⅰ。

3. 蛋白酶消化体系中的蛋白质

酶切体系中加入 10μl 10% SDS（终浓度 0.5%）和 2μl 20mg/ml 蛋白酶 K（终浓度 200μg/ml），50℃作用 30min。

4. 酚：氯仿抽提除去体系中的蛋白质

加等体积无核酸酶的水（降低浓度减少抽提损失），以无 RNase 的酚：氯仿抽提 2 次。

5. 乙醇沉淀得到线性化目的片段

加入 1/10 体积 3mol/L NaAc（pH5.2）和 2 倍体积的冷无水乙醇，–20℃沉淀 1h。12 000r/min 离心 15min，弃上清。用 1ml 70%乙醇洗涤沉淀。7500r/min 离心 5min，弃上清，空气中干燥约 15min。10μl 无 RNase 的纯水溶解沉淀，紫外分光光度计测定和计算浓度，线性化质粒的浓度应达到 0.5～1.0μg/μl。

（五）体外转录

（1）根据 Ambion 公司的 mMessage mMachine® High Yield Capped RNA Transcription kit 说明书，依次加入如下成分，混匀后，瞬时离心，37℃水浴反应 2h。

线性化质粒 DNA	1μg
2×NTP/CAP	2μl
GTP（20mmol/L）	10μl
10×Reaction buffer	2μl
Enzyme mix	2μl
Nuclease-free water 补至 20μl	

（2）水浴 2h 后加入 1μl TURBO DNase Ⅰ，混匀，瞬时离心后，37℃孵育 15min，以消化模板质粒 DNA。

（六）病毒的拯救

（1）准备 BHK-21。胰酶消化后以约 10^6 个/ml 的浓度铺于 6 孔细胞培养板，每孔 2ml。置于含有 5% CO_2、37℃细胞培养箱过夜培养。

（2）RNA 转染。当细胞长满至 70%～80%时可用于转染。小心吸弃细胞培养上清，每孔加入 2ml 平衡至室温的 Opti-MEM® I Reduced Serum Medium，轻微摇晃清洗细胞。

（3）转染。向无 RNase 的 1.5ml EP 管中加入 1ml 平衡至室温的 Opti-MEM® I Reduced Serum Medium；将 DMRIE-C 脂质体涡旋混匀，各取 10μl 加入各管中，并混匀。向管中分别加入 10μl 体外转录所得 RNA，轻微混匀。立即将脂质体-RNA 混合物转入吸弃上清的细胞单层，同时设 Opti-MEM® I Reduced Serum Medium 和 DMRIE-C 脂质体对照。含 5% CO_2 培养箱中 37℃培养 4h 后，小心吸出转染液，加入 2ml 含有 10% FBS 的 DMEM 生长培养基。

（4）病毒的传代 BHK-21 细胞转染 24h 后，冻融一次，取上清 1ml 接种于长至 100%细胞单层且状态良好的 MARC-145 细胞中，5% CO_2 培养箱中 37℃感染 1h 后弃上清，并加入含有 5% FBS 的 DMEM 维持培养基培养 4～5 天，逐天观察细胞病变。

（七）免疫荧光鉴定拯救病毒

（1）将 MARC-145 细胞消化后，以约 10^6 个/ml 的细胞密度转入 96 孔细胞培养板，每孔 100μl。5% CO_2、37℃及饱和湿度下培养过夜，形成 100%左右的细胞单层。

（2）小心吸取上清，加入 50μl 100 倍稀释的第 3 代病毒液，37℃吸附 1h 后，吸弃接种液，每孔加入 100μl 维持培养基，培养 30～36h 后，小心吸取上清，加入 100μl –20℃预冷的乙醇，室温固定 15min。

（3）弃乙醇后加入 PBS 洗涤 3 次，每次 3min。

（4）分别加入以 PBS 进行 1∶100 倍稀释的 PRRSV N 蛋白单抗 SDOW-17，37℃湿盒孵育 60min。

（5）PBS 洗涤 3～5 次，每次 3min。

（6）FITC 标记的山羊抗小鼠 IgG 用 PBS 做 1∶100 倍稀释，同时加入 0.01% Evans blue，混匀后每孔加入 50μl，37℃湿盒孵育 45min。

（7）PBS 洗涤 3～5 次，每次 3min。

（8）弃上清，立即用荧光显微镜观察荧光信号。

五、实验结果

（1）获得涵盖 PRRSV JXwn06 全基因组的全长感染性克隆质粒，以及 4 个用于后期改造病毒基因组的中间质粒。

（2）利用反向遗传学技术拯救出 PRRSV，并对其感染性进行鉴定。

六、思考题

1. 利用反向遗传学技术构建 PRRSV 感染性克隆过程中有哪些注意事项?
2. 流感病毒是否可以直接用此方法构建感染性克隆操作平台?

实验十 单引物扩增技术获得病毒基因组全序列

一、实验目的

1. 学习发病叶片中双链 RNA 的提取技术。
2. 学习单引物扩增技术的原理。
3. 掌握 SPAT 技术获得病毒全序列的具体操作。

二、实验原理

单引物扩增技术（single primer amplification technique，SPAT）是以 dsRNA 为模板，获得基因组全序列克隆的方法，这种技术在双链形式的病毒基因组序列研究中得到广泛应用。由于 dsRNA 病毒基因组核酸结构的特殊性，其基因组的研究仍然是一个难题。特别在对病毒的基因组一无所知的情况下，常规方法的应用受到了限制。1992 年 Lambden 等在克隆 dsRNA 病毒基因组技术方面取得了突破，首先用单引物扩增方法成功地扩增了人类轮状病毒基因组中较大的基因片段。随后 Attoui 等对这一技术进行不断改进和完善，现在已经比较成熟，成为克隆 dsRNA 病毒基因组已知或未知基因片段的主要方法之一。

SPAT 是在 dsRNA 添加 Poly（A）尾序的基础上进行改进和发展起来的一种以 dsRNA 为模板获得全序列克隆的方法。该方法的原理是将一段 DNA 寡核苷酸接头引物 A 连接到 dsRNA 的 3′-OH 端。然后以另一段与引物 A 互补的引物 B 进行反转录，得到杂合体双链。杂合体双链在没有引物存在的 PCR 反应体系中，通过变性、复性、延伸即可获得两条互补的双链 cDNA。以合成的 cDNA 为模板，用引物 B 进行单引物扩增。扩增到的产物连接在适宜载体上后，进行测序。

SPAT 方法相对于其他获得 dsRNA 全序列克隆的方法而言更为简便，工作量小。该方法首先合成一段 20bp 左右的单链寡核苷酸接头引物 A，为了使接头的 5′端能够与 dsRNA 模板的 3′-OH 结合，同时避免接头 3′端与 dsRNA 模板链的 5′端和 3′端结合，以及接头自身结合，需要将接头引物 A 的 5′端磷酸化，3′端氨基化。此外，在扩增目的序列时为了防止引物与非目的序列的错配，设计的引物 A 的序列来自于非植物，避免与已知序列存在同源性。接下来，在 T4 RNA 连接酶存在的条件下将引物 A 连接到 dsRNA 模板的 3′-OH 端。随后加入 DMSO 高温变性后，加入引物 B，以此为下游引物进行反转录合成 cDNA 第一链，再以引物 B 为单一引物，合成的 cDNA 为模板进行 PCR 反应合成第二链。片段长度为 2.0～2.5kb，利用 SPAT 方法扩增的效果最好（图 10-1）；如果是大于 2kb 的片段，常在片段 cDNA 片段中间再设计一条引物，分段扩增目的片段，最后再将目的片段拼接成全长的病毒基因组序列（图 10-2）。

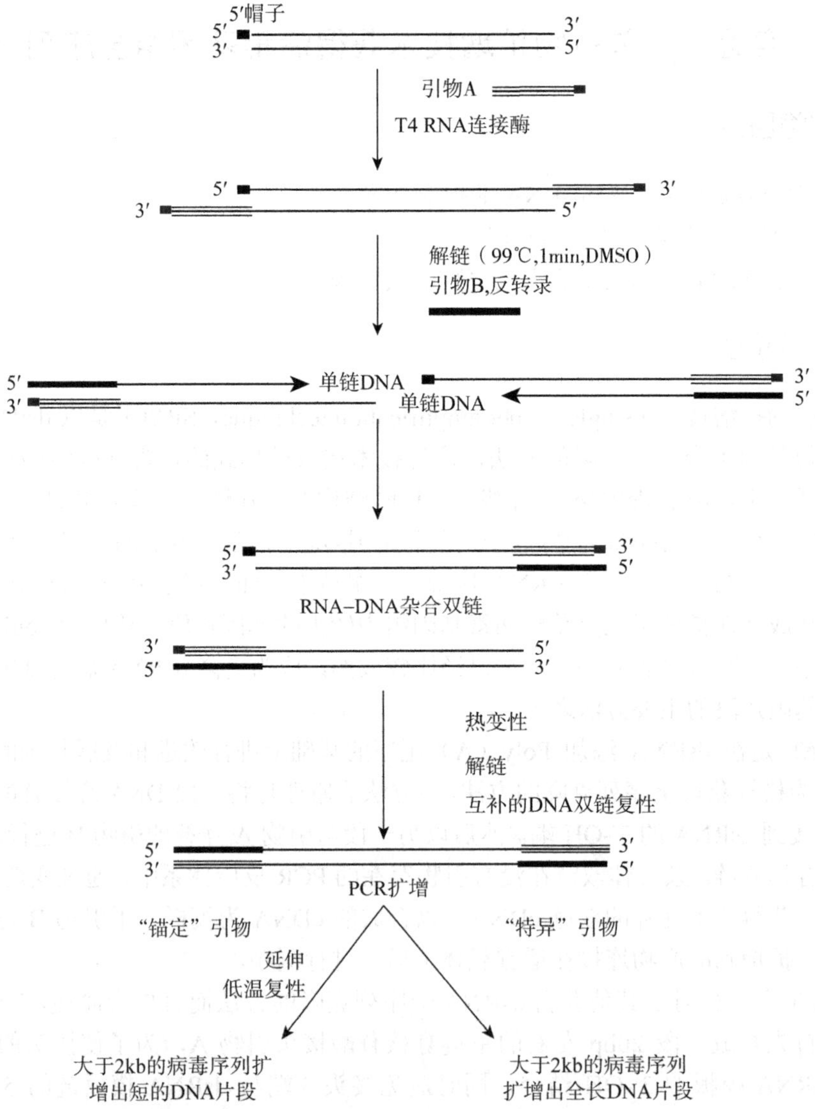

图 10-1　利用 SPAT 技术克隆双链 RNA 片段（Attoui *et al.*，2000）

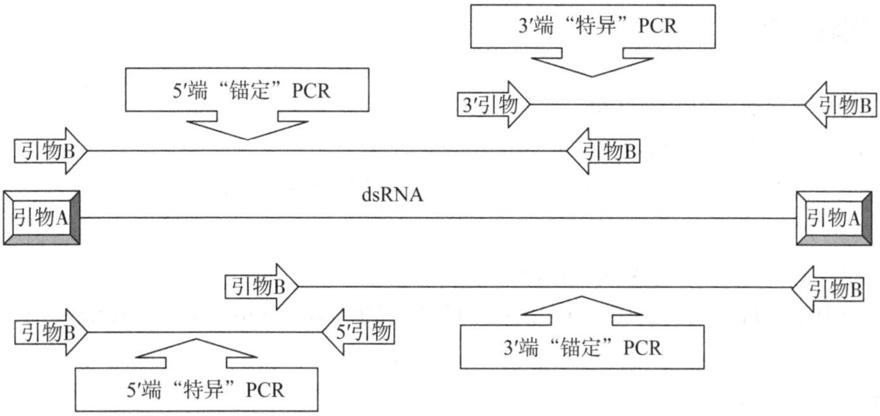

图 10-2 长片段的克隆（Attoui *et al.*，2000）

以 dsRNA 为模板利用 SPAT 获得全序列克隆的方法，已经被广泛应用于双链 RNA 形式的病毒基因组序列研究中，如呼肠孤病毒科（Reoviridae）的病毒，尤其是对未知 dsRNA 病毒进行序列分析时候，该方法有很大的优势。更重要的是，对于单链正义 RNA 病毒，其复制过程中存在 dsRNA 的形式，而这类 dsRNA 在健康植物体内一般是不存在的，因此 SPAT 技术也可用于对单链 RNA 病毒进行基因组克隆，尤其是对病毒的 5′端和 3′端进行序列克隆时，无需使用昂贵的 5′-RACE 和 3′-RACE，就可获得病毒的末端序列。此外，在单链正义 RNA 病毒复制过程中也会产生各种亚基因组，通过 SPAT 技术，可以很方便地获知病毒亚基因组的复制起始位点，这极大地方便了病毒基因组全序列的克隆及病毒复制机制的研究，为未知病毒基因组信息的获得提供了极大的便利。

本实验用到的材料甜菜黑色焦枯病毒（beet black scorch virus，BBSV）属于番茄丛矮病毒科（Tombusviridae）坏死病毒属（*Necrovirus*）病毒，首先在我国被发现和报道。此后，在美国、伊朗和欧洲的甜菜种植区中也陆续报道了 BBSV 的发生和危害。序列分析表明 BBSV 基因组为一条 3644nt 的单链正义 RNA（GenBank 登录号：AF452884 和 AY626780），包含 6 个开放阅读框（图 10-3），其中 p23 为 BBSV 复制酶小亚基，p23 通读后产生 BBSV 完整的复制酶 p82（RNA-dependent RNA polymerase，RdRp），p7a、p7b 和 p5′为 BBSV 进行细胞间运动所必需的蛋白质，p24 则编码病毒的外壳蛋白。BBSV 在复制过程中会产生 dsRNA 的中间体形式，基于这一点，通过提取感染 BBSV 本生烟叶片中的 dsRNA，学习利用 SPAT 法获得病毒全长基因组序列。

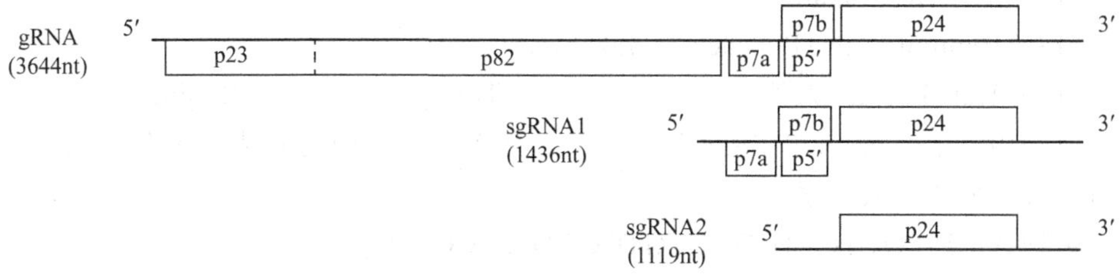

图 10-3 甜菜黑色焦枯病毒基因组结构示意图

三、实验材料

1. 病毒双链 RNA 的提取

（1）感染 BBSV 的新鲜或冻存本生烟叶片。

（2）高速离心机、真空干燥仪、微量移液器、50ml 和 1.5ml 离心管、磁力搅拌器。

（3）CF-11 纤维素（Whatman）。

（4）10×STE 储存液：0.5mol/L Tris-HCl（pH6.8），1mol/L NaCl，10mmol/L EDTA（pH8.0）。

（5）10% SDS。

（6）纯化皂土。

（7）饱和苯酚。

（8）3mol/L NaAc（pH5.2）：称取无水 NaAc 24.61g，溶于 60ml ddH_2O 中，充分搅拌溶解，加入冰醋酸调节 pH 至 5.2，而后定容至 100ml，室温保存。

（9）无水乙醇和 70%的乙醇。

（10）灭菌蒸馏水。

2. SPAT 法获得病毒全序列

（1）克隆载体 pGEM-T（Promega）。

（2）Phusion 高保真 DNA 聚合酶，*Taq*E 及 10×*Taq*E buffer。

（3）限制性内切酶 *Hin*d Ⅲ和 *Sma* Ⅰ（NEB）。

（4）EB 储备液（10mg/ml）：1g EB 溶于 100ml 水中，4℃避光保存。

（5）DEPC 处理水，1L ddH_2O 中加入 1ml DEPC（Sigma），37℃处理过夜，充分失活潜在的 RNase，而后高温高压灭菌。

（6）T4 RNA Ligase 2（dsRNA 连接酶）（NEB）。

（7）DMSO（Sigma）。

（8）QIAquick 凝胶回收试剂盒（Qiagen）。

（9）QIAGEN 质粒提取试剂盒（Qiagen）。

（10）TaKaRa MiniBEST DNA 片段回收试剂盒（Ver.4.0）。

（11）反转录酶 SuperScript Ⅲ（Invitrogen）。

（12）RNasin（Takara）。

（13）10mmol/L dNTP（each）（Takara）。

（14）Trans1-Blue 大肠杆菌感受态细胞（Transgen Biotech，Beijing）。

（15）用于单引物扩增的寡核苷酸接头引物 A 及扩增引物 B 委托上海英潍捷基贸易有限公司公司合成，序列设计如下。

引物 A：5′-PO_4-TCTTCGGGTGTCCTTCCTCG-NH_2-3′

引物 B：5′-CGAGGAAGGACACCCGAAGA-3′

四、实验步骤

1. 病毒双链 RNA 提取

（1）取适量病毒侵染病叶（5～7g）于研钵内，加液氮研磨成细粉末，倒入三角瓶中。

（2）熔化后加入 2 倍的 2×STE 抽提缓冲液（*W/V*）和 10% SDS 至终浓度分别为 1×STE 和 2%的 SDS。

（3）加等体积饱和苯酚，置摇床或磁力搅拌器上振荡混合 30～60min。

（4）9820*g*，离心 20min。

（5）取上清水相，加无水乙醇至终浓度为 15%～18%。

（6）称取 2.5g CF11，加入 30ml 1×STE（含 16%乙醇），制备纤维素柱。

（7）将样品液加在柱子顶部过柱。

（8）用 1×STE（含 16%乙醇）100～120ml 充分洗柱。

（9）用 5ml 1×STE 洗脱第 1 次，弃掉洗脱液。

（10）用 5ml 1×STE 洗脱第 2 次，收集洗脱液。

（11）再用 5ml 1×STE 洗脱第 3 次，收集洗脱液。

（12）合并后两次收集的洗脱液。

（13）加 1/10 体积 3mol/L NaAc，2.5 倍体积冷无水乙醇，混匀，置–20℃沉淀至少 2h。

（14）13 400*g*，离心 15min，沉淀用 70%乙醇洗两次。

（15）真空干燥 3～5min，沉淀溶于适量灭菌蒸馏水中，–20℃保存。

（16）取 10μl 样品琼脂糖凝胶电泳分析，根据琼脂糖凝胶电泳所显示的双链 RNA 条带的大小，与相应 DNA 分子质量 Marker 进行比较，确定待检测 dsRNA 种类和大小。

（17）电泳后，会观察到 3 条大小的 dsRNA 条带，最大的一条为基因组 dsRNA 条带，另外 2 条为亚基因组条带，利用 QIAquick 凝胶回收试剂盒（Qiagen）将最大的条带进行切胶回收。

2. SPAT 获得 BBSV 全长基因组序列

（1）dsRNA 加接头反应：

dsRNA 模板	5μl
10×T4 Rnl2 Reaction buffer	2μl
T4 RNA Ligase	1μl
Primer A	2μl
ddH_2O	10μl
共计	20μl

反应混合物充分混匀后，低速离心，37℃反应 3h。

（2）加入反应体系 2 倍体积的无水乙醇和 1/10 体积的 NaAc，20℃放置 1h。

（3）4℃，13 400g 离心 5min，弃上清。

（4）加入 150μl 70%乙醇洗涤沉淀。

（5）4℃，134 000g 离心 2min，弃上清，真空干燥，连接产物溶解于 10μl ddH_2O 中。

（6）反转录和 cDNA 第一链的合成。

①取连接产物 4μl、Primer B 3μl 与 3μl DMSO 混匀，99℃变性 3min 后迅速置于液氮中处理 1min，然后置于冰上。

②反转录（RT）反应，在离心管中依次加入：

5×RT buffer	4μl
10mmol/L dNTP	2μl
DTT	2μl
RNasin	1μl
SuperScript Ⅲ	1μl
ddH_2O	10μl
共计	20μl

③反应混合物轻轻混匀后低速离心，42℃水浴 1h。

④99℃，3min，立即置冰上 5min。

（7）以合成的 cDNA 为模板进行 PCR 扩增，反应体系和反应条件见表 10-1 和表 10-2。

表 10-1　以合成的 cDNA 为模板进行 PCR 扩增的反应体系

PCR 反应体系				
组分名称	反应体系组分	组分原始浓度	加入量/μl	反应组分终浓度
模板	RT 产物		5	
引物	Primer B/ Primer C 组合 或者 Primer B/ Primer D 组合	10μmol/L	2	0.4μmol/L
底物	dNTP	2.5mmol/L	4	200μmol/L
反应缓冲液	5×Phusion HF		10	1×
	ddH_2O		至 50	
DNA 聚合酶	Phusion HF 酶	2U/μl	0.5	1U/ 50μl

表 10-2　以合成的 cDNA 为模板进行 PCR 扩增的反应条件

PCR 反应条件				
循环步骤	温度/℃	时间	循环数	备注
初始变性	98	2min	1	< 3min
变性	98	10s		
复性	65	30s	30	退火温度根据设计的引物长度和 T_m 而定
延伸	72	1min/kb		
终延伸	72	10min	1	
完成	23	1min		降至室温

Primer C 与 BBSV 的 1849～1875 反向互补，Primer D 与 BBSV 的 1849～1875

对应，即将 BBSV 分段扩增，因为片段长度在 2.5kb 之内，扩增效果会较好。

（8）按照 QIAquick 凝胶回收试剂盒说明回收 PCR 扩增产物。

（9）由于 Phusion HF 酶扩增产物为平末端，需要进行末端加 A 反应，以将目的片段连入 T 载体中。加 A 反应见表 10-3。

表 10-3　加 A 反应

加 A 反应体系				反应条件
反应体系组分	组分原始浓度	加入量/μl	反应组分终浓度	
纯化的 PCR 产物	＞25ng/μl	39		72℃，30min
dNTP 或 dATP	2.5mmol/L each	4	0.2mmol/L each	
*Taq*E	2.5U/μl	2	5U	
10×*Taq* buffer		5	1×	

（10）按照 TaKaRa MiniBEST DNA 片段回收试剂盒（Ver.4.0）说明，回收加 A 产物，洗脱体积为 20μl。

（11）目的片段连入 T 载体，反应体系如下：

加 A 回收产物	16μl
pGEM-T	1μl
T4 DNA ligase	1μl
10×T4 ligase 缓冲液	2μl
共计	20μl

16℃反应 8～16h。

（12）取 10μl 连接产物，通过 42℃热激转化至 Trans1-Blue 感受态细胞中，向感受态细胞中加入等体积 LB 培养基，于 37℃温育 1h 后，与 40μl 20mg/ml 的 X-gal 和 5μl 0.84mol/L IPTG 储液混匀后，均匀涂布于含有 100μg/ml 氨苄青霉素的 LB 平板上，37℃培养过夜。

（13）从平板上挑取 10 个白色菌落，分别转移至 10 管含有 100μg/ml 氨苄青霉素的 2ml LB 培养基中，37℃摇床振荡培养过夜。

（14）利用 QIAprep Spin Miniprep 质粒提取试剂盒从过夜培养菌液中提取 DNA。为了证实克隆菌落确实含有目标插入基因，可用 PCR 和酶切的方法鉴定是否有目的 DNA 片段的插入。

（15）再次培养阳性菌落用于测序反应。测得的序列利用软件拼接成完整的 BBSV 全长 cDNA 序列，与 NCBI 中已登录的 BBSV 序列进行比对，分析扩增获得的片段有无变异。

五、实验结果

（1）记录利用 SPAT 获得病毒全序列过程中涉及的电泳图谱。

（2）记录所测得阳性克隆序列与 NCBI 已公布序列的比对结果。

六、思考题

1. 试述单引物扩增技术的原理。

2. 对于病毒 RNA 序列长度大于 2.0～2.5kb 的情况，如何设计实验获得病毒全长序列？

七、参考文献

陈小云，杨汉春，郭鑫，等. 2005. 猪繁殖与呼吸综合征病毒 BJ-4 株全长 cDNA 的构建. 农业生物技术学报，13：61-65

赵洪斌. 2008. 两种植物病毒 dsRNA 序列分析. 杭州：浙江理工大学硕士学位论文

周磊. 2010. 猪繁殖与呼吸综合征病毒高致病性毒株的进化分析与致病性的分子基础. 北京：中国农业大学博士学位论文

Ahlquist P，Janda M. 1984. cDNA cloning and in vitro transcription of the complete brome mosaic virus genome. Mol Cell Biol，4：2876-2882

Attoui H，Billoir F，Cantaloube JF，et al. 2000. Strategies for the sequence determination of viral dsRNA genomes. J Virol Methods，89：147-158

DePaulo J，Powell C. 1995. Extraction of double-stranded RNA from plant tissues without the use of organic solvents. Plant Dis，79：246-248

Dinh TS，Cao XL，Yu JL，et al. 2012. The complete genome sequence of Southern rice black-streaked dwarf virus isolated from Vietnam. Plant Pathol J，28：428-432

Foster GD，Johansen IE，Hong Y，et al. 2008. Plant Virology Protocols：from Viral Sequence to Protein Function. New York：Humana Press

Lambden P，Cooke S，Caul E，et al. 1992. Cloning of noncultivatable human rotavirus by single primer amplification. J Virol，66：1817-1822

Mo X，Qin X，Wu J，et al. 2003. Complete nucleotide sequence and genome organization of a Chinese isolate of tobacco bushy top virus. Arch Virol，148：389-397

Nielsen HS，Liu G，Nielsen J，et al. 2003. Generation of an infectious clone of VR-2332，a highly virulent North American-type isolate of porcine reproductive and respiratory syndrome virus. J Virol，77：3702-3711

Racaniello V，Baltimore D. 1981. Cloned poliovirus complementary DNA is infectious in mammalian cells. Science，214：916-919

Sambrook J，Russell DW. 2001. Molecular Cloning：A Laboratory Manual. New York：Cold Spring Harbor Laboratory Press

Taniguchi T，Palmieri M，Weissmann C. 1978. Qβ DNA-containing hybrid plasmids giving rise to Qβ phage formation in the bacterial host. Nature，274：223-228

Zhou L，Zhang JL，Zeng JW，et al. 2009. The 30-amino-acid deletion in the Nsp2 of highly pathogenic porcine reproductive and respiratory syndrome virus emerging in China is not related to its virulence. J Virol，83：5156-5167

第四章　病毒的分子生物学检测技术

应用于病毒检测的方法主要有血清学技术和分子生物学技术，血清学技术目前广泛应用于病毒的初检和确认实验中，而分子生物学技术近年来发展迅速。分子生物学技术主要是通过病毒的核酸来检测病毒，它比血清学方法的灵敏度要高，能检测到 pg 级（$1pg = 10^{-12}g$）甚至 fg 级的病毒，并且特异性强、操作简便、检测速度快、可用于大量样品检测。目前主要包括以核酸扩增和核酸杂交为基础的两大类技术。

（一）核酸扩增技术

核酸扩增技术主要指以聚合酶链反应（polymerase chain reaction，PCR）为基础而衍生出的各种技术，常规 PCR 法的诊断原理是根据所设计的引物对样品 DNA 进行 PCR 扩增，通过对 PCR 产物进行琼脂糖凝胶电泳，观察有无特异性目的片段条带出现，以此来检测样品中是否含有病原 DNA，在此基础上衍生出了各种 PCR 方法和技术。广泛用于病毒的诊断和检测中。

1. 反转录 PCR

对于 RNA 病毒，需要采用反转录聚合酶链反应（reverse transcription PCR，RT-PCR）来进行检测，一般过程为：引物设计→RNA 提纯→生成 cDNA→PCR 扩增及产物电泳。

2. 巢式 PCR

巢式 PCR（nested PCR）是一种 PCR 改良模式，它使用巢式 PCR 引物来增强反应的敏感性和特异性，巢式 PCR 采用两对引物，在第一轮扩增中，使用一对外引物产生扩增产物，然后用一对内引物对第一轮扩增产物进行第二轮扩增。巢式 PCR 应用两对引物进行扩增大大提高了检测的特异性和灵敏度，解决了组织中病毒量低的问题。

3. 多重 PCR

多重 PCR（multiplex PCR）是在一次 PCR 反应中加入特殊设计的多对引物，特异性地扩增多个基因位点的反应，以确定感染病毒类型，该法可以同时检测多种病毒或区分病毒的不同株系，但引物设计要合理，各种引物的比例需搭配适宜，以保障良好的扩增效果。

4. 简并引物 PCR 技术

简并引物 PCR 技术根据不同病毒间的同源保守序列，设计简并性引物，而使一次实验能够检测多种病毒。

5. 环介导的等温扩增技术

环介导的等温扩增（loop-mediated isothermal amplification，LAMP），是 Tsugunori Notomi 等 2000 年发明的一种全新的等温扩增技术。其原理是针对目的基因的 6 个区段设计 4 条特异引物，利用一种具有链置换活性的 DNA 聚合酶，在 65℃左右对核酸进行等温扩增。该方法的一大特点是，可以通过反应副产物——白色焦磷酸镁沉淀的产生判断靶基因是否存在。该方法不需要昂贵的仪器设备，在等温条件下即可高效、快速、特异、灵敏地扩增靶序列，且操作简单，适合多种检测环境，因此，自开发以来，该方法已经在医学病原物检测、食品安全检测及基因芯片等方面有广泛的应用且效果良好，近些年也逐渐渗透到植物病原检测领域。

6. 实时荧光定量 PCR

1996 年美国 Applied Biosystems 公司提出了实时荧光定量 PCR（real-time quantitative PCR，qPCR）技术，RT-PCR 扩增系统和荧光检测系统得到结合，存在于反应体系中的标记染料插入到核酸双链中并受激发光，模板 DNA 的扩增量在 PCR 扩增的过程中就可以被检测，对未知模板的定量分析则通过之后的标准曲线来完成。该方法提高了检测灵敏度，避免了假阳性的出现，同时还可以进行定量检测，所以近年来越来越受到研究者的青睐，并在病毒定量检测中得到广泛应用。根据荧光化学方法的不同，qPCR 大致分 5 类，分别是内嵌染料（SYBR Green Ⅰ）、双标记探针、分子信标探针、双杂交探针和 Ampliflor。其中应用最广泛的是 SYBR Green Ⅰ法和 TaqMan 探针法。

在常规 qPCR 的基础上发展出了多重荧光 PCR（multiplex qPCR）。多重荧光 PCR 原理与常规 qPCR 基本相同，只是在荧光 PCR 的基础上加入了多重 PCR 技术，从而可以在单一管中检测多种病原体或者病原体不同的血清型，既可以节约样本，又经济实用。多重荧光 PCR 具有实时荧光 PCR 的快速简便、定量的特点，又有多重 PCR 的高效性、系统性和经济的特点，因此在动植物检验检疫、临床疾病检测、传染病疾病防控、血液筛查等领域均具有广泛的应用价值。

7. 限制性酶切技术

限制性酶切技术是指限制性酶消化产物在电泳图谱或 Southern 杂交中产生的一系列带纹，不同带纹代表了在染色体不同位置上不同长度的 DNA 序列。目前在病原微生物检测上应用的限制性酶切技术主要包括限制片段长度多态性（restriction fragment length polymorphism，RFLP）、随机扩增的多态性 DNA（random amplified polymorphic DNA，RAPD）和扩增片段长度多态性（amplified fragment length polymorphism，AFLP）。限制性片段长度多态性（RFLP）是基于等位基因在不同个体中存在碱基替换、重排、插入、缺失从而出现某段基因片段存在多态性。病毒基因序列进行 PCR 扩增后，通过酶切 PCR 产物，再根据酶切片段大小的变化，确定病毒间的差异。RAPD 是建立在 PCR 基础上运用随机引物扩增寻找多态性 DNA 片段的一种分子标记技术，应用该技术不仅可以检测同种病毒，还可以进行不同种病毒间 DNA 序列的同源性比较。AFLP 是 Zabeau 等 1992 年发展的一种 DNA 指纹技术，该技术原理简单，引物设计巧妙，既具有 RFLP 技术的可靠性，又具有 RAPD 技术的高效性，被称为“最有力的分子标记”。

8. 高通量测序技术检测未知病毒

高通量测序技术（high throughput sequencing）又称“第二代”测序技术（next generation sequencing technology），第二代测序技术通过边合成边测序，使得基因不需克隆就可直接进行序列测定，其中 Roche 公司的 454 技术（焦磷酸测序法）、Illumina 公司的 Solexa 技术（聚合酶测序法）和 ABI 公司的 Solid 技术（连接酶测序法）最具代表性，此项技术不仅加快了测序的速度，对临床微生物，尤其是未知病原的检测有重要意义。利用高通量测序技术，一方面可直接获知样本中所有的基因信息，通过生物信息学处理与数据库里面的序列进行比对分析，可快速检测一至多个病原物；近来也出现了利用宿主产生的 siRNA 拼接获得病毒全长序列的方法，如病毒入侵宿主后，机体会启动该 RNA 沉默，产生大量针对入侵病毒的 siRNA，siRNA 是长为 20～25 个核苷酸的小分子 RNA，在动植物体内通过与靶 RNA 结合导致靶 RNA 的降解，蚊子等低等动物利用这种机制抵抗病毒感染。由于 siRNA 具有分子质量小的特点，可以很容易地与细胞中的 mRNA、tRNA、rRNA 区别出来，因此通过分析 siRNA，寻找动植物细胞中的病毒成为一种简便易行的手段，Wu 等利用这种方法发现果蝇携带的多种新病毒。

9. NASBA 检测技术

核酸序列依赖的扩增（nucleic acid sequence-based amplification，NASBA），也称为 3SR 技术（self-sustained sequence replication），是一种快速检测病毒的新方法。NASBA 反应由一对引物引导，引物中一条或两条带有 T7 启动子序列，通过反转录酶、RNase H 和 T7 RNA 聚合酶协同作用循环扩增核酸。反应一般在 41℃进行，可以在 15min 内扩增模板 10^5 倍，而 PCR 扩增同样倍数需要 85min。NASBA 技术不需要 PCR 仪，在一般实验室内即可完成，并且灵敏度高于 PCR，对 DNA 病毒、RNA 病毒和类病毒都可以检测，在检测 RNA 病毒时不受模板中 DNA 的干扰。为了提高精度，还可以使用分子信标（molecular beacon），一般将 NASBA 技术和分子信标结合称为 AmpliDet RNA，目前已有很多利用 NASBA 技术检测动植物病毒的报道。

10. dsRNA 技术检测病毒

以双链 RNA（double-stranded RNA，dsRNA）为基础的核酸序列研究是目前应用较多的病毒核酸序列分析的技术路线，即以相对较容易提取的病毒特异 dsRNA 为模板，反转录后克隆、测序来获得病毒基因组信息，如利用 SPAT 技术获得病毒的全长基因组序列。

（二）核酸杂交技术

核酸杂交技术是目前分子生物学中应用最广泛的技术之一，由于具备灵敏度高、特异性强、实用性好等优点，已成为多种动植物病毒诊断及致病机制检测的常规方法。核酸杂交技术是对病毒整个基因组或部分基因组检测和鉴定的方法。此技术的基本原理是：利用核苷酸的互补序列，通过碱基配对形成稳定的杂合双链分子即为杂交，通过杂交的过程来实现病毒检测的技术称为核酸杂交检测技术。杂交的双方是使用的探针和待检测的病毒核酸。因此，此法具有很高的灵敏度，可检测到 pg 数量级的病毒基因组，特异性强，可以区分病毒的不同株系，并且快速简便。此法在病毒的 RNA 或 DNA 及类病毒的鉴定和基因序列同源性分析等方面得到了广泛的应用。常用的杂交方法有：斑点杂交（dot-blot）、原位杂交、Southern 杂交和 Northern 杂交及由杂交技术衍生的基因芯片检测技术。

1. 斑点杂交

斑点杂交常用于动植物病毒的检测，即将病毒核酸直接点到硝酸纤维素（NC）膜上，然后用探针与之杂交。也可以将病毒样品直接点到 NC 膜上，因为病毒核酸可从杂交液中的 SDS 等成分和随后的高温烤膜暴露出来。后续可以特异的 cRNA 或 cDNA 作为探针检测。DNA 或 RNA 探针和病毒（或类病毒）核苷酸序列的互补程度决定了检测特异性程度。RNA 病毒、DNA 病毒和类病毒的检测均可采用斑点杂交技术，具有很高的灵敏度和特异性。

2. 原位杂交

将标记的核酸探针与细胞或组织中的核酸进行杂交，称为原位杂交，可用 DNA 或 RNA 来检测与其互补的另一条链在细胞或其他真核中的位置。通过放射自显影或非放射性检测体系来检测染色体上特异 DNA 或 RNA，可用放射性颗粒在某条染色体区带出现的最高频率或荧光的强弱来确定探针的位置，从而进行准确的基因定位。

3. Southern 杂交和 Northern 杂交

Southern 杂交和 Northern 杂交分别是对病原物 DNA 和 RNA 进行检测的膜印迹技术，将提取的 DNA 或 RNA 转印至尼龙膜上，利用特异的 cDNA 或 cRNA 探针来检测病原物中特异的核酸序列，最终通过放射性自显影或化学发光手段，将目的条带呈现出来，Southern 杂交和 Northern 杂交广泛用于病毒致病分子机制的研究中。

4. 基因芯片技术

基因芯片又称 DNA 微阵列（DNA microarray），是一种将已知核酸探针或 cDNA 片段序列固定到一块基片（尼龙膜、硝酸纤维、玻璃等）上，与特定荧光标记的样品进行杂交，通过检测杂交信号的强度及分布进行结果分析。基因芯片的原理是：将大量 DNA 探针片段有序地固化于支持物的表面，然后与已标记的生物样品中的 DNA 分子杂交，再对杂交信号进行检测分析，从而识别样品中存在的特异性核酸序列。它最大的优点在于高通量、集成化和微型化，可以说基因芯片就是高密度的斑点杂交技术。基因芯片可以同时对大量样本的多种病毒进行检测，检测速度快、效率高。基因芯片中杂交信号的强弱一般与探针同检测样本序列的同源性相关，从而可以了解病毒的变异。此外，基因芯片技术可以区分不同的病毒株系，此外，通过设计不同探针阵列，使用特定分析方法可使该技术具有多种不同的应用价值，如基因表达谱测定、基因多态性分析、突变检测、基因组文库作图、杂交测序及病原体临床诊断检测。

根据固定在芯片载体上核酸分子的不同，基因芯片分为 cDNA 芯片和寡核苷酸芯片。根据应用领域的不同，可以将基因芯片称为各种专用型芯片，如流感芯片、诊断芯片、测序芯片、毒理学芯片等。根据载体中探针的数量，基因芯片分为高密度和中低密度两种，高密度芯片探针数量为几万到上百万，主要是用于大规模测定基因表达谱和基因突变，中低密度芯片探针数量从几十到几千，主要用于小量基因突变检测等。

由 Luminex 公司研发的液相生物芯片技术（又称微球依赖的悬浮点阵技术，Luminex xMAPTM）为高通量的核酸分析提供了新的平台，它将流式检测与芯片技术有机地结合在一起，以微球体代替细胞作为反应载体，在液体环境中，可以实现对蛋白质、核酸等生物大分子的检测及酶学分析、受体和配体等研究的多功能分析。与固相芯片相比，液相芯片具有操作简单，花费较低，重复性好，杂交动力学快，微阵列应用灵活等优点。其不仅为后基因组时代的科学研究提供了强大的技术支持，也为高通量分子诊断提供了良好平台。液相基因芯片的基本原理为核酸分子杂交，首先对核酸探针进行氨基化修饰，修饰后的探针分子上的氨基能与微球表面的羧基共价结合，从而交联在微球表面，待检核酸通过 PCR 扩增及荧光标记后，将之与微球上的探针进行杂交反应。为了进一步加大检测效率，可以将液相基因芯片与多重 PCR 技术结合起来，使得在一个反应管中可以同时进行尽量多的核酸检测。

（三）分子生物学检测技术之间或与免疫学技术的联用

1. PCR 反应与斑点杂交联用

PCR-斑点杂交法是将 PCR 与核酸探针方法结合起来，先对样品 DNA 进行 PCR 扩增，再用探针进行斑点杂交以提高其灵敏度和特异性的一种方法。

2. 聚合酶链反应与原位杂交联用

原位 PCR（*In situ* polymerase chain reaction，IS-PCR）是近年来新发展起来的一种检测病原微生物的方法。IS-PCR 是指在细胞或细胞切片上对待测的低拷贝数基因进行扩增，并通过原位杂交进行检测。这种方法不仅能够检测出病原微生物的存在，且能够将其在组织细胞中定位，因而具有其他 PCR 方法所不能比拟的优越性。

3. 免疫捕获 PCR

免疫捕获 PCR 技术（immunocapture RT-PCR，IC-RT-PCR）是 PCR 与 ELISA 相结合的检测方法。在进行 RT-PCR 扩增反应前，利用病毒专化性抗体与病毒抗原相结合的原理，将目标病毒固定在微管或微板等固相上，经洗脱处理后富集病毒，进行 RT-PCR 反应，不需要提取核酸。这样解决了病毒含量低和核酸纯度低影响扩增的问题，避免了常规 RT-PCR 的 RNA 样品制备的损失和破坏，而且捕获 RNA 的效率达 96%以上。

4. PCR-ELISA 检测技术

PCR-ELISA 检测技术又称 PCR 微量板杂交(PCR-microplate hybridization)技术，是用生物素标记引物，寡核苷酸探针包被在微粒上，微粒可置于微孔板或试管中，捕获扩增产物后，经洗涤加入偶联有辣根过氧化酶的亲和素，然后加入底物，在酶标仪上读出结果，该系统可用 96 孔 PCR 平板进行热循环及检测，或用 COBAS 仪器自动进行扩增检测。同时该系统可利用血清学实验的仪器设备，自动化程度高，可检出标本中 1～10 个分子的病毒核酸。PCR-ELISA 具有灵敏度高、安全、客观读取数据等优点，但操作过程中易污染。

以上所述病毒检测方法有其各自的特点，实际应用中应根据不同情况采取不同的方法。如 RT-PCR 电泳方法特异性强、灵敏度高、快速，是普遍应用的方法，但由于种种原因也会出现假阳性和假阴性问题，在具体操作中应引起足够的重视；核酸斑点杂交技术特异性强、灵敏度高，同时检测的样品量大，也是一种比较好的方法；PCR 微量板杂交技术、RT-PCR-ELISA 方法的特异性好，其灵敏度高于 RT-PCR 电泳方法，但其操作步骤较复杂，要求实验室有较好的条件。具体操作时可根据实验目的、检测目标等不同情况设计最佳的检测方案。

本章通过 RT-PCR、Northern 杂交、qPCR 和 RT-LAMP 的学习，了解并掌握病毒常规的分子生物学检测技术。

实验十一 RT-PCR 检测植物叶片中的特定病毒

一、实验目的

1. 掌握病毒侵染性 cDNA 克隆的体外转录及其接种寄主植物的方法。
2. 学习 LiCl 沉淀法提取植物中高分子质量的 RNA。
3. 学习利用 RT-PCR 技术检测发病植物中的特定病毒。

二、实验原理

反转录-聚合酶链反应（reverse transcription-polymerase chain reaction，RT-PCR）的原理是：提取组织或细胞中的总 RNA，以其中的 mRNA 作为模板，采用 Oligo(dT)、随机引物或特异性引物，利用反转录酶反转录成 cDNA。再以 cDNA 为模板进行 PCR 扩增，而获得目的基因或检测基因的表达。RT-PCR 使 RNA 检测的灵敏性提高了几个数量级，使一些极为微量的 RNA 样品分析成为可能。该技术在 RNA 病毒的检测及其病毒致病机制的研究中具有广泛的应用。

RT-PCR 方法通常有一步法和两步法。一步法即反转录和 PCR 扩增在同一体系中完成，有助于减少污染。并且因为所得的所有 cDNA 都用于扩增，所以灵敏度更高，最低可以反转录 0.01pg 总 RNA（图 11-1），适用于大量样品分析或定量 PCR。两步法即反转录和 PCR 扩增分两步进行，两步法在选择聚合酶和引物时具有更大的灵活性，同时可以由一次反转录样品获得多个反转录信息（图 11-2）。

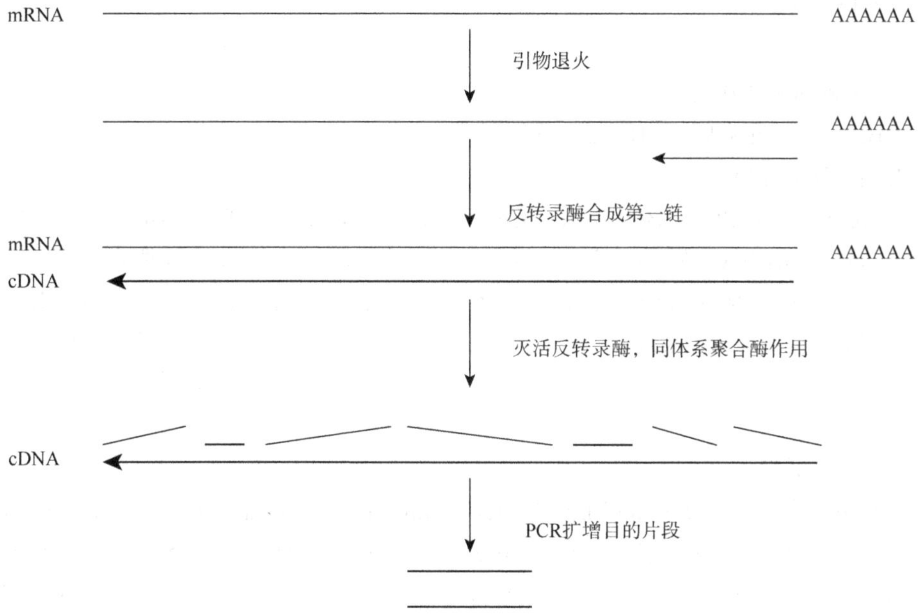

图 11-1　一步法 RT-PCR 反应流程（许蕊，2012）

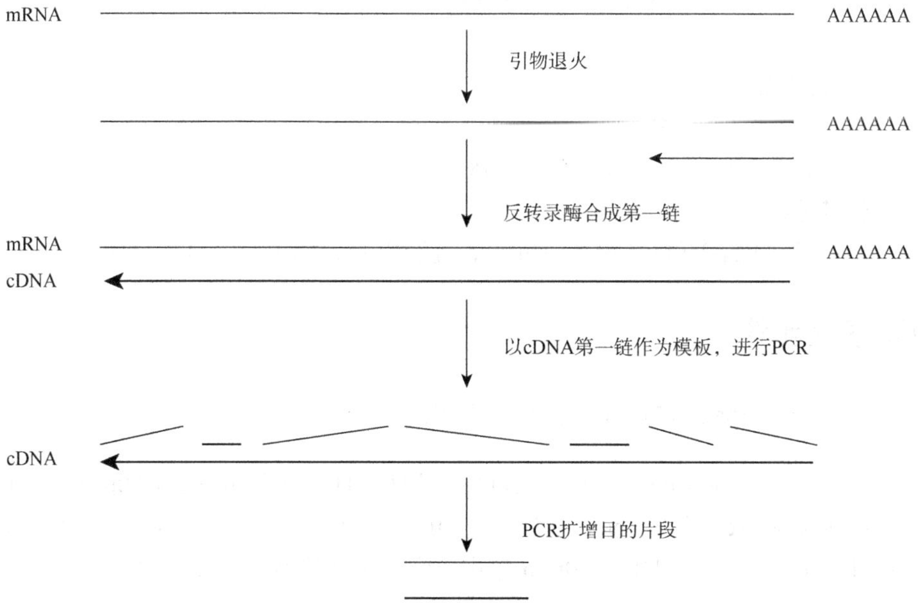

图 11-2　两步法 RT-PCR 反应流程（许蕊，2012）

在植物病毒研究中，有时很难或不必要先提纯病毒后再分离病毒 RNA，而是直接将病叶中包括病毒 RNA 在内的植物总 RNA 大分子分离出来，获得的总 RNA 可用于 RT-PCR 检测。

三、实验材料

1. 质粒和植物材料

BBSV 侵染性克隆 pUBF52，苋色藜。

2. 试剂和耗材

Glycine，K_2HPO_4，Bentonite，Celite，金刚砂，液氮，Tris-base，盐酸，LiCl，SDS，NaCl，EDTA，硼酸，苯酚，氯仿，异戊醇，无水乙醇，琼脂糖，反转录酶 M-MLV 试剂盒（Promega），2×*Taq* PCR mix（Genstar），DNase Ⅰ（Takara），RNasin（Takara），*Sma* Ⅰ（Takara），DEPC（Sigma），病毒 5′端和 3′端特异性引物（Invitrogen 公司合成），ddH_2O，DNA 分子质量 Marker（Tiangen），凝胶加样缓冲液（10×）（Takara）。

3. 溶液配制

2×GKP 缓冲液（50mmol/L Glycine，30mmol/L K_2HPO_4，pH9.2，1% Bentonite，1% Celite）；RNA 抽提缓冲液（20mmol/L Tris-HCl pH8.0，1% SDS，200mmol/L NaCl，5mmol/L EDTA）；水饱和酚/氯仿/异戊醇（25∶24∶1），4mol/L LiCl，70%的乙醇，DEPC 处理后灭菌蒸馏水；电泳缓冲液（1L Tris-硼酸缓冲液（5×TBE），Tris-base 108g，EDTA 9.3g，硼酸 55g）；溴化乙锭（EB）染色液（10mg/ml 溶于水）。

4. 主要仪器

Eppendorf 低温冷冻离心机、超净工作台、水浴锅、移液枪、稳压稳流电源、水平电泳槽、凝胶成像分析仪、Biorad PCR 仪。

5. 其他

离心管（1.5ml 和 0.5ml）、Tip 头、乳胶手套、棉手套、研钵、研杵。

四、实验步骤

（一）植物病毒 cDNA 克隆的线性化

取一定量的 pUBF52 质粒（DEPC 处理的 ddH_2O 溶解），配制 30μl *Sma* Ⅰ 酶切体系，在 RNase-free 的 Eppendorf 管中用 DEPC 处理过的 ddH_2O 补足反应体系，30℃反应 4～6h。而后 65℃加热 20min 停止反应。电泳检测线性化效果。

（二）BBSV 侵染性 cDNA 克隆的体外转录

反应体系为在 RNase-free 的 Eppendorf 管中加入：

溶液成分	体积/μl
Sma I 线性化 pUBF52 模板	3μl（200～400ng）
5×Trans buffer	12μl
100mmol/L DTT	6μl
NTP（10mmol/L each）	4μl
T7 RNA polymerase	2μl
FRI（RNasin）	2μl
DEPC 处理 ddH_2O 补至 60μl	

37℃反应 1.5h。体外转录结束后放冰上，取 5μl 电泳检查转录产物的含量点。

（三）RNA 的琼脂糖凝胶电泳检测及定量

（1）制备 1%浓度琼脂糖凝胶。据凝胶板大小计算凝胶液总量，称取琼脂糖粉，溶于 0.5×TBE 电泳缓冲液中，置沸水浴或微波炉中加热至沸腾，至少 2 次，以使琼脂糖充分溶解，冷却至 55～60℃将凝胶倒入制胶槽，插入梳子。

（2）上样与电泳。取 2～3μl RNA 样品中与 0.2μl 10×凝胶加样缓冲液混合，移液器吸取样品点入样品孔中，电泳，待染料颜色移至距离凝胶底部边缘 1/3 位置处，停止电泳。

（3）电泳完毕，从胶床上取下凝胶进行 EB 染色，在凝胶成像分析仪上进行观察、分析，并记录结果。

（四）体外转录物接种苋色藜

取体外转录物与等体积的 2×GKP 缓冲液混合，沿同一方向均匀涂抹接种苋色藜叶片，接种后 7～10 天，观察寄主植物的发病情况。

（五）发病苋色藜叶片总 RNA 的提取

（1）取适量病毒侵染病叶及对照健康植株叶片于研钵内，加入液氮，将材料研磨成极细粉末，取 300～500mg 粉末放入液氮预冷的 1.5ml 离心管中。

注意：加液氮时需戴手套，防止冻伤。

（2）向离心管中先后加入 600μl 的水饱和酚/氯仿/异戊醇和 600μl RNA 抽提缓冲液，剧烈振荡混匀。

（3）4℃，10 000*g*，离心 20min。

（4）取上层水相（注意：吸取时切勿吸取下层有机相），加入等体积预冷的 4mol/L LiCl，混匀，置 4℃冰箱中沉淀过夜。

（5）重复步骤 3。

（6）弃上清，沉淀用 600μl 70%冷乙醇和 600μl 的无水乙醇先后洗涤一次。

（7）超净工作台内风干。

（8）沉淀溶于 40μl DEPC 处理水中，−80℃保存备用。

（9）参考 65 页（三），琼脂糖凝胶电泳检测 RNA 提取的质量。

（六）RT-PCR 检测发病本生烟叶片中的特异病毒

1. DNase Ⅰ 处理提取的 RNA 样品，除去潜在的 DNA 污染

DNase Ⅰ 反应体系如下：

RNA	5～10μg
10×DNase Ⅰ buffer	5μl
DNase Ⅰ	20U
Rnasin	0.5μl
DEPC 处理 ddH_2O 补足至 50μl	

37℃消化 DNA 20min，而后 90℃处理样品 5min，使 DNase Ⅰ 失活，用 DEPC 处理的水定容至 100μl。

加入 10μl 3mol/L 乙酸钠和 250μl 冷乙醇，混匀后−80℃放置 20min。

4℃，12 000 r/min 离心 10 min，弃上清。

加入 70%冷乙醇洗净，4℃，12 000r/min 离心 5min，弃上清，干燥沉淀。

用 30μl 的 DEPC 处理 ddH_2O 溶解后，进行琼脂糖凝胶电泳确认是否除去基因组 DNA，同时测定 RNA 的浓度，取 1μg 进行反转录。

2. 反转录（RT）

配制以下反应体系：

5×M-MLV buffer	10μl
10mmol/L dNTP（2.5mmol/L each）	3μl
RNasin	40U
模板 RNA（已变性）	0.5～1.0μg
100μmol/L 病毒 3′端特异引物	1μl
M-MLV 反转录酶	1μl
DEPC 处理 ddH_2O 补足至 50μl	

反应条件：42℃反应 90min，70℃变性 5min，使反转录酶失活。

3. PCR 扩增

配制以下反应体系：

2×*Taq* PCR mix	25μl
5′引物（10umol/L）	1μl
3′引物（10umol/L）	1μl
反转录（RT）产物	5μl
ddH_2O 补足至 50μl	

反应步骤：预变性 94℃ 5min；循环反应 94℃ 30s，52℃ 30s，72℃ 30s，30个循环；72℃，1min；25℃反应结束。

4. 电泳检测与分析

PCR 反应完毕，取 6～8μl 反应产物于 0.8%琼脂糖凝胶电泳检测，选择合适的 DNA 分子质量标准作对照，以判定扩增产物的大小。

五、实验结果

分析有无扩增条带及扩增条带的大小，确定病毒侵染性。

六、思考题

1. 体外转录和 RNA 提取过程中有哪些关键的步骤需注意？
2. 讨论影响 RT-PCR 检测病毒侵染性的因素。
3. 如何从寄主植物中检测病毒的复制？除了 RT-PCR，还有无其他的检测方法？并且比较各个方法的优缺点？

实验十二　病毒的斑点杂交检测

一、实验目的

1. 掌握缺口平移（nick-translation）标记 DNA 探针的原理和方法。
2. 掌握同位素探针检测植物病毒的方法。
3. 掌握斑点杂交检测技术。

二、实验原理

核酸斑点杂交（nucleic acid spot hybridization，NASH）是根据互补的核苷酸单

链可以相互结合的原理，将一段病毒核酸单链以某种方式加以标记，制成探针，再与互补的待测样品核酸杂交，通过带有探针的杂交核酸来指示病原的存在。核酸斑点杂交比 ELISA 法更灵敏，更可靠，适于检测大量样品，对病毒或类病毒的侵染诊断特别有用。

常用的探针标记方法有缺口平移、随机引物、末端标记及 RNA 探针等。缺口平移的方法是基于低浓度的 DNA 酶在 Mg^{2+}存在的条件下，能在 DNA 链上随机产生游离的 3′-OH 端缺口。大肠杆菌 DNA 聚合酶能够催化一个核苷酸加到 3′-OH 端的缺口上。同时，DNA 聚合酶 I 的 5′→3′的外切酶活性能够将核苷酸从缺口的 5′-P 端除去。一个新的带 3′-OH 的核苷酸被掺入原来被切去的核苷酸的位置上，这样切口就向 3′方向移动了一个核苷酸。这种 3′端移动使带标记的核苷酸能顺序地代替原先被除去的核苷酸而掺入到DNA 中，用此方法制备的探针被广泛地应用于各种杂交技术中（图 12-1）。本实验采用非同位素标记 DNA 探针。

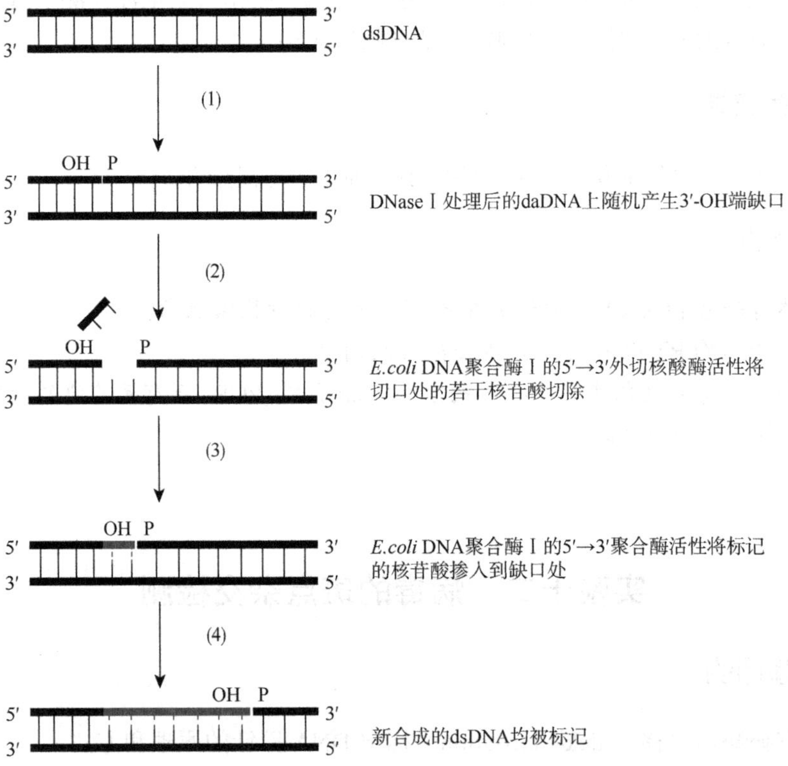

图 12-1 缺口平移标记 DNA 探针原理图

三、实验材料

1. 材料

感病植株番杏，健康植株（作为阴性对照），已知病毒或含有病毒基因的质粒阳性（作为阳性对照），用于标记探针的模板（回收的 DNA 片段）。

2. 试剂

植物总 RNA 抽提缓冲液：1% SDS、20mmol/L Tris-HCl、200mmol/L NaCl、5mmol/L EDTA，pH7.8。

苯酚：氯仿：异戊醇（25：24：1）。

RNA 变性液：500μl 去离子甲酰胺，160μl 甲醛，100μl 10×MOPS。

PCR DIG Probe Synthesis Kit（Roche）。

α-^{32}P-dCTP（中国同位素公司）。

20×SSC：175.3g 氯化钠，88.2g 柠檬酸钠，ddH_2O 定容至 1L，pH7.0。

预杂液（perfect hybridization buffer，Sigma）。

洗膜液：0.1mol/L 马来酸，0.15mol/L NaCl，pH7.5（20℃）；0.3%（*V/V*）Tween-20。

马来酸缓冲液：0.1mol/L 马来酸，0.15mol/L NaCl；用固体 NaOH 调 pH 至 7.5（马来酸缓冲液不易调 pH，需用强碱）。

显色液：0.1mol/L Tris-HCl，0.1mol/L NaCl，pH9.5（20℃）。

封闭液：用马来酸缓冲液将 10×封闭液稀释 10 倍。

抗体稀释液：将 Anti-Digoxigenin-AP 直接加入封闭液中（1：5000 稀释）。

3. 其他

尼龙膜（Hybond N^+、GE Healthcare）、杂交炉、杂交瓶。

四、实验步骤

（1）RNA 提取：按照本章中实验一的 SDS-LiCl 的方法提取。

（2）RNA 变性处理：2μl 样品，3 倍体积 RNA 变性液，65℃水浴 15min，立即置于冰上 2min。

（3）点样：将尼龙膜用 ddH_2O 浸透后，放入 5×SSC 中浸 5min；变性后的 RNA 样品中加入等体积的 20×SSC，混匀；取 2～4μl 样品点在 N^+膜上，同时点上阴性对照和阳性对照样品（注意：点样时，尽量点整齐）。

（4）膜的干燥及固定：将膜在超净工作台中晾干后，放入 80℃杂交炉中烘烤 2h。

（5）预杂交：将固定好的膜放入 ddH_2O 中浸润后，于 5×SSC 中浸 5min，装入杂交管中，加入预杂液 3～5ml，50℃预杂交 1h。

（6）探针制备：参照 PCR DIG 探针合成试剂盒，在冰上，配制如下反应体系：

成分	DIG 探针	对照
ddH_2O	16.125μl	16.125μl
PCR buffer with $MgCl_2$，10×浓度	2.5μl	2.5μl

PCR DIG Probe Synthesis Mix，10×浓度	2.5 μl	—
dNTP stocksolution，10×浓度	—	2.5μl
F-Primer（20μmol/L）	1.25μl	1.25μl
R-Primer（20μmol/L）	1.25μl	1.25μl
质粒 DNA（1ng/μl）	1μl	1μl
Expand 高保真酶预混物	0.375μl	0.375μl

电泳检测探针合成是否成功（注意：该探针可以于–20℃保存一年）。

（7）杂交：将经变性的 DNA 探针加入含有预杂液的杂交管中，42℃杂交 16h 以上。

（8）洗膜：收集杂交液/探针混合液（可重复利用 2～3 次，下次杂交前，于 68℃水浴变性后直接加入杂交管中），–20℃保存，将 20ml 2×SSC，0.1% SDS，将杂交炉温度调至室温 25℃，打开杂交炉盖子使其迅速降温，室温下转动 5min，倒出洗膜液，用 20ml 2×SSC，0.1% SDS 室温下再洗 5min。

（9）尼龙膜于洗膜液（20ml 马来酸缓冲液加入 60μl Tween-20）中摇 5min，倒掉。

（10）用马来酸缓冲液将 DIG High Prime DNA Labeling and Detection Starter Kit Ⅱ中的 10×封闭液稀释到 1×，在脱色摇床上，室温下封闭 40min，倒掉（注意：封闭液要现用现配）。

（11）取出抗体 Anti-Digoxigenin-AP Conjugate，10 000r/min 4℃离心 5min，以除去小二聚体，小心地吸取表面的抗体 2μl，加入 20ml 1×Blocking buffer 中（即按 1∶10 000 倍稀释），室温下，摇床孵育 40min，倒掉（注意：抗体溶液配好后在 4℃条件下可以保存 12h）。

（12）用洗膜液洗膜 4 次，每次用量 20ml，每次 10min。

（13）加入 5ml 底物缓冲液，摇 3min 后，加入 66μl NBT/33μl BCIP，避光显色。

五、实验结果

记录并分析斑点杂交结果。

六、思考题

1. 除了同位素标记制备探针外，还有无其他制备探针的策略？
2. 比较同位素杂交与地高辛杂交的优缺点。

实验十三　病毒的 Northern blotting 检测技术

一、实验目的

1. 掌握 Trizol 法分离植物总 RNA 原理及方法。
2. 学习 Northern blotting 检测发病叶片中病毒的复制。

二、实验原理

印迹法（blotting）是指将样品转移到固相载体上，而后利用检测反应来检测样品的一种方法。1975 年，Southern 建立了将 DNA 转移到硝酸纤维素膜上（NC 膜）上，并利用 DNA-RNA 杂交检测特定的 DNA 片段的方法，称为 Southern blotting。而后人们用类似的方法，对 RNA 和蛋白质进行印迹分析，对 RNA 的印迹分析称为 Northern blotting，对单向电泳后的蛋白质分子的印迹分析称为 Western blotting。

Northern blotting 的原理：将待检测的 RNA 通过琼脂糖凝胶电泳进行分离，继而将其变性并按其在凝胶中的位置通过毛细管印迹法转移到尼龙膜上，固定后再与同位素或其他标记物标记的 DNA 或 RNA 探针进行反应。如果待检物中含有与探针互补的序列，则二者通过碱基互补的原理进行结合，游离探针洗涤后用自显影或其他合适的技术进行检测，从而显示出待检的片段及其相对大小。

Northern blotting 检测所用的探针标记方法包括放射性同位素标记和非放射性物质标记两种，采用地高辛（digoxigenin）标记探针，克服了同位素探针的不足，并且其检测灵敏度已接近放射性同位素的水平。DIG-11-dUTP 是由类固醇半抗原 DIG 与 dUTP 的 C11 位结合形成，可用直接结合有荧光色素或酶的抗地高辛配基抗体或间接使用免疫荧光法进行检测。采用这一方法标记病毒特异片段作为探针，可以长期保存，使用方便。

三、实验材料

1. 病毒和植物材料

提纯烟草坏死病毒 A（TNV-A）病毒，本生烟（*Nicotiana benthamiana*）。

2. 试剂

（1）Trizol（Invitrogen）（注意：Trizol 有毒性，操作时不要把 Trizol 溅到皮肤上，尤其要注意眼睛不要被溅到。Trizol 对呼吸道有伤害，应戴口罩操作）。

（2）10×DNA Loading buffer（Takara）：无水乙醇，70%乙醇，异丙醇，液氮。

（3）氯仿/异戊醇混合液（chloroform：isoamyl alcohol，24：1）：96ml 氯仿，4ml

异戊醇混匀。

（4）DEPC 处理水，向 1L 去离子水中加入 1ml DEPC，混匀后，37℃处理过夜，高温高压［注意：DEPC（焦炭酸二乙酯）为强致癌物，具有较强的挥发性，受热或见光易分解，必须戴手套和口罩将其置于通风橱中操作］。

（5）EB 储备液（10mg/ml）：1g EB 溶于 100ml 水中，4℃避光保存（注意：EB 为致癌物，操作时要戴一次性手套防护）。

（6）10×MOPS 缓冲液（200mmol/L MOPS，pH7.0，80mmol/L NaAc，10mmol/L EDTA，pH8.0）。

（7）1.2%变性琼脂糖凝胶（100ml）：1.2g 琼脂糖，10ml 10×MOPS 缓冲液，加水到 84ml，加热溶解，冷至 70℃后，加入 16ml 甲醛；混匀后于通风橱中迅速倒胶。

（8）RNA 变性液（1 体积 37%甲醛，1.6 体积 10×MOPS，5 体积去离子甲酰胺）（注意：去离子甲酰胺对呼吸道伤害极大、甲醛有毒，戴手套和口罩将其置于通风橱中操作）。

（9）5×TBE 缓冲液：108g Tris-base，55g 硼酸（H_3BO_3），40ml 0.5mol/L EDTA（pH8.0），用蒸馏水定容至 2L，用前稀释 10 倍使用。

（10）DIG 标记试剂盒（Roche 公司）。

（11）尼龙膜（Hybond N^+）（Amersham Pharmacia）。

（12）20×SSC：175.6g NaCl，88.2g 柠檬酸三钠，用浓盐酸调 pH 至 7.0 后，用 ddH_2O 定容至 1L，高温高压灭菌 20min 后室温保存。

（13）Northern blotting 所用溶液的配制

洗膜液：0.1mol/L 马来酸，0.15mol/L NaCl；pH7.5（20℃）；0.3%（*V/V*）Tween-20。

马来酸缓冲液：0.1mol/L 马来酸，0.15mol/L NaCl；用固体 NaOH 调 pH 至 7.5（马来酸缓冲液不易调 pH，需用强碱）。

封闭液：用马来酸缓冲液将 10×封闭液稀释 10 倍。

抗体稀释液：将 Anti-Digoxigenin-AP 直接加入封闭液中（1∶5000 稀释）。

（14）AP 底物缓冲液：0.1mol/L Tris-HCl，0.1mol/L NaCl，5mmol/L $MgCl_2$，pH9.5，4℃保存。

（15）NBT/BCIP 显色液：0.5g NBT，10ml 70% *N*，*N*-二甲基甲酰胺，4℃保存；250mg BCIP，5ml 100% *N*，*N*-二甲基甲酰胺，4℃保存。

3. 主要实验仪器

Eppendorf 低温冷冻离心机、涡旋振荡器、研钵和杵、移液器、核酸电泳槽和电泳仪、NanoDrop ND-1000 微量核酸分析仪、超净工作台、杂交炉和杂交管、Bio-Rad 凝胶成像扫描仪、照相机。

4. 其他

吸水纸、大平皿、玻璃板、滤纸、金刚砂。

四、实验步骤

（一）烟草坏死病毒A接种本生烟

将金刚砂均匀喷洒于本生烟叶片的表面，而后接种烟草坏死病毒A。2周后，取系统发病叶片，进行总RNA提取。

（二）Trizol法分离植物总RNA

（1）取0.1g叶片，液氮充分研磨，在样品熔化之前迅速加入1ml Trizol，充分混匀，使样品在Trizol的保护下溶解成棕色透亮的液体，吸取液体至新的2ml Eppendorf管中（注意：研磨样品的量不宜过多，一般0.1g叶片使用1ml Trizol）。

（2）4℃，12 000r/min离心10min，去除细胞碎片等杂质，取上清（如杂质很少，此步可省略）。

（3）加入200μl氯仿，剧烈振荡20s，室温放置5min，4℃，12 000r/min离心10min，转移上层水相（约500μl）至新离心管中（注意：振荡混匀）。

（4）加入等体积的氯仿/异戊醇（24∶1）抽提，剧烈振荡20s，室温放置3min，4℃，12 000r/min离心10min，转移上层水相（约400μl）至新离心管中。

（5）加入等体积的异丙醇，颠倒混匀，室温放置10min，4℃，12 000r/min离心10min。

（6）弃上清，沉淀用75%乙醇洗涤两次：每次4℃，12 000r/min离心5min。超净工作台中吹干沉淀，溶解于20～50μl DEPC处理的ddH_2O中，NanoDrop ND-1000微量核酸分析仪测定RNA浓度，–80℃保存备用（注意：75%乙醇用DEPC水配制，防止RNA降解）。

（三）探针标记

可任选1～3中任意一种，本实验采用非同位素标记DNA探针。

1. 同位素标记DNA探针

采用Prime-a-gene Labeling System（Promega公司）进行标记。在Eppendorf管中依次加入约25ng模板DNA，10μl 5×buffer，dATP、dTTP、dGTP各2μl，5U Klenow大片段，40μCi α-^{32}P-dCTP，补水至50μl。37℃保温1h后，经沸水浴5min，立即置于冰上。

2. 同位素标记RNA探针

以100～200ng线性化的质粒DNA为模板，在30μl的反应体系中加入10mmol/L的ATP、GTP、CTP和100μmol/L的UTP各1.5μl，3μl 100mmol/L DTT、30U RNasin和10U T7 RNA Polymerase，30μCi α-^{32}P-UTP，37℃保温1.5h。加1μl DNase Ⅰ（RNase free），37℃保温30min，除去DNA模板。

3. 非同位素标记 DNA 探针

用一对特异引物扩增获得 TNV-A 的 cDNA 片段的 3′ 非翻译区，采用 DIG-High Prime DNA Labeling and Detection Starter Kit Ⅱ（Roche 公司）标记作为探针，预杂交、杂交、洗膜和显色等步骤均按照该试剂盒的说明进行。

（四）RNA 变性琼脂糖凝胶电泳

总 RNA 加 3 倍体积变性液，65℃变性 10min，立即置冰上 3min，60V 电泳 3～4h（注意：上样总体积不要太多，否则溢出孔，无法定量，并造成交叉污染）。

（五）Northern blotting 检测病毒特异性核酸片段

（1）转膜：电泳后的凝胶在 2×SSC 中漂洗一下，利用毛细管法（图 13-1），经 20×SSC 转移至 Hybond-N^+尼龙膜上。

（2）紫外交联固定核酸，转移完成后，将膜在 80℃固定 1.5h 或经紫外交联固定核酸。

（3）预杂交，将膜放入杂交管（正面朝内转），加入预热的 5ml 预杂液（kit 7，DIG Easy Hyb），42℃预杂交 30min。

（4）探针变性，待预杂交快结束时，68℃，10min 处理探针（如果是新制备的探针则沸水煮使探针变性），迅速置冰上（防止复性）。

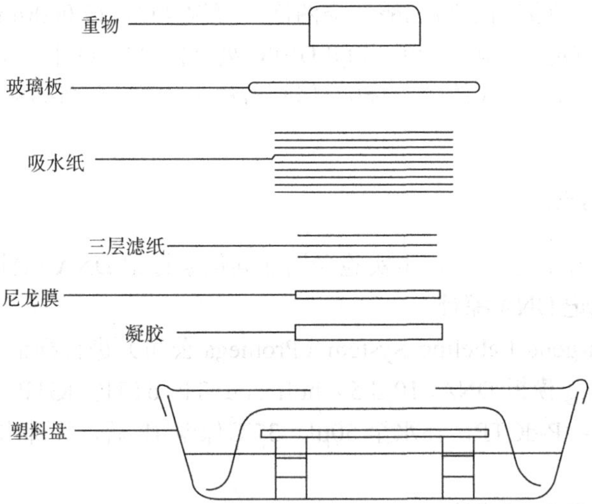

图 13-1　Northern blotting 转膜示意图（GE 公司 Hybond N^+膜使用说明书）

（5）杂交，将探针全部直接加入至杂交管中，42℃杂交炉中杂交 4h 或过夜。

（6）洗膜，4h 后，回收探针，用 2×SSC（含 0.1%SDS）室温洗膜 5～6min，

30ml/次，共洗 2 次；而后用经 65℃预热的 0.5×SSC（含 0.1%SDS），65～68℃继续洗膜，15min/次，洗 2 次。

（7）封闭，倒掉洗膜液，将膜在洗膜液中漂洗 1～5min，加入 10ml 封闭液，37℃（或室温）杂交炉中封闭 1h。

（8）加入二抗 10ml（1：8000 稀释 AP antibody），杂交炉中或室温处理 30min。

（9）洗膜，加入 15ml 洗膜液，15min/次，共洗 2 次。

（10）显色，加入 5ml AP buffer，室温振荡 2～3min，加入 33μl NBT/16.5μl BCIP 底物，避光条件下显色至条带清晰，用自来水冲洗终止反应并扫描图片记录结果。

五、实验结果

（1）记录 Trizol 提取的 RNA 的质量（电泳检测图谱）和浓度。

（2）请指出杂交结果中每条带都代表什么。

六、思考题

1. 选用病毒基因组不同区段的 DNA 作为探针标记的模板对 Northern blotting 的结果有何影响?

2. Northern blotting 检测结果为什么会出现多条带，分别代表什么?

实验十四　病毒的实时荧光定量 PCR 检测

一、实验目的

1. 学习实时荧光定量 PCR 的原理。
2. 学习荧光定量 PCR 仪（Bio-Rad CFX96）的操作。
3. 学习 SYBR Green Ⅰ 检测发病植物中的特定病毒。

二、实验原理

（一）实时荧光定量 PCR 的定义

所谓 real-time qPCR 技术，是指在 PCR 反应体系中加入荧光基团，利用荧光信号累积实时监测整个 PCR 进程，最后通过标准曲线对未知模板进行定量分析的方法。在 real-time 技术的发展过程中，两个重要的发现起着关键的作用：①在 20 世纪 90 年代早期，发现 *Taq* DNA 多聚酶的 5′核酸外切酶活性能降解特异性荧光记探针，因此使得间接地检测 PCR 产物成为可能；②此后荧光双标记探针的运用使在一密闭的反应管中能实时地监测反应全过程。这两个发现的结合及相应的仪器和试剂的商品化发展导致 real-time qPCR 方法在研究工作中的运用。在传统的 PCR 中，常用凝胶电泳分离并用荧光染色来检测 PCR 反应的最终扩增产物，因此用此终点法对 PCR 产物定量存在不可靠之处。在 real-time qPCR 中，对整个 PCR 反应扩增过程进行了实时的监测和连续地分析扩增相关的荧光信号，随着反应时间的进行，监测到的荧光信号的变化可以绘制成一条曲线。相对常规 PCR 而言，荧光定量 PCR 的主要优点是准确地确定初始模板拷贝数和宽的动态范围内和高的灵敏度。荧光定量 PCR 结果可以用于定性（判断一段序列的有无），也可以用于定量（确定 DNA 拷贝数），即 qPCR，而常规 PCR 只能做半定量。另外，荧光定量 PCR 的结果无需通过琼脂糖凝胶电泳来评估，能大大节省实验时间，提高实验效率。由于 PCR 反应和检测都在反应管中进行，样品污染的概率大大降低，无需扩增后的实验操作。

（二）实时荧光定量 PCR 工作原理

PCR 反应过程中产生的 DNA 拷贝数是呈指数方式增加的，随着反应循环数的增加，最终 PCR 反应不再以指数方式生成模板，从而进入平台期。在 PCR 反应早期，产生荧光的水平不能与背景明显地区别，而后荧光的产生进入指数期、线性期和最终的平台期（图 14-1），因此可以在 PCR 反应处于指数期的某一点上来检测 PCR 产物的量，并且由此来推断模板最初的含量。为了便于对所检测样本进行比较，在 real-time qPCR 反应的指数期，首先需设定一定荧光信号的阈值（threshold），一般这个阈值是以 PCR 反应的前 15 个循环的荧光信号作为荧光本底信号（baseline），荧光阈值的缺省设置是 3～15 个循环的荧光信号的标准偏差的 10 倍。如果检测到荧光

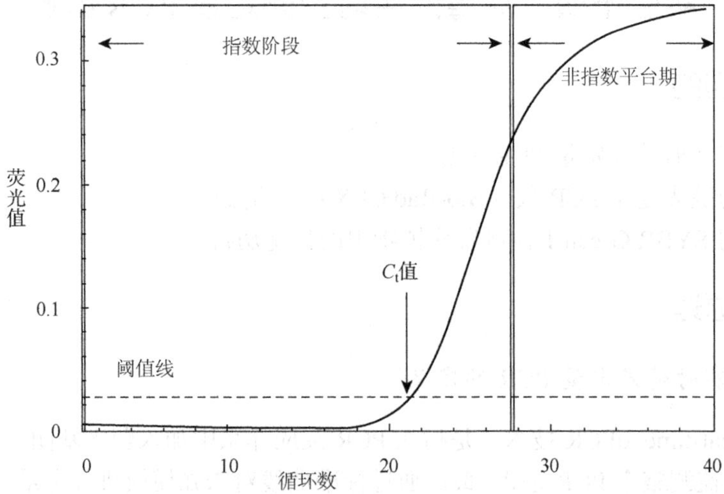

图 14-1　实时荧光定量 PCR 扩增图（Bio-Rad 荧光定量 PCR 应用指南）

图中显示的是基线扣除后的荧光强度，*x*-轴表示 PCR 循环数，*y*-轴表示扩增反应的荧光值，与反应管中扩增产物的量有比例关系

信号超过阈值被认为是真正的信号，它可用于定义样本的阈值循环数（C_t）。C_t值的含义是：每个反应管内的荧光信号达到设定的阈值时所经历的循环数。研究表明，每个模板的 C_t 值与该模板的起始拷贝数的对数存在线性关系，起始拷贝数越多，C_t 值越小，两者之间关系的建立是荧光定量 PCR 用于定量的依据。利用已知起始拷贝数的标准品可作出标准曲线，因此只要获得未知样品的 C_t 值，即可从标准曲线上计算出该样品的起始拷贝数。

（三）实时荧光定量 PCR 荧光检测系统

最常用的有 3 种设计 qPCR 实验的方法，其关键一步是选择监测目标序列扩增的化学方法，可用的荧光化学方法多种多样，目前 real-time qPCR 所使用的荧光化学方法主要有 5 种，分别是：DNA 结合染料，水解探针，分子信标，荧光标记引物，杂交探针。它们又可分为扩增序列特异和非特异检测两大类。扩增序列非特异性检测方法的基础是 DNA 结合的荧光分子，如 SYBR Green Ⅰ 等荧光染料。扩增序列特异性检测方法是在 PCR 反应中利用标记荧光染料的基因特异寡核苷酸探针来检测产物，它又可分为直接法和间接法。间接的方法就是利用水解探针的策略。目前在 real-time qPCR 中最广泛使用的 TaqMan 系统就是运用了这个原理。直接的方法指的是标记荧光的探针与扩增产物结合后即直接产生荧光，分子信标（molecular beacon）就属于这一类。荧光定量 PCR 实验中，荧光引物和探针要优于 DNA 结合染料，首先它们可以特异地检测目标序列，防止非特异性产物的干扰而影响定量的准确性；其次它们可以用于多重反应。下面详细阐述各个化学方法的原理。

1. DNA 结合染料（SYBR Green Ⅰ）

SYBR Green Ⅰ 是荧光定量 PCR 最常用的 DNA 结合染料，与双链 DNA（dsDNA）小沟处非特异性结合。在游离状态下，SYBR Green Ⅰ 发出微弱的荧光，一旦与 dsDNA 结合，其荧光增加 1000 倍（图 14-2）。所以，一个反应发出的全部荧光信号与出现的 dsDNA 量成比例，且会随扩增产物的增加而增加。real-time qPCR 发展早期就是运用这种最简单的方法，在 PCR 反应体系中，加入过量 SYBR Green Ⅰ 荧光染料，SYBR Green Ⅰ 荧光染料特异性地掺入 DNA 双链后，发射荧光信号。荧光染料的优势在于它能监测任何 dsDNA 序列的扩增，不需要探针的设计，使检测方法变得简便，同时也降低了检测的成本。然而正是由于荧光染料能和任何 dsDNA 结合，因此它也能与非特异的 dsDNA（如引物二聚体）结合，使实验容易产生假阳性信号。此外由于 DNA 结合染料缺乏特异性，SYBR Green Ⅰ 也不能用于多重定量分析。引物二聚体的问题目前可以用带有熔解曲线（melting curve）分析的软件加以解决。

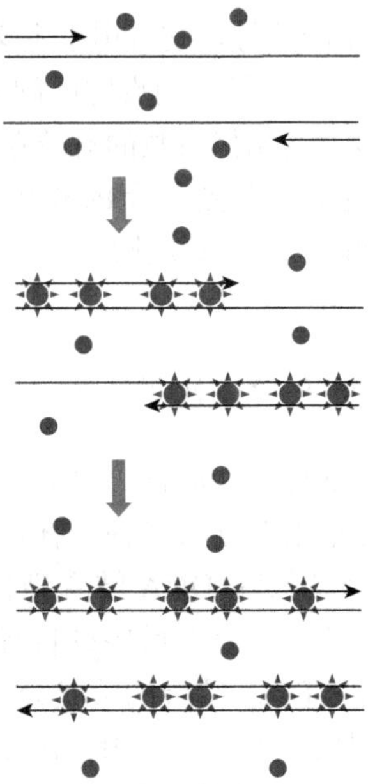

图 14-2　SYBR Green Ⅰ 实时荧光定量 PCR 检测示意图（van der Velden *et al.*，2003）

随着 PCR 反应过程中越来越多 dsDNA 的产生，SYBR Green Ⅰ 将结合 dsDNA，产生越来越多的荧光，在每一轮的 PCR 循环后，荧光信号值均会被荧光定量 PCR 仪监测并记录

2. 基于荧光标记的引物和探针的化学机制

基于荧光标记的引物和探针的化学方法具有一些共同的特征。总的来说，这些化学方法利用荧光共振能量传递（FRET），或一些其他荧光淬灭形式来保证仅在扩增产物出现时特异的荧光才能被监测到。其中 TaqMan 荧光探针、分子信标探针与杂交探针是实时荧光定量 PCR 采用的 3 种主要荧光探针。相对于荧光染料的方法，探针的方法更准确，可信度也相对较高，实验本身的影响因素比较少，因而，实验的可操作性、重复性也好，但是探针的方法相对于染料的方法来说，成本相对较高。

1）TaqMan 荧光探针

PCR 扩增时，在加入一对引物的同时加入一个特异性的荧光探针。该探针为一直线形的寡核苷酸，两端分别标记一个报告基团（reporter，R）和荧光淬灭基团（quencher，Q），探针完整时，报告基团发射的荧光信号被淬灭基团吸收，PCR 仪检测不到荧光信号；当探针完整时，R 报告基团发出的荧光被 Q 淬灭，探针不会发出荧光，但当 PCR 反应发生时，*Taq* 酶的 5′→3′外切酶活性会将探针水解，使报告基团和淬灭基团分离，从而荧光监测系统可接收到荧光信号（图 14-3），即每扩增一条 DNA 链，就有一个荧光分子形成，实现了荧光信号的累积，与 PCR 产物形成完全同步，这也是定量的基础所在。TaqMan 探针主要优点包括高特异性、高信噪比和能进行多重反应，缺点是探针的初始成本高和实验设计繁琐。

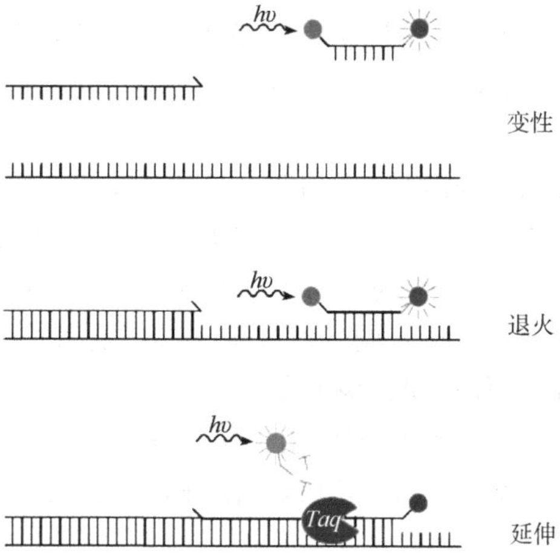

图 14-3 TaqMan 荧光定量 PCR 的 3 个基本步骤（http：//www.probes.com）

在 TaqMan 探针未接触 *Taq* 酶之前，能量从短波荧光基团（左）转移至长波荧光基团（右），当 *Taq* 酶对目的片段进行扩增时，将释放短波荧光基团，使得其可被检测到；*hν* 代表光子

2）分子信标（molecular beacon）

分子信标本质上是一种标记荧光的发夹探针，当探针分子呈发夹结构时，结合在其两端的荧光基团距离上接近，使得产生能量转移效应，而不发生荧光。当互补序列出现时，探针与 DNA 杂交，探针转变成一个开放的结构，呈线性，报告基团与淬灭荧光基团彼此在空间上产生足够的分离，荧光基团脱离了淬灭基团的影响，从而产生可被检测到的荧光（图 14-4）。与 TaqMan 实验不同，在反应中分子信标被替代而不是被破坏，因为所用的 DNA 聚合酶缺乏 5′核酸外切酶的活性。由分子信标上报告基团发出的荧光信号强度与反应中靶标的量成比例。分子信标有一些优于其他化学物质的特点：高特异性，可以用于多重反应，如果靶标序列与信标匹配不正确，不能杂交便不能发出荧光，适合区分等位基因。使用分子信标的最大缺点是它的设计，

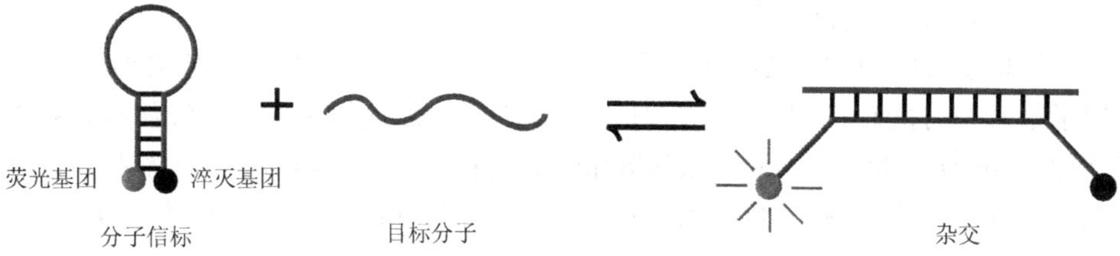

图 14-4 分子信标的结构和工作原理图（Mhlanga *et al.*，2001）

正常情况下，分子信标以茎环结构的形式存在，其中环部与目标分子互补，而茎部的核酸配对使得淬灭基团靠近荧光基团，从而没有荧光被激发，一旦分子信标与目标 DNA 杂交后，茎环结构解离，进而使得淬灭基团和荧光基团远离，最终使得荧光被激发出来

发夹的茎必须坚固，以防止分子的随机折叠成非发夹结构，非发夹结构会导致随意荧光产生；同时，发夹的茎不要太坚固，否则信标不能与靶标正确杂交。

3）杂交探针

杂交探针（hybridization probe）使用两个特异的探针，其中上游探针的 3′端标记有供体荧光素（donor，D），而下游探针的 5′端标记有受体荧光素（acceptor，A）。在 PCR 中模板退火阶段，两探针同时与扩增产物杂交，并形成头尾结合的形式，使供体和受体荧光素距离非常接近，两者产生荧光共振能量转移（FRET，此作用与上述水解探针的方式相反），使得受体荧光基团发出荧光（图 14-5）；当两探针处于游离状态时，无荧光产生。由于反应中运用了两个探针，增加了方法的特异性，另外也可利用荧光寡核苷酸熔解曲线对与寡核苷酸探针结合的序列进行分析，从中获取有用的信息。

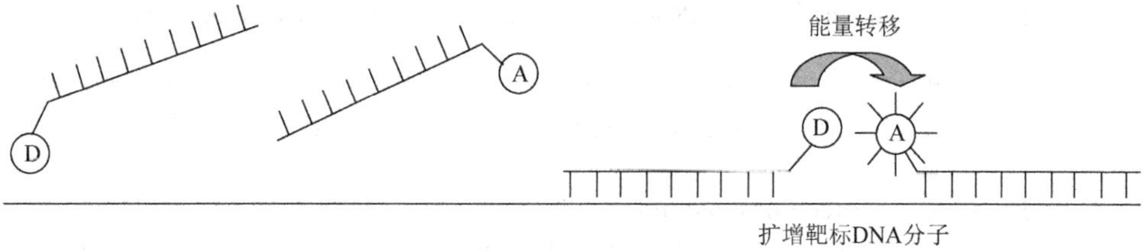

图 14-5　杂交探针工作原理示意图（Maurin，2012）

两个探针分别在其 5′和 3′端含有供体荧光素（D）和受体荧光素（A），一旦探针结合目标片段后，由于两个荧光素（D 和 A）在距离上非常接近，荧光共振能量转移则会在两个荧光素之间发生，最终产生可被监测到的荧光

（四）实时荧光定量 PCR 引物设计及反应体系优化

成功的荧光定量 PCR 反应要求高效和特异性扩增产物，引物和靶序列都会影响扩增效率。因此在选择靶序列和设计引物时，必须考虑到这一点。常用于引物设计的软件有 Primer Premier 5 和 Oligo 7。

1）扩增子设计遵循原则

①扩增子长度为 75～200bp，片段越短扩增效率越高；但如果片段小于 75bp，扩增子很难与可能存在的引物二聚体区分；②尽可能地避免产生二级结构，推荐使用软件如 mfold（http：//www.bioinfo.rpi.edu/applications/mfold/）来预测扩增子在退火温度条件下是否形成二级结构；③模板尽量避免有长的单碱基重复（>4）；④GC 含量为 50%～60%。

2）引物设计遵循原则

①引物的 GC 含量为 50%～60%；②熔解温度（T_m）为 50～65℃，计算 T_m 时，建议使用 50mmol/L 盐浓度和 300nmol/L 核苷酸浓度；③避免产生二级结构，必要时引物结合位置设计在目标序列二级结构区域之外；④避免超过 3 个 G 或 C 重复片段；

⑤引物末端碱基为 G 或 C；⑥因为反转录反应一般都从 3′端扩增，所以引物所扩增的片段尽可能避免太靠近 5′端。

由于 SYBR Green Ⅰ与染料所有 dsDNA 结合，因此，有必要通过分析扩增产物来检查 qPCR 的特异性，可以利用荧光定量 PCR 仪上的熔解曲线功能，也可以用凝胶电泳分析扩增产物（图 14-6）。如果通过熔解曲线分析发现有非特异性产物如引物二聚体产生（图 14-7），则需要重新设计反应的引物或优化退火温度。

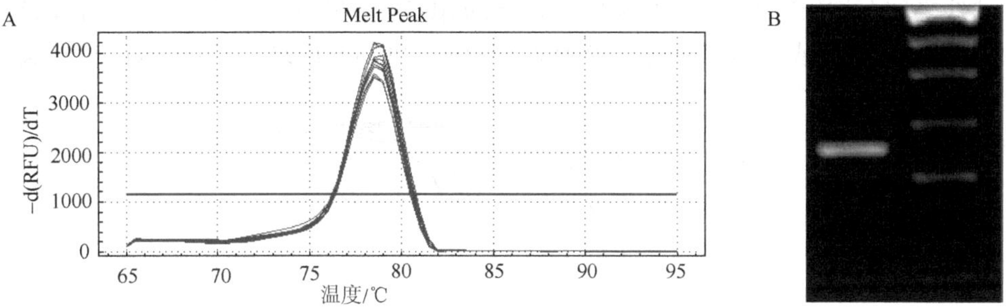

图 14-6 优化退火温度实验的熔解曲线和凝胶电泳分析结果（Liu *et al.*，2012）

优化的 SYBR Green Ⅰ qPCR 反应的熔解曲线只有一个峰（A），对应的凝胶电泳如 B 图显示的一条带（B）；图中显示的是退火温度为 77.6℃时的结果

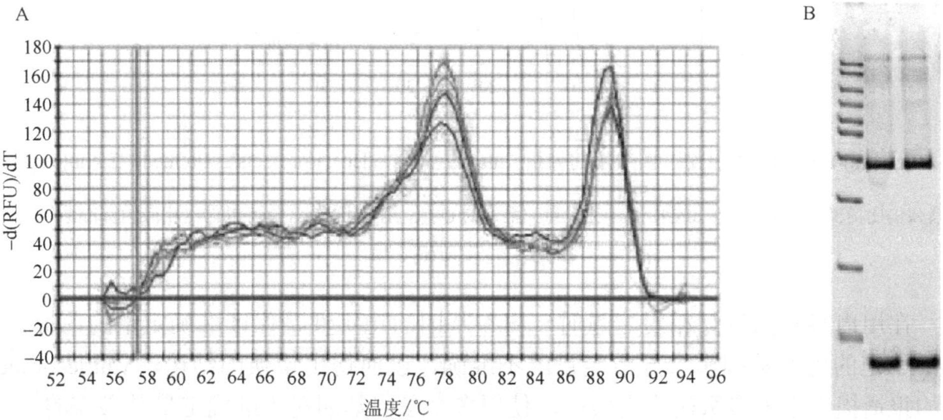

图 14-7 熔解曲线分析（Bio-Rad 荧光定量 PCR 实验指南）

此反应中有非特异性产物即引物二聚体产生，熔解曲线分析显示一个额外的峰。A. 用荧光强度变化负一次导数与温度作图；B. qPCR 产物凝胶电泳分析。第 1 泳道，分子质量标记，50～2000bp；第 2、第 3 泳道，显示（A）反应的 2 个重复样

3）荧光定量 PCR 的优化

由于实时定量建立在模板的初始浓度与 C_t 关系的基础上，因此荧光定量 PCR 的优化非常重要，保证样本具有准确可重复的实验结果。

一种有效地用来确定 qPCR 实验是否是最优化的方法：将模板稀释成一系列浓度梯度进行 PCR 反应，用这个结果作标准曲线，模板可以用已知浓度的样品（如纳克级的基因组 DNA 或多个拷贝的质粒 DNA）或未知浓度的样品（如 cDNA）。用模板初始量（或未知量样品的稀释倍数）的 log 值对每个稀释样品的 C_t 值作图，两者呈递减的线性关系，称为标准曲线。递减的直线关系等式和 Pearson 相关性系数（r）或可信度（R^2）常常被用来判断 qPCR 条件是否优化。理论上，一系列稀释样品的扩增曲线之间有均匀的间距（图 14-8）。优化的 qPCR 结果有以下特点：①线性的标准曲线（$R^2 > 0.980$ 或 $r > |-0.990|$）；②高扩增效率（90%～105%）；③一致的重复反应。

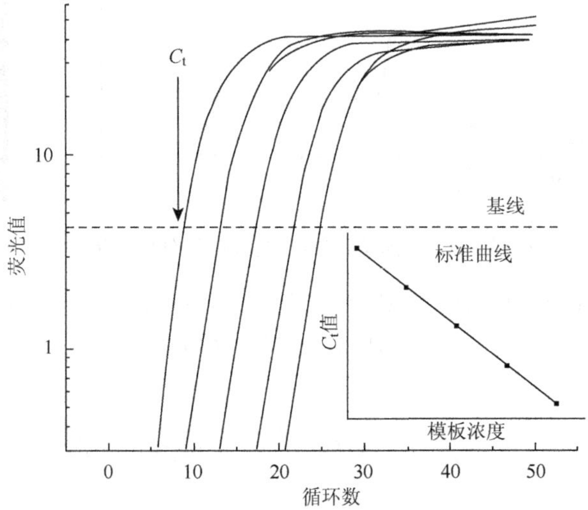

图 14-8　real-time qPCR 引物扩增效率的分析（http：//www.odec.ca/projects/2006/leed6d2/context.html）

将系列倍比稀释的 DNA 进行 qPCR 后，可得到一系列的 C_t 值，根据这些 C_t 值可以作出相应的标准曲线，进而计算出引物的扩增效率

在用内参基因进行相对定量时，内参基因的稳定性是保证准确定量的前提，选择不稳定的内参基因常会导致定量的不准确，进而得出错误的结论，Vandesompele 等的报道提出在大多数研究实验中，使用多个参照基因对于准确定量是必需的。

进行相对基因表达分析普遍采用操作简便的 $2^{-\Delta\Delta C_t}$ 法，条件是目标基因和参照基因扩增效率都接近 100%且相互间效率偏差在 5%以内。使用 $2^{-\Delta\Delta C_t}$ 法之前，必须验证目标基因和参照基因的扩增效率。此外，还可用 Δ_{C_t} 和 Pfaffl 法来计算目标基因的相对表达量。目前，与荧光定量 PCR 仪配套的软件均整合了相应的数据分析模块，利用这些软件，可以比较方便地计算出诸如扩增效率和 R^2 等参数，也可自动生成目标基因的相对表达量柱状图。

（五）实时荧光定量 PCR 的定量方式

在 real-time qPCR 中，模板定量有两种策略：相对定量和绝对定量。绝对定量指的是用已知的标准曲线来推算未知的样本的量（拷贝数，μg）。相对定量指的是在一定样本中靶序列相对于另一参照样本的量的变化（倍数差异）。

这两种方法都需要回答样品数量是多少的问题。绝对定量是通过样品的 C_t 值和标准曲线进行比较实现的；相对定量是通过等量样本间比较方法得到结果。绝对定量和相对定量两种方法中，定量 PCR 得到的数值都要进行校准才能使数据有生物学意义。这是通过归一化处理来实现的。在绝对定量中，是通过得到的目标基因的量和样品的单位数量进行调整或者标准化得到的。在相对定量中，归一化确保相等数量的样品中比较目标基因的量。虽然任何一种定量方法的归一化可以是模板制备的细胞数目，作为 PCR 模板的核酸的微克数或者一个内参基因的表达水平。但前两种常常被用来进行绝对定量，第三种被用来进行相对定量。内参基因（internal control）指的是在各个样品中基因表达保持不变的基因并且在所做的实验处理过程中不发生变化，如在基因表达研究中，常选择一些持家基因（如 beta-actin，3-磷酸甘油醛脱氢酶 GAPDH 等）作为内参。如果对加入的 RNA 的数量不能精确定量，例如，只有很少的起始模板可以使用的情况下，使用参照基因法是很有优势的。

在 real-time qPCR 技术中，无论是相对定量还是标准曲线定量方法仍存在一些 PCR 定量方法均有的问题且有待解决。在标准曲线定量中，标准品的制备是一个必不可少的过程。目前由于无统一标准，各个实验室所用的生成标准曲线的样品各不相同，致使实验结果缺乏可比性。此外，用 real-time qPCR 来研究 mRNA 时，受到不同 RNA 样本存在不同的反转录（RT）效率的限制。在相对定量中，其前提是假设内源控制物不受实验条件的影响，合理地选择合适的不受实验条件影响的内源控制物也是实验结果可靠与否的关键。另外，与传统的 PCR 技术相比，real-time qPCR 的不足之处是：①由于运用了封闭的检测，减少了扩增后电泳的检测步骤，也就不能监测扩增产物的大小；②因为荧光素种类及检测光源的局限性，从而相对地限制了 real-time qPCR 的复合式（multiplex）检测的应用能力；③目前 real-time qPCR 实验成本比较高。尽管如此，实时荧光定量 PCR 目前已成为常规的分子生物学检测手段，广泛用于 mRNA 表达的研究、DNA 拷贝数的检测、单核苷酸多态性（SNPs）的测定等。本实验拟利用 real-time qPCR 定量检测发病植物中的特定病毒，学习荧光定量 PCR 在病毒检测中的应用。

三、实验材料

1. 样品

感染 BBSV 的本生烟叶片及健康本生烟叶片。

2. 试剂与材料

SsoFast EvaGreen 预混物（Bio-Rad），M-MLV 反转录试剂盒（Promega），RNasin（Takara），琼脂糖（Invitrogen），Trizol（Invitrogen），DNase Ⅰ（Takara），DEPC 处理水，ddH_2O，异丙醇，无水乙醇和 70%乙醇。

pUBF52 纯化质粒。

引物由 Invitrogen 公司完成合成。

3. 耗材和仪器

离心管（1.5ml 和 0.5ml）、涡旋振荡器、NanoDrop ND-1000 微量核酸分析仪、超净工作台、荧光定量 PCR 配套 0.5ml PCR 管（Bio-Rad）、移液枪、Bio-Rad 凝胶成像系统、水平平板电泳槽、低温冷冻离心机、Bio-Rad 普通 PCR 扩增仪、Bio-Rad 荧光定量 PCR 仪（CFX96）。

四、实验步骤

（1）参照实验十三中的方法 Trizol 法分别提取植物感病本生烟和健康本生烟总 RNA，并用 Nanodrop ND-1000 进行定量，对于提取得到的 RNA 保证其 A_{260}/A_{280}>1.8。

（2）参照本章实验十一的方法，DNase Ⅰ 消化提取 RNA 样品，去除可能污染的 DNA。

（3）参照本章实验十一中的方法，将 RNA 样品反转录成 cDNA。

（4）设计引物，ddH_2O 溶解至终浓度为 10μmol/L（推荐软件：Oligo6/7，Primer Primer 5/6 或 Vector NTI），在进行 real-time qPCR 检测前，需对引物特异性验证。

①首先以反转录得到的 cDNA 为模板，通过普通 PCR，2.5%～3.0%琼脂糖凝胶电泳检测条带的大小和特异情况来确定引物的特异性，如果有非特异带，则重新设计引物。

②验证引物的扩增效率，将模板稀释成一系列浓度梯度进行 real-time qPCR 反应（反应体系见步骤 6），得到不同的曲线，通过线性转化分析，得到可信度 R^2 和扩增效率。线性的标准曲线应保证 R^2>0.980，高效的扩增效率应保证在 90%～105%，同时从软件生成的熔解曲线再次验证引物的特异性（注意：至少稀释 5 个浓度梯度）。

（5）绘制 SYBR Green Ⅰ 荧光定量 PCR 标准曲线。利用 Nanodrop 测定纯化的 pUBF52 质粒（pUBF52 为 BBSV 侵染性 cDNA 克隆），根据以下公式计算出质粒中的 DNA 拷贝数，对阳性重组质粒进行 10 的倍比稀释，取 6 个稀释度的重组质粒作为标准品模板，利用优化的荧光定量 PCR 反应条件，绘制标准曲线，得出拷贝数（log 值）与 C_t 值之间的线性关系曲线图。

质粒拷贝数计算公式：

$$\text{copies/ml} = (6.02\times10^{23}\text{ 拷贝数/摩尔}) \times (\text{浓度 g/ml}) / (\text{MW g/mol})$$

式中，MW 代表分子质量，对于 dsDNA，MW=（碱基数）×（660Da/碱基）

（6）real-time qPCR 反应

以病毒侵染本生烟 cDNA 为模板（模板量根据具体的基因表达情况而定，对于本身表达量高的基因要减少模板的量，而表达量低的基因要适当增加模板的量），本实验中病毒侵染的本生烟中，病毒 RNA 的丰度很高，因此要做相应的稀释。同时进行 real-time qPCR 反应至少要 3 个生物学重复和 3 个技术重复，以保证实验结果的可信度。

反应体系如下：

溶液成分	体积
SsoFast EvaGreen 预混物	10μl
5′Primer（10μmol/L）	0.5μl
3′Primer（10μmol/L）	0.5μl
RT products	1μl
ddH_2O	补至 20μl

反应条件：

	cDNA or Plasmid DNA		周期
反应步骤	温度	时间	
激活 PCR 酶	95℃	30s	1
变性	95℃	10s	40
退火/延伸	60℃	10s	
熔解曲线	65～95℃（以 0.5℃递增）	5s/step	1

注意：在整个实验操作过程中要戴乳胶手套，避免污染物沾到 PCR 管壁上，影响数据的读取。

（7）将测得的 C_t 值代入步骤 5 中绘制的标准曲线就可以计算出病毒特异性 RNA 的拷贝数。

五、实验结果

（1）记录 qPCR 实验中引物扩增的 T_m 值。

（2）记录引物扩增的特异性（熔解曲线和琼脂糖凝胶电泳检测 PCR 扩增产物）。

（3）绘制 qPCR 反应的标准曲线，并计算病样中病毒 RNA 的拷贝数。

六、思考题

（1）相对于传统的 PCR，real-time qPCR 存在哪些优势和不足。

（2）在相对定量过程中，real-time qPCR 存在哪些问题。

（3）综合灵敏度和实验的可操作性等因素，考虑 real-time qPCR 所使用的荧光化学方法各自的适用范围。

实验十五　反转录环介导的等温扩增技术检测病毒

一、实验目的

1. 学习反转录环介导的等温扩增技术的原理。
2. 掌握反转录环介导的等温扩增技术。
3. 学习反转录环介导的等温扩增技术检测病毒的方法。

二、实验原理

2000 年，Notomi 等发明了一种新的核酸扩增方法，即环介导的等温扩增（loop mediated isothermal amplification，LAMP）和反转录环介导的等温扩增（reverse transcription loop-mediated isothermal amplification，RT-LAMP）。LAMP/RT-LAMP 不需要昂贵的仪器设备，在等温条件下即可高效、快速、特异灵敏地扩增靶序列，且操作简单、适合多种检测环境，因此，自开发以来，该方法已经在国内外医学病原物检测、食品安全检测及基因芯片等方面有了广泛的应用且效果良好，近些年也逐渐扩展到动植物病原检测领域，如各种病毒（植物病毒、动物病毒和人类病毒）的检测。

1. 引物设计

LAMP 中使用的引物通过软件 PrimerExplorer V4（Eiken Chemical Co.，Ltd.，Japan）进行设计，每组引物含有 4 条，即 F3、B3、FIP（F1c＋F2）和 BIP（B1c＋B2）。F3 和 B3 为较外部的一对引物，FIP 和 BIP 是内部的一对引物。

引物设计是该方法的关键点，RT-LAMP 每个反应需要一组引物，包括 4 个，分别是 F3（forward outer primer）、B3（backward outer primer）、FIP（forward inner primer）和 BIP（backward inner primer）。其中 F3 和 B3 是两个外围引物，FIP 和 BIP 是内部的两个引物。这 4 个引物是针对靶基因的 6 个特异序列（3′端的 F3、F2c 和 F1c 区及 5′端的 B1、B2 和 B3 区）设计的。其中 FIP：上游内部引物，由 F2 区和 F1c 区域组成，F2 区与靶基因 3′端的 F2c 区域互补，F1c 区与靶基因 5′端的 F1c 区域序列相同。F3 引物：上游外部引物，由 F3 区组成，并与靶基因的 F3c 区域互补。BIP 引物：下游内部引物，由 B1c 和 B2 区域组成，B2 区与靶基因 3′端的 B2c 区域互补，B1c 区与靶基因 5′端的 B 1 c 区域序列相同。B3 引物：下游外部引物，由 B3 区域组成，与靶基因的 B3c 区域互补。所设计的每组特异性引物都能识别靶基因的 6 个特定区域，引物设计示意图见图 15-1。

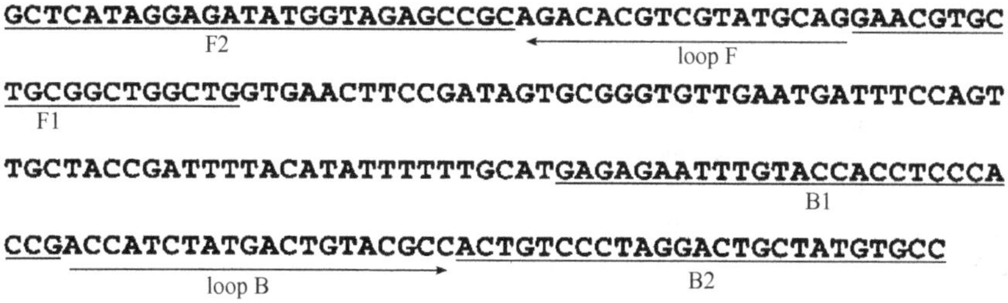

FIP:5′ Flc-F23′，BIP:5′ B1-B2c 3′

图 15-1　环状内部引物的设计示意图（Nagamine *et al.*，2002）

箭头表示用于环状引物的设计，FIP 的组分为：F1c（5′→3′）＋F2（5′→3′），BIP 的组分为：B1c（5′→3′）＋B2（5′→3′）；F1c 和 B2c 分别与 F1 和 B2 互补

2. 扩增原理

LAMP 中使用的酶是 *Bst* DNA 聚合酶，由缺失 5′→3′外切核酸酶结构域的嗜热脂肪芽胞杆菌（*Bacillus stearothermophilus*）DNA 聚合酶基因在大肠杆菌（*Escherichia coli*）中表达纯化而得，具有强的链置换能力。LAMP 就是利用 *Bst* DNA 聚合酶通过链置换反应和两个环介导来实现恒温条件下短时间内（30～60min）完成靶 DNA 的高效扩增，整个反应分为两大阶段，即初反应物哑铃状模板的合成，基因循环扩增、延伸和再循环阶段，具体如下。

反应第一阶段：在具有链置换活性 DNA 聚合酶的作用下，内引物 FIP 与模板 DNA 形成互补链；随后，新合成链在外引物 F3 的作用下被置换，而被置换的单链在 5′端形成环状结构。然后，内引物 BIP 与该单链结合，在延伸过程中同时打开环状结构，形成双链 DNA。最后，外引物 B3 与该双链 DNA 的 B3c 结合，随着引物 B3 的不断延伸，两侧分别为 FIB 和 BIP 的完整单链被置换。由于该单链两端存在互补序列，于是形成“哑铃状”循环扩增的起始结构。

反应第二阶段：在哑铃状结构中，以 3′端 F1 区段为起点，以自身为模板，进行 DNA 合成延伸。与此同时，F2 与 F2c 结合，启动新一轮链置换反应，使 F1 区段新合成的链解离，解离出的单链再形成环状结构。该环状结构一方面以 B1 为引物进行延伸，使 F2 合成链解离，解离链进而形成哑铃状结构，重复上述过程；另一方面，BIP 引物上的 B2 与 B2c 结合，启动新一轮扩增，再经过链解离、环状结构形成、环状结构自身扩增、单链置换等过程，最后形成大小不一的茎环结构、多环花椰菜样结构的 DNA 片段混合物，使得琼脂糖凝胶电泳条带呈现梯形。其原理见图 15-2。

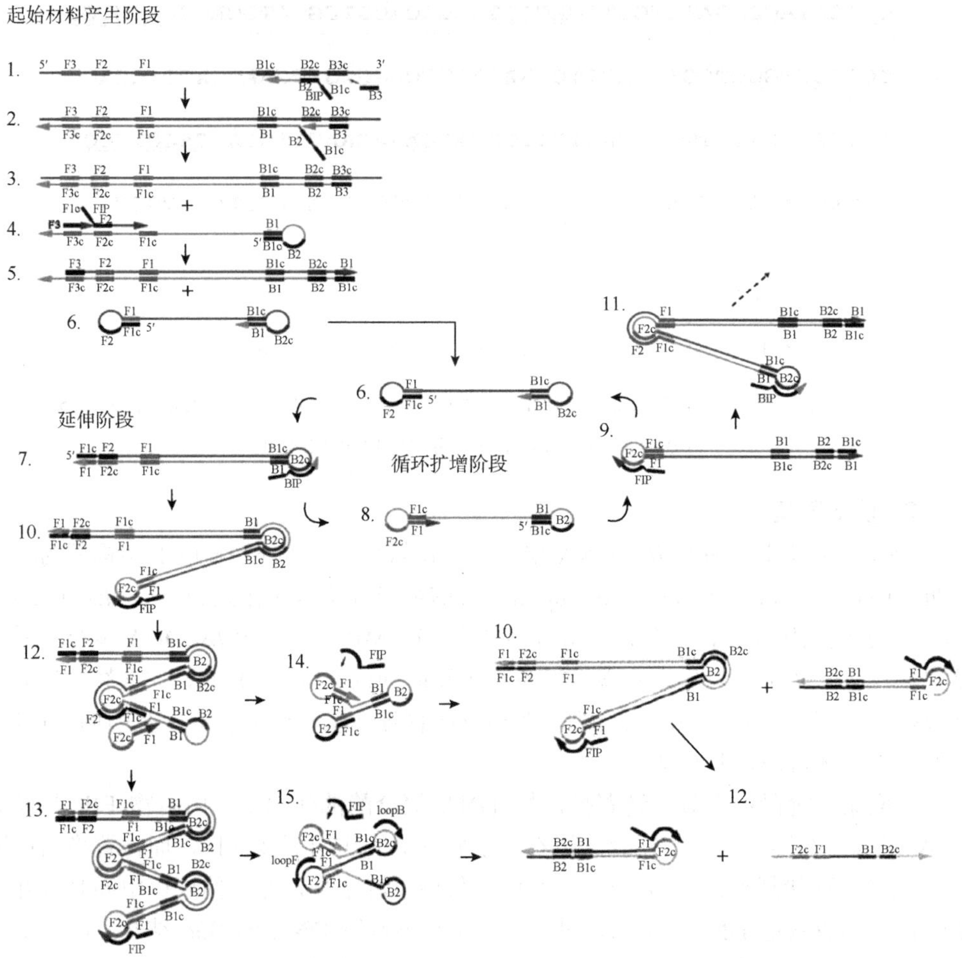

图 15-2　LAMP 反应原理图（Mori *et al.*，2001；Notomi *et al.*，2000，略有改动）

1. 引物从 BIP 延伸；2. B3 起始延伸置换前一条链；3. B3 引物延伸形成双链；4. 在置换链中，从 FIP 起始延伸进而再被 F3 片段置换；5. F3 引物延伸形成双链；6. 最终替换的单链 DNA 形成“哑铃”形结构；7～15. 形成大小不一、多环花椰菜样结构的 DNA 片段混合物

3. 产物检测

LAMP 方法不需要昂贵的实验设备，成本较低，可以通过 3 种简便的方式实现产物检测。

1）电泳检测

由于 LAMP 反应产物是大小不一的茎环结构、多环花椰菜样结构的 DNA 片段混合物，使得琼脂糖凝胶电泳条带呈现梯形，经限制性内切酶酶切后呈现单一靶序列条带。

2）荧光检测

向 LAMP 扩增产物中加入 SYBR Green Ⅰ、Gene Finder、Pico Green 等荧光染料后分别置于紫外线下肉眼观察，阳性样品内荧光染料发生颜色变化，而阴性对照颜色不发生变化。

3）浊度检测

可以通过直接观察 PCR 管内产物的浑浊度来判定样品是否为阳性，这是该方法特有的也是最便捷的优点之一。浑浊是在核酸大量合成的时候，从 dNTPs 析出的焦磷酸根离子与反应溶液中的镁离子结合，产生副产物焦磷酸镁的白色沉淀。这种白色沉淀只要用肉眼观察或是浊度仪在 400nm 光下检测浊度就能够判断是否有扩增产物。

对于植物病毒基因组为 DNA 的，直接使用 LAMP 技术进行检测。大多数植物病毒基因组为 RNA，因此对于 RNA 病毒的检测，再在 LAMP 体系内加入 RNA 酶抑制剂和 RNA 反转录酶建立反转录环介导的等温扩增，既省去了反转录步骤和改变温度所需的时间，又减少了 RNA 酶和扩增核酸的污染机会。

本实验以 RNA 病毒小麦黄花叶病毒（wheat yellow mosaic virus，WYMV）为例，根据该病毒的外壳蛋白基因的核酸序列设计引物，通过 RT-LAMP 的方法检测该病毒。

三、实验材料

1. 植物材料

健康小麦叶片和病叶片，提取 RNA 作为模板。

2. 主要的酶和试剂

（1）模板。

（2）引物。

（3）AMV 反转录酶或 M-MLV 反转录酶（Promega）。

（4）DTT。

（5）$MgCl_2$。

（6）RNA 酶抑制剂 RRI（Takara）。

（7）甜菜碱。

（8）*Bst* DNA 聚合酶（NEB）。

（9）ddH_2O。

（10）琼脂糖（Invitrogen）。

（11）EB 储备液，见附录三。

（12）6×凝胶上样缓冲液。

（13）DNA 分子质量标准（Marker）（TaKaRa）。

（14）凝胶成像仪（Bio-Rad）。

四、实验步骤

（一）引物设计

通过引物设计软件 PrimerExplorer V4（Eiken Chemical Co.，Ltd.，Japan），根据

WYMV-HC 序列，在 RNA1 中外壳蛋白基因（*CP*）设计引物组。引物组位于 *CP* 基因（基因所在的 WYMV RNA1 全序列的 GenBank accession number：AF067124）的 665～875nt（3′端）；FIP 的前端序列反向互补于 731～752nt，后半部分序列（对应于 689～706nt）是正向的。BIP 的前半部分是正向序列（759～780nt），紧接着就是反向序列（反向互补于 729～813nt）。引物的序列见表 15-1。

表 15-1　引物设计的序列

引物	类型	序列（5′→3′）	具体位置/nt[a]
F3	forward outer	TGAAACACGGCGCATCTG	665～682
B3	reverse outer	AGTTCTGGGTGTCCATCAGT	875～856
FIP	forward inner	GCAACTTCGATGTCCTGTGGGTCCGCGTACGCTTTTGACT	752～731，689～706
BIP	reverse inner	AGCACGTCTTGCTGCTTTAGGCGGTTGTCTTGCGGAGGTT	759～780，837～820

注：a 为涉及的 WYMV-HC 基因组全序列的 *CP* 基因序列（序列号为 AF067124）；数字由小到大代表正向对应，数字由大到小代表反向互补。

引物送至上海英潍捷基公司合成。

（二）体系配制

按照表 15-2 配制 RT-LAMP 反应体系。

表 15-2　RT-LAMP 的反应体系

组分	用量/μl
10×Thermopol buffer	2.5
5mol/L 甜菜碱	4.0
5mmol/L dNTP	2.5
10μmol/L F3	0.5
10μmol/L FIP	4.0
10μmol/L BIP	4.0
10μmol/L B3	0.5
25mmol/L $MgCl_2$	0.45
100mmol/L DTT	0.45
40U/μl RRI	0.10
8U/μl *Bst* DNA polymerase	1.0
200U/μl M-MLV	1.0
总 RNA	2.0
总量	25.0μl（用 ddH_2O 补足）

反应条件为：65℃，80min，80℃，2 min。

五、实验结果

1. 浊度观察

示例结果，如图 15-3 所示。

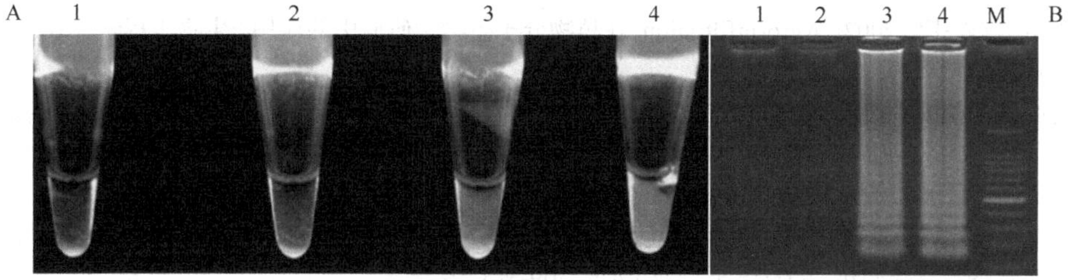

图 15-3 小麦黄花叶病毒 RT-LAMP 扩增产物浑浊度和相应的凝胶电泳分析

M. 100bp DNA ladder Marker；1、2. 健康对照；3、4. 含有病毒的样品

2. 电泳分析

制备 1.5%琼脂糖凝胶电泳分析。

示例结果，如图 15-3B 所示。

3. 加入染料紫外灯下观察

示例中加入的染料为 SYBR GreenⅠ，在紫外灯下结果如图 15-4A 所示。

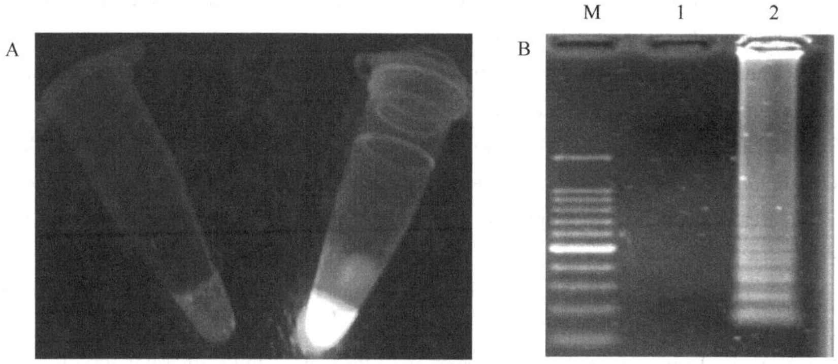

图 15-4 小麦黄花叶病毒 RT-LAMP 扩增产物荧光观察

A. 相应的凝胶电泳分析；B. M 为 100bp DNA ladder Marker；1. 健康对照；2. 含有病毒的样品

六、思考题

1. 本实验中的注意事项。

2. 由于该方法的灵敏度非常高，阳性产物的量非常大，导致污染情况比较容易发生。如何有效避免污染的发生？

七、参考文献

陈宏. 2011. 基因工程. 2 版. 北京：中国农业出版社

荆晓艳，黄倢，张士璀. 2008. 核酸检测技术在水产动物病毒感染诊断中的应用. 动物医学进展，29（9）：95-99

刘兆明，刘宗旨. 2002. Agro-infiltration 在植物分子生物学研究中的应用. 生物工程学，18（4）：411-414

秦文韬，王忠跃，张昊. 2013. 环介导恒温扩增技术（LAMP）及其在植物病毒检测中的研究进展. 中国农学通报，29（21）：170-174

文莹，李颖. 2008. 现代微生物研究技术. 北京：中国农业大学出版社

席德慧，曹云鹤，郭立华，等. 2006. 甜菜黑色焦枯病毒新疆分离物基因组 RNA 的序列分析及侵染性 cDNA 克隆构建. 病毒学报，22（4）：309-313

许蕊. 2012. 三种大蒜病毒的 RT-PCR 及多重 RT-PCR 检测研究. 兰州：甘肃农业大学硕士学位论文

张珣. 2008. 六种植物病毒 Real Time PCR 定量方法的建立及其应用. 北京：中国农业科学院博士学位论文

Ausubel FM. 1995. Short Protocols in Molecular Biology. New York：Wiley

Cao Y，Cai Z，Ding Q，et al. 2002. The complete nucleotide sequence of Beet black scorch virus（BBSV），a new member of the genus *Necrovirus*. Arch Virol，147（12）：2431-2435

Fukuta S，Kato S，Yoshida K，et al. 2003. Detection of tomato yellow leaf curl virus by loop-mediated isothermal amplification reaction. J Virol Methods，112（1-2）：35-40

Fukuta S，Nimi Y，Oishi K，et al. 2005. Development of reverse transcription loop-mediated isothermal amplification（RT-LAMP）method for detection of two viruses and chrysanthemum stunt viroid. Ann Rep Kansai Plant Protect Soc，47：31-36

Ji J，Xie Q，Chen C，et al. 2010. Molecular detection of Muscovy duck parvovirus by loop-mediated isothermal amplification assay. Poult Sci，89（3）：477

Liu D，Shi L，Han C，et al. 2012. Validation of reference genes for gene expression studies in virus-infected *Nicotiana benthamiana* using quantitative real-time PCR. PLoS One，7（9）：e46451

Max M. 2012. Real-time PCR as a diagnostic tool for bacterial diseases. Expert Rev Mol Diagn，12：731-754

Mhlanga MM，Malmberg L. 2001. Using molecular beacons to detect single-nucleotide polymorphisms with real-time PCR. Methods，25（4）：463-471

Mori Y，Nagamine K，Tomita N，et al. 2001. Detection of loop-mediated isothermal amplification reaction by turbidity derived from magnesium pyrophosphate formation. Biochem Biophys Res Commun，289（1）：150-154

Nagamine K，Hase T，Notomi T. 2002. Accelerated reaction by loop-mediated isothermal amplification using loop primers. Mol Cell Probes，16（3）：223-229

Notomi T，Okayama H，Masubuchi H，et al. 2000. Loop-mediated isothermal amplification of DNA. Nucleic Acids Res，28（12）：e63

Parida M，Shukla J，Sharma S，et al. 2011. Development and evaluation of reverse transcription loop-mediated isothermal amplification assay for rapid and real-time detection of the swine-origin influenza A H1N1 virus. J Mol Diagn，13（1）：100-107

Rossi L，Escudero J，Hohn B，et al. 1993. Efficient and sensitive assay for T-DNA-dependent transient gene expression. Plant Mol Biol Rep，11（3）：220-229

Sambrook J，Russell DW. 2001. Molecular Cloning：A Laboratory Manual. New York：Cold Spring Harbor Laboratory Press

van der Velden VHJ，Hochhaus A，Cazzaniga G，et al. 2003. Detection of minimal residual disease in hematologic malignancies by real-time quantitative PCR：principles，approaches，and laboratory aspects. Leukemia，17（6）：1013-1034

Vandesompele J，De Preter K，Pattyn F，et al. 2002. Accurate normalization of real-time quantitative RT-PCR data by geometric averaging of multiple internal control genes. Genome Biol，3（7）：research0034

Wu Q, Luo Y, Lu R, et al. 2010. Virus discovery by deep sequencing and assembly of virus-derived small silencing RNAs. Proc Natl Acad Sci USA，107：1606-1611

Yuan X，Cao Y，Xi D，et al. 2006. Analysis of the subgenomic RNAs and the small open reading frames of Beet black scorch virus. J Gen Virol，87（10）：3077-3086

Yue HN，Wu YF，Li YR，et al. 2008. Simultaneous detection of three wheat virus BSMV，BYDV-PAV，WYMV and WBD phytoplasma by multiplex PCR. Scientia Agricultura Sinica，41（9）：2663-2669

Zhang K，Niu S，Di D，et al. 2013. Selection of reference genes for gene expression studies in virus-infected monocots using quantitative real-time PCR. J Biotechnol，168（1）：7-14

Zhang ZY，Liu XJ，Li DW，et al. 2011. Rapid detection of wheat yellow mosaic virus by reverse transcription loop-mediated isothermal amplification. Virol J，8（1）：550

Zhao K，Liu Y，Wang X. 2010. Reverse transcription loop-mediated isothermal amplification of DNA for detection of Barley yellow dwarf viruses in China. J Virol Methods，169（1）：211-214

第五章　病毒的血清学检测技术

免疫学与分子生物学的进展对于血清学实验方法带来了巨大的促进作用，向更灵敏、更精确、更快速、更简便的方向发展。血清学反应是以抗体与其抗原的专一性识别与结合为基础，利用抗体与抗原产生的沉淀反应、凝集反应及现代免疫标记的免疫荧光标记技术、酶免疫技术、放射免疫技术、免疫电镜技术等对目标病毒作出快速有效的诊断与检测。常用血清学反应方法如表Ⅴ-1所示。

表Ⅴ-1　不同类型的血清学反应及其灵敏度（Madigan *et al.*，2010，略修改）

类型	血清反应方法	灵敏度[a]
抗原抗体沉淀反应	①试管沉淀反应；②毛细管沉淀反应； ③微量沉淀反应；④试管双扩散反应； ⑤平板辐射扩散反应；⑥对流免疫电泳技术； ⑦玻片凝集反应；⑧环状界面沉淀反应； ⑨免疫双扩散反应；⑩试管单扩散反应； ⑪免疫电泳技术；⑫中和实验	24～160μg/ml
致敏吸附抗体或抗原	①反向间接血凝技术；②皂土凝集实验； ③乳胶凝集实验；④炭凝集实验	0.08～0.40μg/ml
标记抗体或抗原	①荧光抗体技术；②同位素标记技术（放射免疫法）；③酶联免疫吸附法（ELISA）；④免疫印迹（Western blotting）	0.0008～0.008～8.0 μg/ml
其他方法	补体结合	

注：a 指的是检测目标抗原所必需的抗体用量。

1. 沉淀反应（precipitation method）

当抗原与抗体在浓度比例适当时，相互连接形成晶格状结构。当体积、数量达到一定程度时，亲水性丧失，聚集成为可见的沉淀。按反应基质不同分为两大类：A. 液态——试管沉淀、玻片沉淀和微量沉淀，可用于病毒的鉴定（提纯或病毒的粗提物），灵敏度较低（100μg/ml），目前多用于效价测定；B. 半固体，如琼脂双扩散（immunodiffusion reaction）、免疫电泳（immunoelectrophoresis）等。

1）琼脂双扩散

琼脂双扩散实验，又称免疫扩散反应或凝胶沉淀反应，是抗原抗体在凝胶中所呈现的一种沉淀反应。抗原和抗体在含有电解质的琼脂中扩散，当对应的抗原与抗体相遇时，抗原抗体复合物形成肉眼可见的白色沉淀线。琼脂双扩散实验操作简便，成本低，特异性好，检出率高，可用于病毒的鉴定（有无沉淀）及病毒间的相互关系测定（沉淀线的类型），尤其适合于球形病毒。

2）中和实验

血清学方法中的中和实验（neutralization test）是病毒检测中应用最广泛的方法之一。人或其他动物在受到病毒感染后，体内产生抗体，与相应的病毒抗原特异性地结合，使后者丧失感染力，这种抗体就称为中和抗体。中和抗体在病毒感染的早期出现，在急性感染的后期可达到很高的滴度。应用已知的病毒粒子或病毒抗原，可以测知动物体内中和抗体的存在及其效价。应用已知的抗病毒血清或中和活性单克隆抗体，也可以进行病毒种类的鉴定。

2. 致敏吸附抗体或抗原

抗原或抗体吸附于红细胞表面的过程，称致敏。吸附有抗原或抗体的红细胞称致敏红细胞。许多病毒能凝集血液中的红细胞，形成肉眼可见的变化，即血凝实验（hemagglutination，HA）。正黏病毒和副黏病毒是最主要的红细胞凝集性病毒。血凝反应可以被特异性抗体所抑制，抗体与病毒结合后，抑制血凝素与红细胞的结合，不再形成肉眼可见的凝集，即血凝抑制实验（hemagglutination inhibition，HI）。血凝和血凝抑制实验成本低廉，操作简单，适合在现场操作。不足之处是每种病毒的凝集条件不同，红细胞种类、pH 等条件对实验影响大。

3. 标记抗体或抗原

将抗体或抗原经特异性化学修饰，连上某种标记物，通过标记物自身或相应的化学反应使得检测信号级联放大，大大地提高检测的灵敏度，常见的标记物有酶、放射性同位素、生物素和荧光探针等，经典地利用标记抗体或抗原来检测病原物的方法包括 ELISA 和免疫荧光技术。

1）ELISA 实验

酶联免疫吸附剂测定法（enzyme linked immunosorbent assay）简称 ELISA，它是以免疫学反应为基础，将抗原、抗体的特异性反应与酶对底物的高效催化作用相结合起来的一种实验技术，此技术自 20 世纪 70 年代初问世以来，发展十分迅速，因其灵敏度较高、特异性较好，已被广泛用于生物学和临床医学的许多领域。ELISA 是一种固相免疫测定技术，抗原和抗体在固体表面进行免疫反应，并与酶的高效催化相结合，即用化学方法将酶和抗体结合形成酶标记物。保持原有免疫活性的抗体与抗原反应时，结合形成含有酶标记物的免疫复合物，当加入酶的反应底物时，在酶的作用（分解）下，底物表现颜色反应。这种颜色变化程度（目测或光吸收值）与免疫反应程度正相关，进而进行定性或定量的分析。ELISA 具有特异性强，反应灵敏，操作简便的优点，广泛应用于病毒的检测。常见的 ELISA 检测方法有直接法、间接法、竞争法、双抗体法、斑点酶联免疫吸附法、双抗体夹心法等。随着生命科学技术的发展该技术得到了不断改进。

2）免疫荧光技术

免疫荧光技术（immunofluorescence method）又称荧光抗体标记技术（fluorescentlabelled antibody technique），是指用荧光素对抗体或抗原进行标记，然后用荧光（共聚焦）显微镜观察所标记的荧光以分析示踪相应的抗原或抗体的方法。用荧光抗体示踪或检测相应抗原的方法称荧光抗体法，用已知的荧光抗原示踪或检测相应抗体的方法称荧光抗原法，这两种方法总称免疫荧光技术。荧光素直接标记特异抗体称为直接荧光染色法，荧光素标记二抗则称为间接荧光染色法。这两种荧光染色法具有不同的优缺点，直接荧光染色法操作简单，特异性高，可用于未知抗原鉴定，间接荧光染色法特异性更强，敏感性更高，更适合用于未知抗原和抗体的检测。

4. 补体结合实验

补体结合实验（complement fixation test，CF）是用免疫溶血机制作指示系统来检测另一反应系统抗原或抗体的实验。病毒抗原和互补抗体结合形成免疫复合物时，补体与抗原抗体复合物结合，以复合物而不是游离的形式存在，加入其他抗原抗体系统的溶血素和血细胞，后者则因为缺乏游离的补体而不溶血。可以用准确地加入反应系统中补体来测定病毒与抗体结合情况。补体结合实验是病毒学中一种重要的血清学检测方法，抗体分子在与抗原结合后，可以导致数百个补体分子的激活，呈现一定程度的放大作用，所以补体结合实验敏感性较高，同时，本方法具有稳定、特异性高和重复性好的优点。

血清学检测方法也具有一定的局限性。病毒的抗原性被病毒外壳蛋白所决定，外壳蛋白的特性则被病毒基因组 10%～20%的总编码能力所决定，这就使病毒属间或病毒株系的交叉反应，导致在通过血清学方法测定病毒的亲缘关系的过程中出现假阴性和假阳性的现象。虽然单克隆抗体的出现解决了这一问题，但有些筛选出的单克隆或多克隆抗体在特异性和灵敏度上还有待提高，更重要的是，酶免检测手段无法解决“窗口期”漏检问题。所谓“窗口期”，是指从感染病原开始，直至用某种检测方法能够检测到该病原存在为止的这一段时间，血清学抗原、抗体检测的“窗口期”较长，“窗口期”漏检是当前影响免疫学方法进一步提高的瓶颈，因而单纯抗原或抗体血清学检测有时并不能完全有效地检测病原微生物。

病毒本身就是核蛋白，针对蛋白质的各种抗体相关检测技术同样可用于病毒的分析和检测，这些抗体相关检测技术在本书免疫学部分第三章有详细的介绍，本章主要学习植物病毒抗血清效价的测定及免疫双扩散反应。

实验十六　植物病毒抗血清效价的测定

一、实验目的

学习微量沉淀反应法测定抗血清的效价。

二、实验原理

抗血清的效价，也称为滴度（titer），是抗血清中抗体含量的相应近似值，是抗血清质量的主要指标之一，由能和最少的病毒发生可见反应的血清的最大稀释度来表示，稀释度越大则效价越高。测定抗血清效价有多种方法，常用的有各种沉淀反应法，如试管沉淀反应、微量沉淀反应、免疫扩散反应。也可用 ELISA（见免疫学部分，实验二十九）等其他方法测定抗血清的效价。本实验学习最常用的微量沉淀反应法测定抗血清的效价。

三、实验材料

（1）未经免疫的正常血清和抗血清。

（2）提纯病毒悬浮液。

（3）0.9% NaCl（生理盐水），0.01mol/L 磷酸盐缓冲液加 0.9%NaCl（PBS 缓冲液）。

（4）塑料培养皿、油性记号笔、1.5ml 离心管、移液器、铝盒、解剖显微镜。

四、实验步骤

（1）在塑料培养皿内用特种铅笔划成约 7mm×7mm 的方格（图 16-1）。

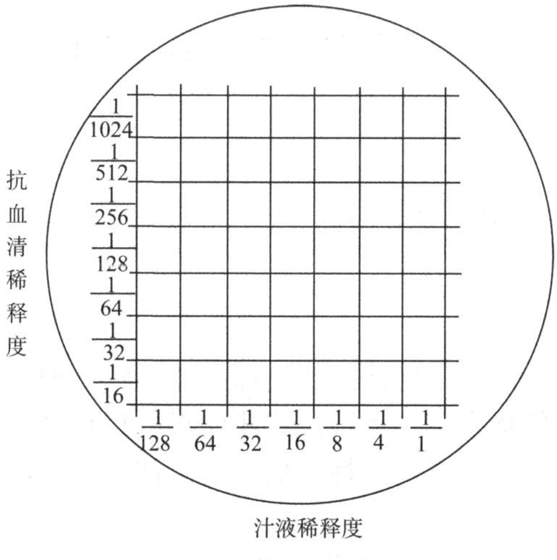

图 16-1　微量沉淀实验网格示意图

（2）在 1.5ml 离心管中用生理盐水配成血清系列稀释液 1ml，稀释梯度分别为 1，1/2，1/4，1/8，1/16，1/32，…，1/1024。

（3）用 PBS 配制病毒系列稀释液 1ml，稀释梯度分别为 1，1/2，…，1/128。

（4）用移液器按顺序每格各放一滴血清和抗原，做好标记（注意：先放血清，后放病毒；浓度由低到高；保持每滴大小一致。加样后缓慢晃动塑料培养皿使混匀。

设置正常血清作对照，样品可以按照图 16-1 所示排列）。

（5）将塑料培养皿置于封闭潮湿的铝盒中，室温下（25℃）放置 2h 后第一次观察记录，24h 后作第二次观察记录。在解剖镜下进行沉淀的观察，用暗视野或将背景调暗观察。

（6）观察沉淀生成时，目测五级标准分别记载为+++，++，+，±，–，以出现+的最大血清稀释度为血清效价。

注意：长条形病毒形成不定形云雾状沉淀；球形病毒形成颗粒状絮凝沉淀。

五、实验结果

在纸上绘出形成沉淀的程度（+++，++，+，±，–），并指出血清的效价。

六、思考题

1. 除了本实验中的微量沉淀反应法，试列举其他常见的病毒抗血清效价测定方法，并比较各方法的优缺点。

2. 分析病毒抗血清效价的高低与哪些因素有关？

实验十七　琼脂双扩散反应检测植物病毒

一、实验目的

学习琼脂双扩散反应检测植物病毒的原理和操作。

二、实验原理

免疫双向扩散反应是在半固态基质（琼脂糖凝胶）中进行的沉淀反应，具有简便和直接应用血清的优点，并可由沉淀线的形成特点分析病毒间的关系。但受病毒粒子形态的影响，使用有局限性，更适用于球形病毒，同时也有灵敏度不高的缺点。

该方法的基本步骤是在琼脂板上相距 3～5mm 打一对孔，或者打梅花孔、双排孔、三角孔等（图 17-1）。在相对的孔中加入抗原或抗体，置室温或 37℃ 18～24h 后，凝胶中各自扩散的抗原和抗体可在浓度比例适当处形成可见的沉淀线。琼脂双扩散主要用于抗原性质的分析，是目前免疫化学中最常用的鉴定技术之一。两种受检抗原（Ag1，3 和 Ag1）完全相同，形成一个完全融合的沉淀线；抗体为双价，两种抗原完全不同（Ag1 和 Ag2，4）；两种抗原（Ag1 和 Ag1，2）皆有相同的 Ag1 表位，又有不同的 Ag2 表位，所以沉淀线呈部分融合的形状（图 17-2）。

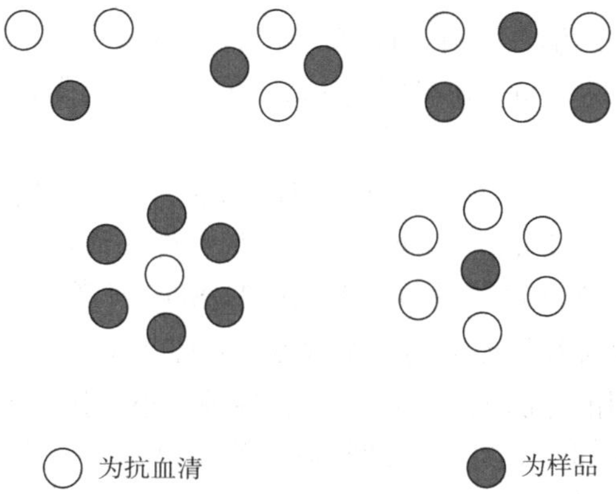

图 17-1　琼脂双扩散实验的打孔类型

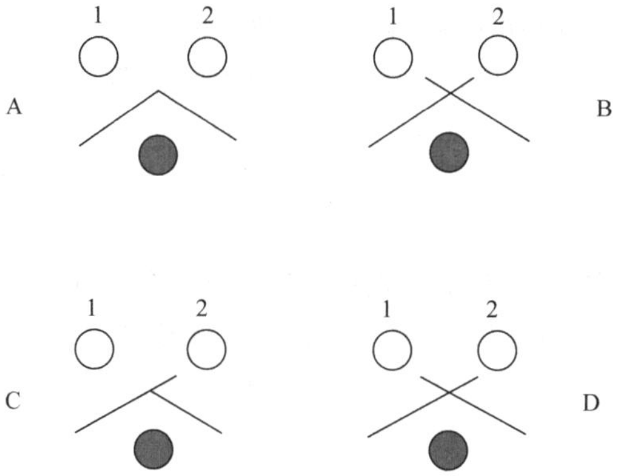

图 17-2　琼脂双扩散的实验结果示意图（Bailey，1996）

A. 1 和 2 具有相同的抗原；B. 1 和 2 不具有相同的抗原；C. 1 和 2 具有部分相同的抗原；D. 1 和 2 具有两个相同的抗原

三、实验材料

（1）TNV-A 抗血清。

（2）系统感染 TNV-A 的本生烟和健康本生烟对照。

（3）0.9%生理盐水、0.025mol/L 磷酸缓冲液（PB）（pH7.2）、3%SDS（十二烷基硫酸钠）、10%NaN_3（叠氮化钠）、琼脂糖。

（4）塑料培养皿、打孔器、移液器、微量离心管、量筒、三角瓶、微波炉。

四、实验步骤

（1）取 1g 琼脂糖加入 100ml PB 煮至琼脂完全熔化（对光看，无颗粒状物），加 1ml 10% NaN_3，加蒸馏水补足至 100ml，放在热水浴中待用。

（2）将熔化的琼脂倒入塑料或玻璃培养皿约 2mm 厚（8.8cm 直径的培养皿中约放 20ml），室温下放置 30min 使凝固（注意：倒琼脂液时保持液面水平，凝固前避免移动）。

（3）制备病毒样品，1g 本生烟叶组织加 1ml 缓冲液研磨；将汁液放入 1.5ml 离心管中 4500r/min 离心 2min，根据需要，半提纯样品液也可作为样品（注意：如为长条病毒，1g 叶组织加 1ml 缓冲液再加 1ml 3%SDS 研磨）。

（4）用生理盐水稀释抗血清为 3 个浓度：1/2、1/4、1/16。

用打孔器在凝固的琼脂板上打孔，可有各种大小及排列形式，常用 2～5mm 直径和梅花状排列，用镊子、针头或抽吸器去掉孔中凝胶（注意：在双扩散中，一定条件下打孔器孔径和间距、加样量主要影响扩散稳定所需时间。一般孔径和间距大，扩散平衡时间长，结果观察相对容易一些；一定条件下单扩散中，打孔大，加样多，扩散时间长。打孔后挑出孔内琼脂块时，勿伤边缘）。

（5）封底：在酒精灯火焰上方热封底。封底的主要目的是防止渗漏。单扩中封底还旨在防止孔内渗出抗体与加入抗原检品或标准品发生反应。双扩散封底容易，单扩散封底需注意受热温度和均匀性，温度高会造成抗体部分变性，温度低起不到封底效果。

（6）加样：根据实验的目的不同而有不同的组合方式，常用的为中心孔加抗血清，周围孔加抗原及健株对照，加样量以满面而不溢出为度。

（7）25℃下保存孵育 24～48h，观察沉淀线的形成，记录结果。

五、实验结果

拍照并分析沉淀线形成的位置与抗原抗体浓度的关系。

六、思考题

1. 分析影响琼脂双扩散沉淀带形成的因素。
2. 分析比较病毒的血清学检测与和核酸检测各自的优势。
3. 如何将病毒的分子生物学检测技术和血清学检测技术结合起来提高病毒检测的灵敏度和特异性。

七、参考文献

席德慧，李江，曹淳，等，2007. 烟草坏死病毒 A 大豆分离物的分子鉴定. 植物病理学报，37：6595-6603

Bailey SG. 1996. Ouchterlony Double Immunodiffusion//Walker JM. The Protein Protocols Handbook. New York：Humana Press

Madigan TM，Martinko MJ，Stahl D，et al. 2010. Brock Biology of Microorganisms（13th Edition）. San Francisco：Benjamin Cummings

第二部分　免疫学实验

第六章　实 验 动 物

实验动物简介

实验动物是生命科学研究最重要的且不可替代的实验材料。实验动物和动物实验是研究包括人类在内的生命活动及其疾病防治规律的基本手段。

一、实验动物分类

1. 按遗传学特征分类

1）近交系（inbreed strain）

通过亲代与子代重复杂交若干代而获得的遗传型相对纯一的纯系，一般指采用 20 代以上进行交配而培养出来的遗传基因纯化的品系。它具有个体之间在遗传上一致的特性。因此可以认为其基因一致，遗传组成也相同，由于近亲繁殖增加了在特定部位纯合子互相配合的可能性，因而减少了遗传变异，保持了遗传的稳定性和遗传基因的同源性。由于高度的基因纯合和遗传的均质性，在相同的环境因素作用下，其表现型是均一的，对各种刺激的反应是一致的，并具有良好的重复性。

2）杂交一代（the first filial gcncration）

由两个近交系杂交产生的子一代称为杂交一代。它既有近交系动物的特点，又获得了杂交优势。杂交一代动物具有杂交优势，生活能力、适应能力和抗病力等都较其亲代强，避免了由于近亲交配所引起的衰退现象，同时具有与两个亲代相似的遗传特征及清楚的遗传背景，每只动物具有相同的基因组合和基本一致的表现型，对外界刺激和实验具有一致的反应性和敏感性，所以被广泛地应用于科学研究和生产。

3）封闭群（closed colony）

在同一血缘品系内，不以近交方式，而是进行随机交配繁衍，经 5 年以上育成的相对维持同一血缘关系的种群。封闭群不与群外动物杂交，既保持群体的特性，又保持它的杂合性。由于封闭群避免近交，保持相当程度的杂合性，从而避免了近交衰退的出现。所以其生命力较强，繁殖率较高，对外界环境的适应能力也较强，比较容易进行动物实验。

4）突变品系（mutation strain）

在育种过程中，由于单个基因的突变，或将某个基因导入，或通过多次回交“留种”，而建立一个同类突变品系，此类个体中具有同样遗传缺陷或病态。突变包括自发和诱发突变，其中自发突变多是由于隐性基因的纯合而产生；诱发突变指有意识地使用一些物理的、化学的或生物的因素诱发而形成的突变。

5）远交系小鼠（outbreed strain）

远交系小鼠指来自随机交配亲本、个体间遗传背景各异的小鼠。远交系小鼠具有旺盛的生命力，适应性强，繁殖率高，生长快，易于饲养管理。个体差异大，反应性不规则，实验结果的重复性差。

2. 按微生物学分类

（1）普通动物（conventional animals，CV），又称一级动物：是微生物控制要求中最低的一个级别的动物，要求不带有动物烈性传染病和人畜共患病原体。

（2）清洁动物（clean animals，CL），又称二级动物：除不带有普通动物应排除的病原体外，还不应携带对动物危害大和对科学实验干扰大的病原体。

（3）无特殊病原体动物（specific pathogens free animal，SPF 动物），又称三级动物：除不带有普通动物、清洁动物应排除的病原体外，还应排除有潜在感染或条件性致病的病原体，以及对实验干扰大的病原。

（4）无菌动物（germfree animals，GF）和悉生动物（gnotobiotic animals，GN），又称四级动物：无菌动物指采用当前的技术手段无法在动物体表、体内检出一切其他生物体；悉生动物指机体内带有已知微生物的动物，此种动物原是无菌动物，系人为地将指定微生物投给其体内，以满足特殊需要。

动物的免疫系统是随着物种的进化而复杂化、精密化和完善化的，不同品种和品系动物的免疫反应有很大差异，因此在免疫学研究中选择动物时要特别注意动物遗传因素的影响，还要注意动物的年龄因素、感染因素、营养因素、药物因素、母源因素、应激因素、免疫抑制剂等因素对动物免疫反应的影响。免疫学研究一般需要采用近交系的 SPF 动物。

二、免疫学常用实验动物

（一）小鼠

小鼠在分类学上属于哺乳纲（Mammalia）、啮齿目（Rodentia）、鼠科（Muridae）、小鼠属（*Mus*）。小鼠是由小家鼠演变而来。它广泛分布于世界各地，经长期人工饲养选择培育，已育成 1000 多个近交系和独立的远交群。早在 17 世纪就有人用小鼠做实验，且小鼠现已成为使用量最大、研究最详尽的哺乳类实验动物。由于小鼠体小，饲养管理方便，易于控制，生产繁殖快，研究最深，有明确的质量控制标准，已拥有大量的近交系、突变系和封闭群，因此在各种实验研究中，用量最大，用途最多。

1. 近交系小鼠

1）BALB/c 小鼠

A. 简介

1913 年贝格（Bagg）从美国商人欧希尔（Ohio）处购得的白化小鼠原种，利用群内方法进行繁殖。麦克·多威尔（Mac Dowell）在 1923 年开始作近交系培育，至 1932 年达 26 代，命名为 BALB/c 品系。1935 年安德尔文特（Andervont）等使用 BALB/c，此后 BALB/c 小鼠广为应用。1951 年 BALB/c 小鼠 72 代引到美国国立卫生院（NIH）。1985 年 BALB/c 小鼠从美国 NIH 引进到中国医学科学院实验动物研究所，为 BALB/c 第 180 代，包括多个亚系。毛色和毛色基因：白化，*AA*、*bb*、*cc*、*DD*。组织相容性基因：*H-2d*、*H-1b*、*H-3*。BALB/c 小鼠常用于免疫学研究中的单克隆抗体的制备、疫苗研究等；还广泛地应用于肿瘤学、生理学、核医学等研究。

B. 品系特征

（1）免疫特点：多数 BALB/c 个体于 6 月龄后出现免疫球蛋白增多症，主要为 IgG1 和 IgA 量的增加；干扰素产生量低；补体活性高。

（2）肿瘤发生：BALB/c 小鼠乳腺肿瘤发病率低，当用乳腺肿瘤病毒（MTV）诱导时发病率将增高；对矿物油诱导浆细胞瘤敏感；9～15 月龄 cd 亚系两性小鼠双侧肾上腺癌自发率为 60%～70%，当移植此腺癌细胞于同系或别系小鼠时能抑制小鼠的生长。20～21 月龄 35%的 BALB/c 小鼠出现自发性单克隆 B 细胞肿瘤。偶见甲状腺及间质细胞肿瘤。

（3）微生物、寄生虫反应：对白色念球菌、蠕虫样的球虫有一定的抵抗力。由于该鼠有 *Hc1* 等位基因，因此能抑制新型隐球菌，对麻疹病毒、利什曼原虫、曼氏血吸虫敏感，对立克次体引起的发热敏感。

（4）生理特点：注射促性腺激素后雌性小鼠有超速排卵反应。易患幼鼠腹泻，两性小鼠均有动脉硬化症，血压较高。BALB/c 小鼠对 X 射线极为敏感，对鼠伤寒沙门氏菌 C5 敏感，对麻疹病毒中度敏感。BALB/cJ 小鼠肾上腺中所含儿茶酚胺合成酶为 BALB/cN 的两倍。老龄鼠易发生心脏病变，20 月龄的雄鼠脾脏均有淀粉样变。耐旋转能力强。SPF 动物雌雄寿命分别为 561 天和 509 天。

2）C57BL/6 小鼠

A. 简介

1921 年 Little 由 Abby Lathrop 的小鼠株开始近亲交配育成数个近交系。以 57 号雌鼠和 52 号雄鼠交配为起源标为 C57。C57 中毛色固定为巧克力色者称为 C57BR，固定为黑色者称为 C57BL。1937 年 Little 将维持的 C57BL 第 6 组亚系定名为 C57BL/6。毛色及毛色基因：黑色，*aa*、*BB*、*CC*、*DD*。组织相容性基因：*H-2b*、*H-1c*、*H-3a*。C57BL/6 小鼠用于药物、老化、病毒学、免疫学、组织相容性等方面研究。

B. 品系特征

（1）免疫特点：20 月龄前 C57BL/6 小鼠的 IgG 缓慢增加，IgG2b 水平较低，IgG1 水平较低。无菌饲养较普通饲养者 IgG 绝对量低，IgM 较高。细胞免疫力随年龄增长而降低，可能与自发肿瘤较少有关。C57BL/6 小鼠较易诱发免疫耐受性。

（2）肿瘤发生：C57BL/6 小鼠少发乳腺癌，用致癌剂难以致癌，老龄小鼠淋巴瘤自发率为 20%～25%，雌鼠白血病自发率为 7%～16%，经照射后肝癌发生率高。用氨基甲酸乙酯处理可引起高发病率的副泪腺肿瘤；肝脏有 B 型网状细胞肿瘤；在甲状腺基质中有少见的色素性黑色素母细胞。

（3）微生物反应：对结核杆菌敏感，对鼠痘病毒有一定的抵抗力。

（4）生理特点：C57BL/6 雌雄小鼠平均寿命为 692 天及 676 天，最长寿命可达 1200 天。嗜乙醇性高。注射酪蛋白后易引起淀粉样病变。用可的松可诱导出 20%腭裂。对放射线有抗性。有眼缺陷，新生雌性 C57BL/6 小鼠中的 16.8%、雄性的 3%为小眼或无眼症，0.6%出现后肢多趾症。

3）DBA2 小鼠

A. 简介

DBA2 小鼠是 1909 年 Little 从因毛色而分离出来的品系培育而成，是最早的一个近交系小鼠。1929～1930 年，通过不同亚系之间的杂交建成了几个新的亚系，其中包括广泛使的亚系 1 和亚系 2。1938 年 Milder 引入亚系 2。1951 年 NIH 从 Milder 引入第 34 代。1974 年 Charles River 从 NIH 引入并于 1975 年进行剖宫产。毛色及毛色基因：淡棕色，*aa*、*bb*、*CC*、*dd*。组织相容性基因：*H-2d*、*H-1a*、*H-3*。常用于肿瘤学、遗传学、免疫学的研究。

B. 品系特征

（1）免疫特点：普通饲养条件下 3 月龄小鼠血清中免疫球蛋白量为 1000μg/ml 左右，为 C57BL/6、C3H/He 和 BALB/c 小鼠血清中免疫球蛋白量的 1/2。免疫球蛋白中 IgM 值较高，IgG 值较低。在 IgG 各亚型中 IgG1 水平较高，IgG2 水平较低。DBA2 小鼠缺乏补体 C5。

（2）肿瘤发生：DBA2 小鼠对 DBA/1 的大部分移植瘤有抗性。雌鼠白血病发病率高于雄鼠，雌鼠为 34%，雄鼠为 18%。经产母鼠乳腺癌发生率为 50%～60%，雌雄鼠中均有淋巴瘤生长。

（3）微生物和寄生虫：DBA2 小鼠对白色念球菌有抵抗力，由于具有 *Hc0* 等位基因，对新型隐球菌有抵抗力。DBA2 小鼠对疟原虫、利什曼原虫有抵抗力；对猫后睾吸虫、曼氏血吸虫较敏感。

（4）生理特点：DBA2 小鼠红细胞多，血压较低，肾上腺脂质储存较少，心脏有钙盐沉着，维生素 K 缺乏。

4）C3H/He 小鼠

A. 简介

Strong于1920年用Bagg白化雌鼠与乳腺瘤高发株DBA雄鼠交配而获得C3H/He小鼠品系。1930 年 Andervont 引入了该品系的 4 只雌性和 2 只雄性鼠，随后 Heston 引入了第 35 代，1951 年 NIH 从 Heston 引入第 57 代，1974 年 Charles River 从 NIH 引入并于 1975 年进行了剖宫产，2001 年维通利华从 Charles River 引入该品系。毛色和毛色基因：棕灰色，*AA*、*BB*、*CC*、*DD*。组织相容性基因：*H-2k*、*H-1a*、*H-3b*。主要应用于肿瘤学、生理学、核医学、免疫学的研究。

B. 品系特征

（1）免疫特点：补体活性高，干扰素产量低，在 IgGr 的亚类中 IgG1 和 IgG2a 为高值，IgG2b 为低值。较易诱发免疫耐受性。

（2）肿瘤发生：乳腺癌发生率在 7～8 月龄繁殖雌鼠中为 97%，在雌性中为 90%，在 272 日龄繁殖鼠中为 84%，是通过乳汁感染而不是胎盘感染，生活在普通条件下的小鼠乳腺肿瘤发病率为 80%～100%，而生活在防护条件下发病率只有 7%。白血病雌雄分别为 0.5%和 14%。肝癌雌雄分别为 0 和 10%。14 月龄自发性发病率高达 85%。C3H/HeN 肝癌发生率 41%。

（3）寄生虫反应：能抑制利什曼原虫感染。

（4）生理：红细胞及白细胞数较少。皮下注射 5%酪蛋白 0.5ml，5 次/星期，3 周后全部患淀粉样变症。血液中过氧化氢酶活性高。带有 *mg* 基因（Mahogany，*mg*，2 号染色体，隐性），故毛色较正常野鼠色偏红。

（5）病理特点：携带视网膜退化基因（*rd*）。在普通环境下及幼鼠腹泻。易患心脏钙质沉着。

2. 远交系小鼠

远交系小鼠常见的种类有：昆明（KM）小鼠、NIH 小鼠、LACA 小鼠、ICR 小鼠、ddN 小鼠，惠斯脱（Wistar）大鼠等。由于其遗传学上的差异，在免疫学研究中，常使用近交系小鼠，因此不予详细介绍。

3. 常用免疫缺陷小鼠

1）T 淋巴细胞功能缺陷小鼠——裸小鼠

A. 简介

1962 年英国格拉斯医院 Grist 在非近交的小鼠中偶然发现有个别无毛小鼠，后来证实是由于基因突变造成的并伴有先天性胸腺发育不良，称为裸小鼠（nude mice），用“*nu*”表示裸基因符号。裸小鼠先天性无胸腺、无毛，导致这种异常状态的裸基因（*nu*）是一个隐性突变基因，位于 11 号染色体上。目前裸基因已经回交到不同的小鼠品系中，即将其导入不同的遗传背景。带有裸基因的小鼠品系包括 NIH-nu、BALB/c-nu、C3H-nu 和 C57BL/6-nu 等。各个品系裸小鼠因其遗传背景不同，所表现的细胞免疫反应和实验检查指标也不相同。裸小鼠广泛应用于肿瘤学、微生物学、免疫学、寄生虫学、毒理学等基础医学和临床医学的研究中。

B. 品系特征

（1）毛发生长发育异常；表现为全身形似无毛，呈裸体外表。

（2）无胸腺，仅有胸腺残迹或仅有异常的胸腺上皮，这种上皮不能使 T 细胞正常分化，缺乏成熟 T 细胞的辅助、抑制及杀伤功能，因而细胞免疫力低下，不能执行正常 T 细胞功能。

（3）B 细胞功能基本正常，成年裸小鼠（6～8 周龄）较普通鼠有较高水平的 NK 细胞活性，但幼鼠（3～4 周龄）的 NK 细胞活性低下。

（4）裸小鼠粒细胞数比普通小鼠低。

2）B 淋巴细胞功能缺陷小鼠——X 性连锁免疫缺陷小鼠

A. 简介

X 性连锁免疫缺陷小鼠（X-linked immune deficiency mouse，XID）起源于 CBA/N 品系，又称 CBA/N 小鼠，其 B 细胞功能缺陷，基因符号 *xid*，位于 X 性染色体上。此模型是研究 B 淋巴细胞的发生、功能与异质性的理想动物，其病理与人类 Bruton 丙种球蛋白缺乏症和 Wzeskott-Aidsch 综合征相似。

B. 品系特征

（1）纯合子雌鼠（xid/xid）和杂合子雄鼠（xid/Y）对非胸腺依赖性Ⅱ型抗原没有体液免疫反应，血清中 IgM 和 IgG 含量较低，对 B 细胞分裂素（B-cell mitogens）缺乏反应，分泌 IgM 和 IgG 亚类的 B 细胞数量减少。

（2）T 细胞功能正常。

（3）如果移植正常鼠的骨髓到 XID 宿主，B 细胞缺损可得到恢复。相反，把 XID 鼠的骨髓移植给放射线照射的同系正常宿主，受体动物仍然表现为不正常的表型。

3）NK 淋巴细胞功能缺陷小鼠——Beige 小鼠

A. 简介

Beige 小鼠为 NK 细胞活性缺陷的突变系小鼠，*bg* 是隐性突变基因，位于 13 号染色体上。纯合鼠（bg/bg）被毛完整，但毛色变浅，耳廓和尾尖色素减少，出生时眼睛颜色很淡。表型特征与人的齐-希氏综合征（Chediak-Higashi syndrome）相似。

B. 品系特征

（1）内源性 NK 细胞功能缺乏，是细胞溶解作用的后识别过程受损伤所致。

（2）纯合 *bg* 基因损伤细胞毒 T 细胞功能，降低粒细胞趋化性和杀菌活性，延迟巨噬细胞调节的抗肿瘤杀伤作用的发生，还影响溶酶体的发生过程，导致溶酶体膜缺损，使有关细胞中的溶酶体增大，溶酶体功能缺陷。

（3）由于溶酶体功能缺陷，bg 对化脓性细菌感染非常敏感，对各种病原因子也都较敏感，因此要在 SPF 或无菌环境中才能较好地生存。

4）严重联合免疫缺陷小鼠

A. 简介

严重联合免疫缺陷小鼠（severe combined immunodeficient mice，SCID 小鼠）由 1983 年美国学者 Bosma 发现于 C.B-17 近交系，位于 16 号染色体 scid 的单个隐性突变基因所致。纯合 *scid* 基因导致控制淋巴细胞抗原受体基因 *VDJ* 编码顺序的重组酶活性异常，使 *VDJ* 区域重排，裂端不能正常连接，重排后抗原受体基因出现缺失和异常，进而造成 T、B 细胞自身不能分化成特异性功能淋巴细胞。C.B-17 与 BALB/cAnlcr 是同源近交系，该品系小鼠除了携带来自 C57BL/ka 的免疫球蛋白重链 *Igh-1b* 等位基因与 BALB/cAnlcr 不同外，两品系小鼠的其余基因完全相同，故 C.B-17 的突变系 SCID 小鼠（C.B-17scid/scid）与 BALB/cAnlcr 的遗传背景基本相同，其 H-2 抗原均为 H-2d。在 SPF 环境下，SCID 小鼠寿命可达 1 年，两性均能生育，但胎仔数只有 3～5 个。目前已有 C3H-scid 等其他品系小鼠遗传背景的 SCID 小鼠出现。

B. 品系特征

（1）SCID 小鼠外观与普通小鼠无异，体重发育正常，但胸腺、脾、淋巴结的质量一般均不及正常的 30%，组织学上表现为淋巴细胞显著缺乏。其胸腺多为脂肪组织包围，没有皮质结构，仅残存髓质，主要由类上皮细胞和成纤维细胞构成，边缘偶见灶状淋巴细胞群。脾白髓不明显，红髓正常，脾小体无淋巴细胞聚集，主要由网状细胞构成。淋巴结无明显皮质区，副皮质区缺失，呈淋巴细胞脱空状，由网状细胞所占据。小肠黏膜下和支气管淋巴集结较少见，结构内无淋巴细胞聚集。其骨髓结构正常。其外周血白细胞较少，淋巴细胞占白细胞总数的 10%～20%，而正常小鼠应占约 70%。

（2）SCID 小鼠的所有 T 和 B 淋巴细胞功能测试均为阴性，对外源性抗原无细胞免疫及抗体反应，体内缺乏携带前 B 细胞、B 细胞和 T 细胞表面标志的细胞。

（3）SCID 小鼠非淋巴性造血细胞分化不受突变基因的影响，巨噬细胞、粒细胞、巨核细胞、红细胞等呈正常状态。NK 细胞及淋巴因子激活（LAK）细胞也呈正常状态。

（4）少数 SCID 小鼠可出现极小程度的免疫功能恢复，即为 SCID 小鼠的渗漏现象。其渗漏特征不遗传，但与小鼠年龄、品系、饲养环境有关。

（二）大鼠

1. 简介

大鼠属于哺乳纲、啮齿目，鼠科。实验用大鼠是由 Rattus Norvegicus 变异来，实验动物及医学领域中一般称为大鼠。野生大鼠起源于亚洲中部，19 世纪在捕获的大鼠中出现了白色的变种，即为现在大鼠的最初种群。1945 年雷尼尔首先培育繁殖成功无菌大鼠，1990 年我国也成功地培育了无菌大鼠。成年大鼠体重约数百克（雌性

200～400g，雄性 300～700g），尾长 10cm 以上。同小鼠一样属杂食性、性情温顺、夜行性动物。抵抗力较强，容易饲养。繁殖快。大鼠 2 月龄时性成熟，性周期 4 天左右，妊娠期 20（19～22）天，哺乳期 21 天，每胎产仔平均 8 只，为全年、多发情性。动物寿命 2～3 年，染色体 $2n$=42。

大鼠在生物医学研究中的用量仅次于小鼠，占第二位。大鼠主要应用于生理学、营养学、肿瘤学、药理学、内分泌学、生物化学等领域，在医药、农药、食品添加剂等安全性实验中也广泛应用。

2. 常用大鼠品系

1975 年公布的近交系大鼠有 130 个。大鼠品系分为近交系、突变系、封闭群和杂交群。大鼠的品系表示法与小鼠相同。

1）近交系大鼠

现在大鼠的近交系有 100 多种。在维持重要的近交系及其特征阐述如下。另将其起源及原名一并列出在括号内。

AGUS：白化，能接受实验性过敏性脑膜炎。较能抗阿米巴痢疾的感染。

BN：棕色，31 月龄，7%心膜疾病。最常见的肿瘤：上皮肿瘤、膀胱肿瘤、胰岛细胞瘤、脑下垂体腺瘤、子宫肿瘤。

CAR：白化，抗龋齿。生产能力低，产仔少。

CPBB：野生色，感受听觉性癫痫。

K：白化，低自发肿瘤（<0.5%），能抗一系列肿瘤的移植。

LEW：白化，血清内甲状腺素、胰岛素和生长素含量高。极易诱发自身免疫心肌炎。易诱发自身免疫复合血管球性肾炎。能移植淋巴瘤、肾肉瘤。

M_{520}：白化，低血压，感受囊虫。肝苯胺代谢低，盐酸乙基吗啡代谢高。

ACI（AX9935，Irish）：对雌激素诱发癌症感受性强。肾脏缺损症，多发子宫异常症，繁殖力弱。

ALB（Albany）：体型比较大，较温顺，繁殖力强。

BUF（Buffalo）：繁殖力中等，吉田肉肿瘤移植率为 16%。白色。

F_{344}（Fischer344）：体型较小，白色，多产。

LEW（Wistar Lewis，W/LEW）：温顺，妊娠率高。

SHR（Wistar）：高血压症，雄性 200mmHg。常见心脏、动脉、肾脏、脑高血压性病变。

TO（Tokyo）：白色，大型，能移植吉田肉瘤。

W（Wistar）：白色，中等体型，世界上广泛使用。

WKA（Wistar-KingA）：白色，中型。

WM（Wistar-Mishima）：特性不详。

YOS（Yoshida，Donryu）：吉田肉瘤移植率高。

2）突变系大鼠

突变系大鼠比较少见，常见如下。

高血压大鼠：是由 Wistar 白化大鼠选育而成。10 周龄后雄鼠收缩压为 200～350mmHg，是研究高血压药物和机制的动物模型。

尿崩症大鼠：烦渴多尿。日饮水和排尿量是普通大鼠的 3～10 倍。该鼠有遗传性合成加压素缺陷。

肥胖症大鼠：雌性不能生育，雄性偶有生育力。血浆中的脂肪酸总量为普通的 10 倍，胆固醇和磷脂的含量明显增高。3 周龄时表现肥胖，5 周龄肥胖明显，体重 500～800g 及以上。

裸大鼠：体毛稀少，无胸腺，T 细胞缺失，免疫功能低下。多用于肿瘤学、药学和免疫学研究。

癫痫大鼠（CρβB）：野生色，感受听觉性癫痫。

3）封闭群大鼠

Donryu：起源于群马县动物场，吉田肉瘤的移植率高，在日本广泛使用，白色，中等体型，繁殖力强。

Long-Evans：大型，多产，头部花斑。

Sprague-Dawley：白色，大型，对性激素敏感，常用于营养实验。对性腺激素感受性高，白色，体型大。生长发育快、产仔较多。

Wistar：由 Wistar 研究所培育而成，然后在各地形成分系。早熟、产仔多、性情温顺、抗病力强、肿瘤发病率低。目前世界上广泛使用。

Wistar-Imamichi：由 Wistar 起源，经近亲交配选育而成，性周期为 4 日，繁殖性好，温顺。

（三）家兔

1. 简介

家兔属于哺乳纲兔形目，原产地中海沿岸，经人工驯养而成。我国也有数千年养兔历史。兔作为实验动物，已遍布世界。兔是草食性动物，以野草、野菜、树叶、嫩枝等为食，胆小易惊；性喜清洁、干燥、凉爽，对潮湿高温适应性差，喜欢独居，白天活动少，都处于假眠或休息状态，夜间活动大，吃食多，有啃木、扒土的习惯。

2. 实验用品系和应用领域

兔虽然是重要的实验动物之一，目前使用的品种大部分来源于毛皮肉食用的畜产兔。作为实验动物用而开发的品种不多。

目前，常用家兔有新西兰种，便于饲养，繁殖力强，生长较快，成年体重 4.5～5.0kg，其皮肤光滑，适合于皮肤实验。

日本大耳兔是日本用中国本兔选育而成的皮肉兼用和供实验用的良种兔。由于它的耳朵长大，皮肤白色，血管清晰，便于取血和注射，是一种常用的实验用兔。

荷兰兔的耳短体型较小，适用于各种诊断，发热性物质的检测。青紫兰兔，每根毛由内向外为灰色、灰白和黑色，适应性强，生长快，成年体重 4～5kg，可供生产疫苗。Chinchilla 种对猩红热毒素反应敏感，可作为研究和检测使用。

安哥拉长毛兔，可用作皮肤实验。兔耳静脉粗细清晰，有利于注射和采血。适于制备抗血清、药剂检测实验。兔的交配为刺激性排卵型，能正确把握妊娠期，适于做致畸、毒性、人工授精实验。皮肤和黏膜（眼结膜和肠黏膜）可作为药物刺激实验。

除此之外有英国兔、喜马拉雅兔等。

（四）豚鼠

1. 简介

豚鼠，又名天竹鼠、荷兰猪，属哺乳纲，啮齿目，豚鼠科。成熟的豚鼠体长 25cm，体重 800～1000g，是喜群居的小动物。它们的祖先来自南美洲的安第斯山脉，根据生物化学和杂交分析，豚鼠是一种天竺鼠诸如白臀豚鼠、艳豚鼠或草原豚鼠等近缘物种经过驯化的后代。豚鼠有很好的环境适应能力，各大洲都有其种群分布，是受人喜爱的观赏动物和有价值的实验动物。

豚鼠头大，颈短，耳朵短圆，四肢较短，前肢有四趾，后肢有三趾。食草性，对气味、声音敏感，胆小，易惊，不善跳跃攀登。豚鼠原产南美洲，古代作为观赏动物饲养。因其性情温顺，容易抓取，而被作为实验动物使用。

2. 实验用种类

豚鼠的品种有英国种、阿比西尼亚种和秘鲁种。英国种的被毛短，光滑毛色有单色（白色、黑色、茶色、灰色、棕色和杏黄色），二色（白色和黑色或茶色）和三色（白色、茶色、黑色）。阿比西尼亚种毛硬而粗短，全身被毛卷曲，毛色多样。秘鲁种具有软而光泽的长毛，呈卷毛状。目前我国广泛使用的豚鼠是 1919 年从日本引入东北的英国种。国际上培育成功的近交系豚鼠有十多种，其中美国培育的近交系 2 和近交系 13 两个品种较为有名，都属英国种，有黑、白和褐 3 种毛色。

3. 主要应用领域

豚鼠对多种致病菌和病毒十分敏感，如结核杆菌、鼠疫、钩端螺旋体和布氏杆菌等。常选用豚鼠做感染实验。豚鼠易引起变态反应，常用于组织胺样物质的检测和过敏实验。豚鼠的血清中含有非常丰富的补体，常用来制备血清，进行补体结合实验。豚鼠体内不能合成维生素 C，对维生素 C 缺乏敏感。是研究维生素 C 缺乏症的良好动物模型。豚鼠对声波极为敏感，常被用作听觉生理、耳科疾患的研究。近年在免疫遗传学研究方面，对近交系豚鼠的使用量不断增加。豚鼠是最早被净化成悉生动物的一种，目前广泛用作微生态研究、保健品的开发和疫苗制备。

（五）灵长类

1. 简介

非人灵长类动物在亲缘关系上和人最接近，与人类的遗传物质有75.0%～98.5%的同源性，在组织结构、免疫、生理和代谢等方面与人类高度近似，是极其珍贵的实验动物，其应用价值远超过其他种属的实验动物。

长期以来，非人灵长类动物一直作为医学生物的重要实验动物，资料显示，全世界每年用于科研的非人灵长类在10万～20万头。目前广泛应用于医药科学研究的非人灵长类动物主要是恒河猴和食蟹猴。二者均属国家二级保护动物，由于长期以来的猎杀和自然栖息地的破坏，野生恒河猴、食蟹猴数量大大地减少，而且受国家法律法规保护，因此对野生灵长类动物的驯化和繁育，就成为今后非人灵长类实验动物应用的主流和趋势。

2. 实验用种类

目前作为实验动物使用的非人灵长类主要是猕猴（学名*Macaca*），猴科的一属，是亚洲和北非地区最常见的一类猴，也称为猢狲。约有23种，分为几大类：短尾类[红面猴，藏猕猴，熊猴，阿鲁猴（新种），地中海猕猴，北豚尾猴，南豚尾猴，日本猴，台湾猴，恒河猴]；长尾类[帽猴（印度），头巾猴，食蟹猴]；其他群岛猕猴（苏拉威西岛7种黑猕猴，爪哇岛2种猕猴）；狮尾猕猴。中国是世界上灵长类动物最丰富的国家之一，在全世界现生存的200余种灵长类动物中，中国分布有4科7属23种39亚种。

作为生命科学实验研究中使用最广泛和用量最大的灵长类实验动物——恒河猴，仅我国就有6个亚种之多，并广泛分布于20多个省区。恒河猴是我国常见的一种猴类，体长51～63cm，尾长20～32cm。体重4～12kg。头部呈棕色，背上部棕灰或棕黄色，下部橙黄或橙红色，腹面淡灰黄色。鼻孔向下，具颊囊。臀部的胼胝明显。

3. 主要应用领域

非人灵长类可用于各种各样的医学生物学研究。其中主要用于脑神经生理、精神药物、心理行为和生殖生理等方面的研究。只有非人灵长类能感染人类疾病，如脊髓灰质病毒、麻疹病毒、艾滋病病毒的研究。近年来还用于老年学、药理毒理、畸形实验、疫苗制备与检测，以及器官移植研究。

三、参考文献

孙靖. 2006. 实验动物学基础. 北京：北京科学技术出版社

实验十八　实验动物采血方法

一、实验目的

1. 学习小鼠保定及采血方法。
2. 掌握学习小鼠保定及采血实验操作。

二、实验原理

据实验所需血液体积选择采血方式，小鼠断尾采血每次可以收集血液约20μl；小鼠眼眶静脉丛采血每次可采血约 0.3ml；小鼠心脏采血每次采血量约0.5ml。

三、实验材料

（1）实验动物：BALB/c 小鼠。
（2）实验用品：橡胶手套、采血管、0.5ml EP 管、解剖器、注射器。

四、实验步骤

1. 小鼠的抓取与保定

1）小鼠抓取

抓住小鼠尾巴末端将其从笼子中拿出（注意：抓取的位置不可太靠近尾巴末梢，否则捻动的时候有可能导致小鼠尾巴末梢皮肤脱落；不可太靠尾巴根部，否则C57BL/6 等比较有攻击性的小鼠可能屈身咬到实验人员）。如图 18-1 所示，抓在尾巴靠近末端的 1/3 处比较合适。

2）小鼠保定

初次抓握小鼠人员，可以轻轻转动老鼠的尾巴使小鼠旋转 20～30 圈，这样小鼠就会失去平衡，抓取注射时可减少挣扎。如图 18-2 使用左手拇指与食指的根部捏住小鼠颈部皮肤然后捏紧。如图 18-3 所示，保定后的小鼠应该眼珠略为突出，口微张勉强能开合，且前肢不能动。左手推荐戴尺寸合适的薄橡胶手套，这样手上力量比较好控制且不易滑脱。为防止被小鼠咬伤而戴宽松的线手套是不可取的，因为小鼠容易滑脱反而容易被咬。有时抓得过紧会引起小鼠窒息以致死亡，保定小鼠及进行实验操作的时候应时时注意小鼠的呼吸情况，如有异常应及时放开小鼠让其缓解一段时间。

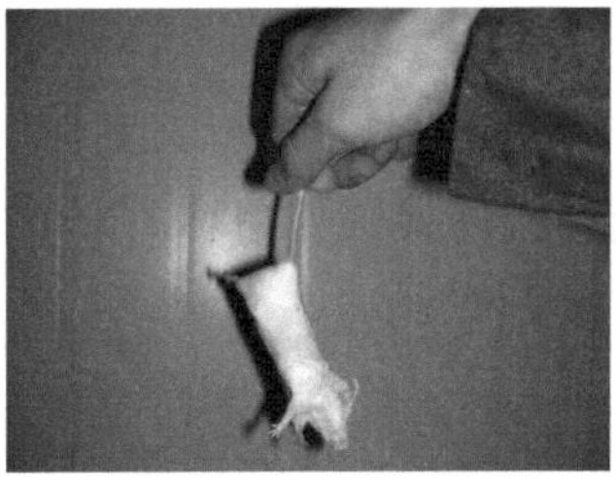

图 18-1　小鼠抓取

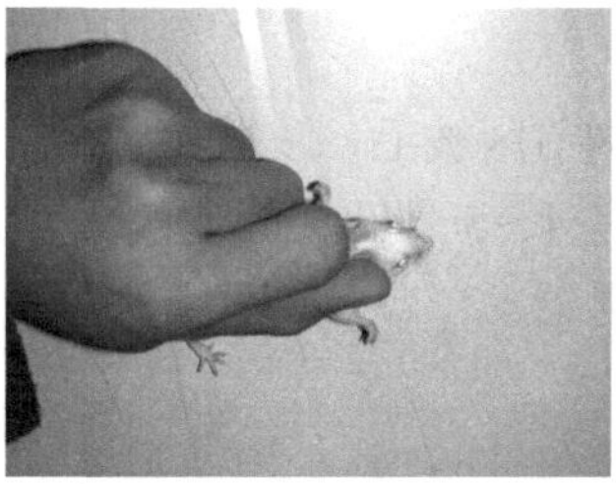

图 18-2　小鼠抓握

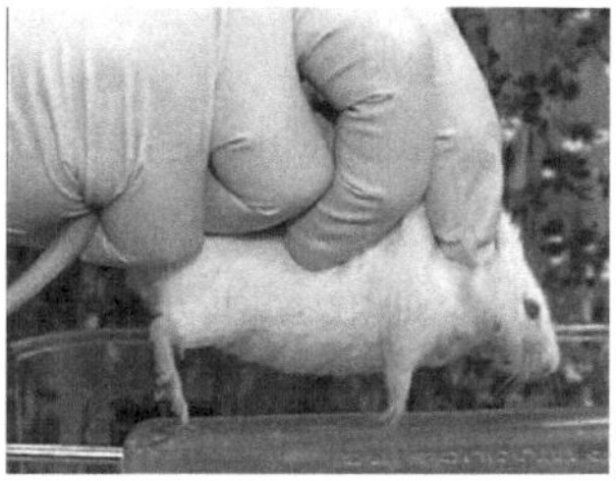

图 18-3　小鼠保定

2. 小鼠采血方法

1）断尾采血

手拇指和食指从背部抓住小鼠颈部皮肤，将小鼠头朝下，小鼠保定后将其尾巴置于 50℃ 热水中浸泡数分钟，使尾部血管充盈。擦干尾部，再用剪刀或刀片剪去尾尖 1～2mm，用离心管接流出的血液，同时自尾根部向尾尖按摩。取血后用棉球压迫止血并用 6%液体火棉胶涂在伤口处止血。

2）眼眶静脉丛采血

眼眶采血的时候需要用到采血管和 EP 管，将 0.5ml EP 管套在采血管的一端，采血管的另一端从小鼠眼眶下插入，位置如图 18-4 所示，轻捻采血管至有血沿管上升至 EP 管中。有时血不会沿采血管流入 EP 管中而是直接从眼眶滴出，此时可以直接用 EP 管接。此方法采血 100～300μl，不会影响小鼠健康；此方法将小鼠血液全部采出，最多能收集血液约 1ml。

这个操作的要点在于稳定，右手要抓住采血管尽量靠下的部位进行操作，左手保定小鼠将小鼠的头部置于实验台上，这样可以避免由于小鼠挣扎导致管子滑出或者错位的情况。另外左手应当采取捏紧—稍微放松—再捏紧的方式，这样既可加快血液收集的速度，又可避免捏得过紧导致小鼠窒息死亡。如果小鼠操作过程中由于抓握过紧出现抽搐挣扎等现象，可迅速将小鼠松开置于台面上用手有节奏地轻压其胸部或背部（类似于急救），通常可以使小鼠免于死亡。

图 18-4　小鼠眼眶静脉丛采血

3）心脏采血

将小鼠仰卧固定，剪去胸前区被毛，皮肤消毒后，用左手食指在左侧第 3～4 肋间触摸到心搏处，右手持带有 4～5 号针头的注射器，选择心搏最强处穿刺，当刺中心脏时，血液会自动进入注射器。

五、实验结果

收集到的血液室温或 4℃放置 1～2h，2000r/min 离心 5min 后分装进行低温保存。采血质量好的血清呈淡黄色。

六、思考题

1. 离心后收集的血清呈红色，即出现溶血的原因是什么？
2. 选用小鼠不同采血方法的依据是什么？

实验十九　实验动物免疫方法

一、实验目的

1. 学习小鼠免疫注射的方法。
2. 理解不同免疫方法的适用抗原。
3. 掌握小鼠免疫注射的实验操作。

二、实验原理

不同方式免疫小鼠刺激机体不同的免疫途径，产生不同免疫反应。通过不同免疫方式的免疫效果比较，可选择最佳的免疫方式进行。一般蛋白抗原进行皮下注射免疫；DNA 抗原进行肌内注射能够引起较强的免疫反应。

三、实验材料

（1）实验动物：小鼠。

（2）抗原：蛋白质或多肽。

（3）注射器：1ml 规格。

四、实验步骤

1. 皮下注射

皮下注射（subcutaneous injection）是将抗原注射到皮下组织的一种方法，注射部位可选颈部后面皮肤、背部皮肤或脚掌均可，根据实验需要选择。此方式一般注射体积为 100～200μl，也可根据实际需要调整，但脚掌注射剂量不能超过每只脚掌 50μl（注意：多了会溢出，造成剂量不准）。

1）小鼠抓握

捏住小鼠尾巴后 1/3 处，将小鼠从笼子中取出，轻轻旋转几圈之后将其放在鼠笼上，抓住其后背皮肤向后轻轻提起，小鼠绝大多数情况会抓住笼子，可以很方便地抓住（注意：此种方法要求动作要快，将小鼠转晕之后立刻提起皮肤注射，不然老鼠清醒后有可能回头咬啮实验人员。如果实验操作不熟练最好找个人帮助保定小鼠）。

2）注射方法

（1）颈部后面皮下注射：用拇指和食指捏住小鼠颈后部皮肤，将针头插入小鼠被提起的皮肤下，针头稍向下倾斜插入（图 19-1），完成注射（注意：不要扎到手指）。注射完后停留 30s 后拔出针头，以防止液体流出。

（2）脚掌注射：如图 19-2 所示，抓握小鼠，使小鼠肚皮朝上，用手握住脚掌（可两个人进行，一人负责抓住小鼠），从脚掌后端的两个脚垫之间进针，进行注射，注射完后停留 30s 后拔出针头，以防止液体流出。注射完成后脚掌会鼓起。

（3）背部皮下注射：拔掉小鼠注射部位的毛，一般采用背部靠中间位置，露出皮肤，进行注射，可采用 1～3 点进行注射，注射后皮下会有鼓包。

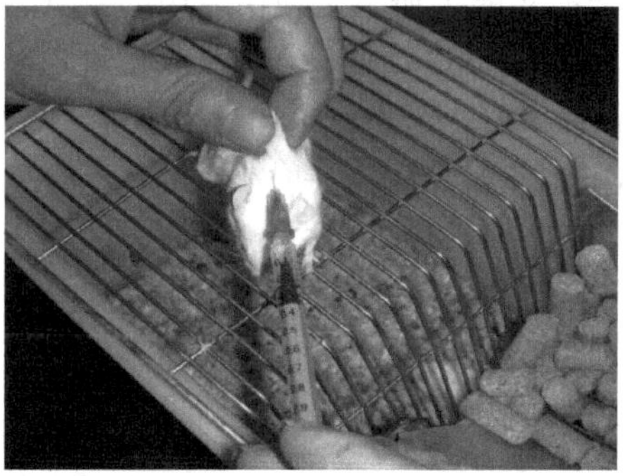

图 19-1　皮下注射免疫

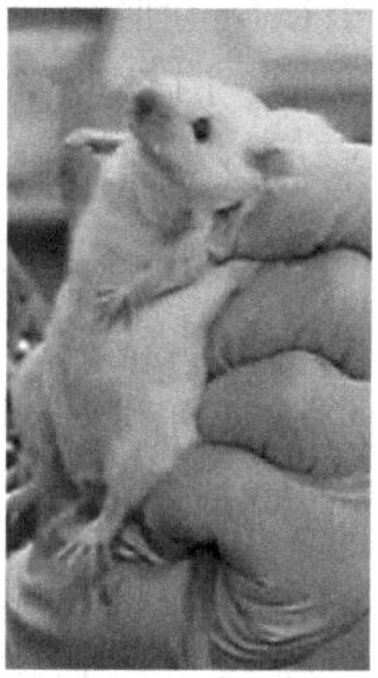

图 19-2　脚掌注射

2. 腹腔注射

腹腔注射（intraperitoneal injection）是将抗原注射到腹腔的一种方法，一般注射体积为 0.1～2ml，可根据实际需要调整。

1）小鼠保定

如图 19-3 所示，将小鼠保定，使其头略向地面，这样可以使其内脏向小鼠头部方向移动一点，可以防止注射时针头戳伤内脏。

2）腹腔注射

注射时将针头从小鼠腹中线边上刺入。刺入时会有明显的“阻碍—突破”的感觉。这个方法同样适用于抽小鼠腹水。

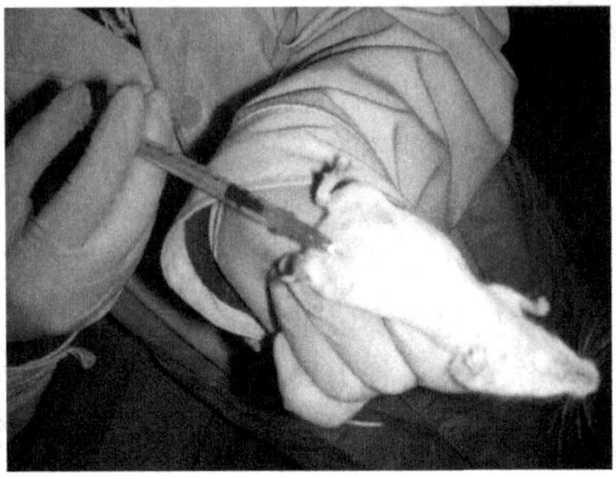

图 19-3 腹腔注射免疫

3. 尾静脉注射

通常体内 CTL 和使用抗体封闭等实验需要使用尾静脉注射（tail vein injection）的方式。一般注射体积为 100～200μl。尾静脉注射需要熟练，可使用 1%KCl 溶液注射废弃小鼠进行练习，注射 100μl 左右即可。如果注射成功则小鼠会出现抽搐现象。建议不要使用推空气练习，因为手感和实际注射相差很大，而且即使针在皮下，只要刺破了一点血管，推入空气仍可导致小鼠死亡，并不能确定注射成功。

1）小鼠尾部固定管的准备

小鼠尾静脉注射尤其要求稳定操作。一般实验手册上是使用专用的鼠管将小鼠进行保定。但是通常可以采用图 19-4 的方式：取 50ml 离心管，将其底部锥形部分削掉一部分以便管内小鼠通气，拧掉盖子在管口侧壁上沿管子纵向开一个 4～5cm 长，0.5cm 宽的口子以便注射的时候拉出小鼠尾巴，然后视所需注射小鼠的体形塞入适量卫生纸，使小鼠放入之后不能自由活动即可。

2）小鼠尾部固定

将小鼠尾巴提起轻捻几圈再将管子口套住小鼠头部，通常惊慌的小鼠会出于本能而钻进管口。小鼠放入管中后可将其尾巴从之前开在管侧的缺口里拉出来再拧上盖子，然后将离心管横放在鼠笼上。

3）注射器针头

注射时使用 0.45mm 直径的褐色注射器针头，而且针头长度不能太短（图 19-5）。需要注意的是在吸取需注射液体的时候最好将针头取下后吸取，因为如果带着针头，针尖容易碰到容器的管壁管底导致针头变钝。如果一次需要注射很多小鼠，则需经常检查针尖是否锋利，因为注射过程中有时可能进针太深导致针尖碰到小鼠尾部骨骼。具体方法是看针尖是否能很容易地刺穿乳胶手套，另外还可以将针尖斜面朝上将针尖在乳胶手套上抹一下，如果出现钩挂感则说明针尖已经变钝，需要更换。

4）尾静脉注射前处理

注射之前要使小鼠尾部血管充盈扩张，可使用红外线照射的方法，但是若条件所限可以在注射之前使用大瓦数白炽灯泡烘烤，或者放在暖气上烘烤或在日光下照射一段时间后涂抹乙醇再注射均可达到比较好的效果。

5）尾静脉注射

小鼠尾部左右两边各有一条静脉，注射时应从小鼠尾梢部逐步向根部尝试。进针时针尖应略向下倾斜使针头与小鼠尾巴成一定角度，针尖插入 1/2～3/4 个斜面深的时候使针头与尾巴平行并刺入。如果针头顺利刺入血管则进针的时候非常平滑流畅，如果刺入皮下则会有明显的阻滞感。另外还可以通过左右轻轻摆动注射器，观察血管是否随针头运动并出现弯折来判断是否已经刺入血管（注意：注射时一定不要硬推，先用较小力量尝试注射，如果针头确实在血管内，则很容易就能推动活塞，此时小鼠尾部会出现大面积发白的现象。如果感觉推动活塞很吃力或仅注射部位发白肿胀，则应立刻停止推动活塞，重新进针）。

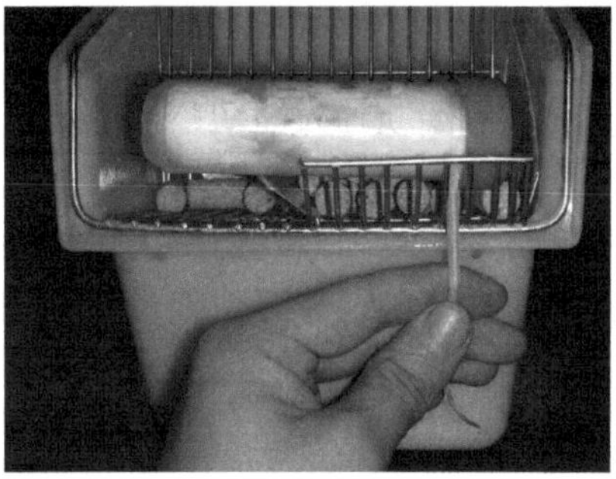

图 19-4　小鼠尾部固定管

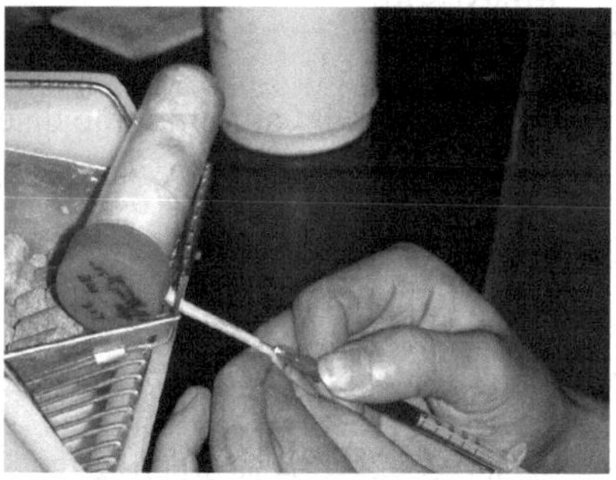

图 19-5　小鼠尾静脉注射免疫

4. 肌内注射

小鼠的肌内注射（intramuscular injection）相对简单，一般注射剂量为小鼠每条腿 100μl，可 1～3 点注射。

1）小鼠保定

在正确保定小鼠的基础上，手指固定住其一条后肢在其腿部，在注射部位用酒精棉球消毒。

2）肌内注射

操作时一人固定小鼠，另一人用左手抓住小鼠的一条后肢，右手拿注射器。此时能看到肌肉的膨隆。将注射器与半腱肌呈 60° 角迅速插入 1/4，进行注射，注射完成后停留 30s，再拔出针头，以避免液体流出。

五、注意事项

注射过程中应避免有液体从进针孔渗出。

六、思考题

1. 免疫不同抗原应如何选择免疫方式？
2. 不同注射方式的注射剂量大致范围？

实验二十　常用免疫学实验动物模型的建立

一、实验目的

1. 学习常见自身免疫疾病实验动物模型的诱导方法。
2. 了解自身免疫疾病的发病原因。
3. 掌握鉴定实验动物模型的方法。

二、实验原理

自身免疫疾病（autoimmune diseases）是指机体对自身抗原发生免疫反应而导致自身组织损害所引起的疾病。自身免疫病的确切发病机制目前还不是很明确，但研究表明其可能与免疫耐受的丢失、免疫反应调节异常、遗传因素及病毒因素相关。正常机体对自身抗原处于免疫耐受状态，当自身耐受被打破，即可引起自身免疫应答。利用已知的自身抗原免疫动物，可诱导相关自身免疫疾病的产生。

三、免疫学常用实验动物模型

（一）免疫功能低下动物模型

1. 模型简介

免疫功能低下动物模型主要应用于药物药效、免疫学实验研究中。一般利用药物抑制小鼠的免疫应答，造成免疫功能低下。造成免疫功能低下的方法可采用药物抑制反应。注射抗淋巴细胞血清：腹腔注射 0.2ml，5～6 天后动物免疫功能明显降低。辐射方法：如 ^{60}Co 或 X 射线 600～800rad 一次照射，4 天后动物免疫功能降低。

本模型采用环磷酰胺注射的方法进行。环磷酰胺是一种烷化剂，其作用主要是破坏 DNA 结构，阻断其复制，导致细胞死亡，因此处于增殖中的细胞对其较敏感。当 T、B 细胞被抗原活化后，进入增殖、分化阶段，对环磷酰胺较敏感，因此利用环磷酰胺可达到抑制免疫应答的作用，建立免疫功能低下动物模型。

2. 实验动物

健康 6～8 周龄，雄性 BALB/c 小鼠。

3. 实验材料

（1）环磷酰胺：利用无菌生理盐水配制为 10mg/ml，小鼠注射剂量为 0.1mg/g（小鼠体重）。

（2）生理盐水。

（3）75%酒精棉球。

（4）1ml注射器。

4. 实验步骤

1）动物分组

将BALB/c小鼠随机分模型组和空白对照组，每组6～10只。

2）药物注射

用75%乙醇消毒小鼠腹部皮肤，按剂量将环磷酰胺用注射器一次性注射入小鼠腹腔，连续注射3天，一周后加强一次注射。空白对照组同法，一次性腹腔注射等量生理盐水。

3）模型检测

最后一次给药后8天取小鼠外周血进行白细胞计数；给药后第8天检测小鼠脾脏T淋巴细胞增殖能力；给药后第8天取小鼠外周血，收集血清，测定血清中IL-2水平。

5. 实验结果

模型组与空白对照组相比，外周血白细胞数量显著减少；脾脏T细胞增殖能力下降；血清中IL-2水平降低。

6. 参考文献

杨颖，蔡玟，黄志彪，等.2008.黄磷酰胺至小鼠免疫功能低下模型建立与评价.中国公共卫生，24(5)：581-584

（二）Ⅰ型糖尿病动物模型

1. 模型简介

6～8周龄的雌性NOD小鼠，毛色为白色。在对ICR/Jcl小鼠进行近交培育第6代时，从白内障易感亚系分离出非肥胖糖尿病品系（NOD）和非肥胖正常品系（NON）。在近交第20代时，首先发现NOD雌鼠有胰岛素依赖型糖尿病，临床症状与人类Ⅰ型糖尿病（typeⅠdiabetes，T1D）相当类似，因而用作T1D的动物模型。

NOD小鼠是自发T1D的动物模型，必须饲养在SPF级动物房内（注意：饲养条件达不到要求，小鼠很难发病）。SPF级动物房内NOD小鼠10周开始出现尿糖、血糖升高等发病症状。30周龄时糖尿病累计发病率为60%～80%。雄性小鼠发病率较低，一般不采用。

2. 实验动物

6～8周龄雌性NOD小鼠。

3. 实验材料

（1）尿糖试纸：用于检测尿液中葡萄糖的含量。

（2）血糖仪/血糖试纸：用于检测血液中葡萄糖的含量（注意：血糖试纸和血糖仪是配套使用的，血糖仪的品牌型号一定要与血糖试纸一致）。

4. 实验步骤

（1）6～8 周龄的雌性 NOD 小鼠饲养在 SPF 级动物房内。

（2）每周利用尿糖试纸检测尿液中葡萄糖的含量：

①抓取小鼠，将尿液滴于尿糖试纸上，浸湿试纸；

②在 30～60s 观察试纸带颜色并与比色板对照，测得结果；

③试纸由浅蓝到棕红色变化来表示检测结果，浅蓝色表示没有糖尿病，用“–”表示；棕红色表示有糖尿病，愈深“＋”号愈多，糖尿病愈严重。

（3）尿糖初步检测出现发病小鼠，利用血糖仪和血糖试纸检测血液中葡萄糖的含量，确定发病。

（4）发病小鼠会出现食用鼠粮增加、尿液产生多（注意：鼠笼内的垫料尿湿明显，应及时更换），同时体重会减轻。

5. 实验结果

NOD 小鼠血糖水平≥6.1mmol/L（110mg/dl）即出现血糖异常。连续两次检测血糖水平≥250mg/dl，即可认其为 T1D 发病小鼠。此时胰腺病理切片会有淋巴细胞浸润到胰岛内，随着发病加重浸润的淋巴细胞会增多（图 20-1）。

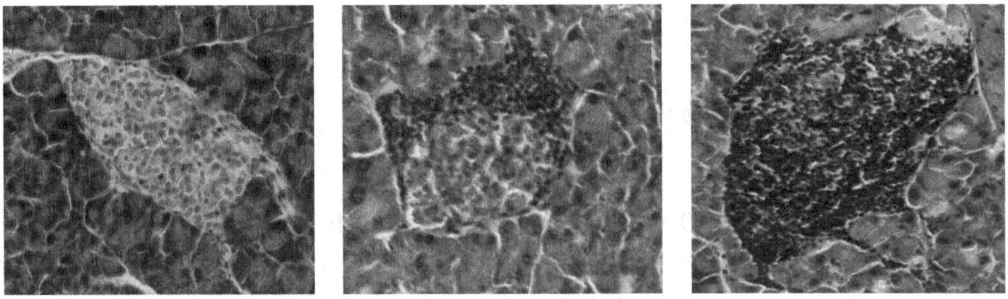

图 20-1　T1D 小鼠胰腺组织切片（张婧瑶，2012）

6. 参考文献

张婧瑶，商文娟，付红烨，等. 2012. T/D 小鼠发病过程中 CD4 记忆性 T 细胞的作用. 中国科技论文在线 http：//www.paper.edu.cn/html/release paper/2012/01/604

（三）多发性硬化症动物模型

1. 模型简介

人类多发性硬化（multiple sclerosis，MS）是一种中枢神经系统脱髓鞘疾病，是由自身反应性 $CD4^+$ T 细胞所介导的人类自身免疫病。MS 是因为在中枢神经系统中产生大小不一的块状髓鞘脱失而产生症状，这些髓鞘脱失的区域在组织修复的过程中产生瘢痕组织而“硬化”。随着时间的进展，新的硬块也可能出现，常有缓解复发的神经系统（脑部或脊髓）损害症状，所以称为“多发性”。

由于啮齿类动物模型实验性自身免疫性脑脊髓炎（experimental autoimmune encephalomyelitis，EAE）的病理学、免疫学及临床症状和 MS 极为相似，目前是研究 MS 最理想的动物模型。EAE 模型可以通过免疫自身抗原髓鞘蛋白或对应的特异性短肽诱导（表 20-1）；还可以通过过继转移自身髓鞘蛋白特异性 T 细胞诱导（表 20-2）。因此，在当前的实验中，主要介绍免疫自身抗原诱导的小鼠 EAE 动物模型和过继转移自身髓鞘蛋白特异性 T 细胞诱导的 EAE 动物模型。

表 20-1　常见不同品系的小鼠对应的中枢神经系统髓鞘蛋白抗原肽

小鼠品系	H-2 型	肽段	对应序列
PL/J，B10.PL	H-2^u	MBPAc1-11	Ac-ASQKRPQRHG
		PLP178-191	NTWTTCQSIAFPSK
		MBP35-47	TGILDSIGRFFSG
		PLP43-64	EKLIETYFSKNYQDYEYLINVI
SJL	H-2^s	MBP89-101	VHFFKNIVTPRTP
		MBP84-104	VHFFKNIVTPRTPPPSQGKGR
		PLP139-151	HSLGKWLGHPDKF
		PLP104-117	KTTICGKGLSATVT
		PLP178-191	NTWTTCQSIAFPSK
		PLP57-70	YEYLINVIHAFQYV
		MOG92-106	DEGGYTCFFRDHSYQ
（PL/J×SJL）F1	H-$2^{u/s}$	MBPAc1-11	Ac-ASQKRPQRHG
		PLP43-64	EKLIETYFSKNYQDYEYLINVI
		PLP139-151	HSLGKWLGHPDKF
C57BL/6	H-2^b	MOG35-55	MEVGWYRSPFSRVVHLYRNGK
		PLP178-191	NTWTTCQSIAFPSK
C3H	H-2^k	PLP103-116	YKTTICGKGLSATV
SWR	H-2^q	PLP215-232	PGKVCGSNLLSICKTAEF

表 20-2　过继转移自身髓鞘蛋白特异性 T 细胞诱导 EAE

小鼠品系	抗原特异性	供体小鼠免疫时间/天	体外抗原浓度/（μg/ml）	IL-12/（ng/ml）	培养时间/h	过继转移细胞数量/$\times 10^6$	疾病类型	疾病严重程度
SJL	PLP	7～14	50～100	—	72～96	5～10	复发-缓解	严重
	PLP139-151		20	—		1～5		严重
	MBP		50～100	—		40～60		中等
	MBP84-104		50	—		10～20		中等
C57BL/6	MBP	10～14	50～100	—	72～96	50	单相/慢性	轻微
	MBP84-104		50	—		50	单相/慢性	轻微
	MOG		50	25		20	慢性	中等
	MOG35-55		10	25		20	慢性	中等

注：“—”代表未检测到 IL-12。

通过免疫自身抗原髓鞘蛋白如 PLP、MBP，或对应的肽段 PLP139-151 或 PLP 178-191，MBP84-104，MOG92-106 能够诱导 SJl 小鼠自身 $CD4^+$T 细胞活化，进而

导致 EAE 小鼠中枢神经系统有大量炎症细胞浸润和髓鞘脱失，最终导致实验动物肢体出现瘫痪等临床症状。与此相似，通过免疫 MOG35-55 能够诱导 C57BL/6 小鼠 EAE 动物模型。除了免疫自身抗原外，也必须同时注射百日咳毒素，其主要作用是增加血脑屏障的通透性，易利于活化的 T 细胞进入中枢神经系统。

2. 实验动物

6～8 周龄雌性 SJL 或 C57BL/6 小鼠。

3. 实验材料

（1）弗氏完全佐剂（complete Freund's a djuvant，CFA，Sigma）：指含有羊毛脂、矿物油和灭活的结核杆菌的物质，CFA 可以增强免疫原性及改变免疫应答类型。其佐剂活性来自于油滴中免疫原的持续释放，并刺激局部免疫反应（可以高速离心浓缩将白油去除 3/4 体积，即将灭活的结核杆菌浓度增大了 4 倍，可不用另外加入灭活的结核分枝杆菌）。

（2）结核分枝杆菌 H37Ra（Difco）：终浓度 2.5mg/ml。

（3）抗原：可选用 MBP、PLP 蛋白或多肽 PLP139-151、PLP178-191、MBP84-104、MOG92-106、MOG35-55，剂量为每只小鼠 200μg。

（4）百日咳毒素（pertussis toxin，PTX）：Sigma 产品，剂量为每只小鼠 200ng。

（5）18 和 25 号针头。

（6）注射器：根据动物数量选择 1ml、5ml 或 10ml 的注射器（注意：乳化后抗原极为黏稠，用 1ml 的注射器进行注射，需用 5ml 注射器的针头吸取）。

（7）三通管：进行乳化时使用。

（8）解剖器。

4. 实验步骤

1）乳化抗原

诱导模型每只小鼠需要 200μg MOG35-55 多肽溶在 50μl PBS 中，每只小鼠需要 50μl 浓缩的 CFA（注意：计算免疫小鼠所需的总量，要至少加入 5 只小鼠的损失量）。用带有 18 号针头的注射器抽取 1ml 的抗原（2mg/ml）和 1ml CFA，然后将注射器放入三通管的一个管道，同时用另一个注射器放入三通管的另一管道，锁住三通管的最后一个管道。反复进行混合大约 60 次，直到将一滴乳化物滴入冷水面上不分散为合格。

2）皮下注射

用 1ml 带有 18 号针头的注射器抽取 CFA 和自身抗原乳化物。将小鼠背部毛剪去，露出皮肤，将 100μl 乳化好的疫苗皮下 2～3 点注射到 C57BL/6 小鼠体内：前肢背部注射一点后肢背部两个注射点；或者前肢背部两个注射点，后肢背部两个注射点。同时腹腔注射 500μl 百日咳毒素（终浓度为 0.4μg/ml），并在 24h 后再次腹腔注射 500μl 百日咳毒素。

3）进行评分

观察实验动物的临床症状，按以下标准进行评分，并进行统计分析。0 分=无任何临床症状；1 分=动物尾部无力，瘫软；2 分=动物尾部无力，后肢中等无力；3 分=后肢严重无力，瘫痪；4 分=前肢体麻痹，瘫痪；5 分=濒死状态或死亡（Tompkins *et al.*，2002）。

4）组织学分析

取小鼠的脊髓，用 4%甲醛固定后进行石蜡切片，HE 染色分析。

5. 实验结果

抗原诱导 EAE 后，一般在首次注射抗原佐剂乳化物 9 天左右开始出现症状，2～3 周症状达高峰，3 周后症状自行缓解，一月后基本恢复。发病高峰期脊髓组织切片有淋巴细胞浸润（图 20-2）（kang *et al.*，2009）。

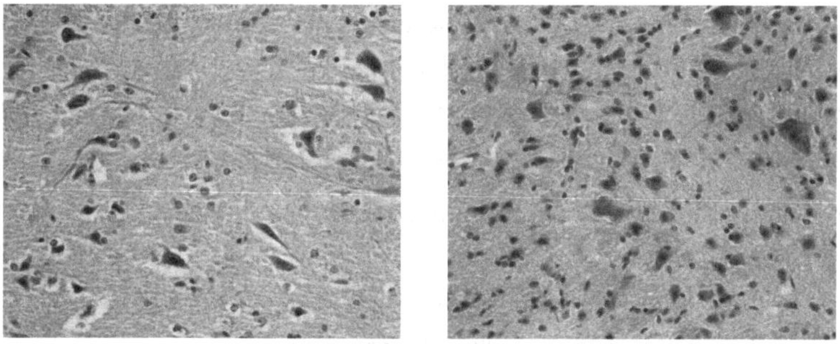

图 20-2 小鼠脊髓切片（kang *et al.*，2009）

6. 参考文献

Kang Y，Zhao J，Liu Y，et al. 2009. Tolerogenic DNA vaccination for prevention of experimental autoimmune encephalomyelitis. J Gene Med，11：1064-1070

Tompkins SM， Padilla J，Dal Canto MC，et al. 2002. De novo central nervous system processing of myelin antigen is required for the initiation of experimental autoimmune encephalomyelitis. J Immunol，168：4173-4183

（四）佐剂性关节炎动物模型

1. 模型简介

类风湿关节炎是以损害滑膜软骨和骨的一种慢性炎症性自身免疫疾病，大鼠佐剂性关节炎（adjuvant induced arthritis，AIA）模型在临床表现病理学免疫学改变和病理机制等方面与人有许多相似特征，是研究关节炎病理机制和评价治疗药物疗效的经典动物模型。

AIA 又称弗氏佐剂性关节炎，在 1956 年由 Pearson 建立。由于完全弗氏佐剂中含有灭活的结核杆菌，结核杆菌中分子质量 65kD 的热休克蛋白 65（HSP65），与大鼠关节软骨的二型胶原（collagenⅡ，CⅡ）成分具有高度相似的保守序列，因此使用完全弗氏佐剂免疫大鼠后，大鼠体内活化的针对 HSP65 的 T 细胞克隆会通过分子模拟机制对大鼠自身软骨 CⅡ成分产生交叉反应，从而打破了大鼠对自身软骨组分的免疫耐受，导致自身免疫反应的发生和扩大，引起自身免疫性的多发关节炎（李培培等，2012）。

大鼠 AIA 表现为多发性外周关节炎，关节局部红肿，严重时可导致关节畸形。关节组织病理变化为增生性滑膜炎、关节软骨破坏、骨侵蚀，并伴有炎性细胞浸润。这些临床表现与人的类风湿关节炎具有一定相似性，因此常用于筛选和研究类风湿关节炎治疗药物或研究其发病机制。

诱导大鼠 AIA 所需的完全弗氏佐剂中的灭活结核杆菌浓度至关重要，不可少于 5mg/ml，一般实验采用 10mg/ml 剂量。用于诱导 AIA 的完全弗氏佐剂不必进行乳化，可采用尾根部皮内注射或足掌皮下注射（科利根等，2009；李培培等，2012）。

在不同遗传背景的各种大鼠品系中，Lewis、Sprague-Dawley（SD）、Wistar 和 Buffalo（BUF）都易于进行 AIA 的诱导，而 Fisher334（F344）、DRBB 和 Brown Norway（BN）诱导 AIA 的难度较大。除了受到遗传品系的影响，实验动物的饲养繁殖环境和条件、佐剂中结核杆菌的种类及佐剂中的油组分类型都会影响 AIA 的发病率。一般来说，大鼠繁育和饲养的清洁级别越高，越易于诱导发生 AIA（http：//www.chondrex.com/animal-models/adjuvant-induced-arthritis-adjuvants）。

2. 实验动物

大鼠：6～8 周龄 SPF 级别雄性 Lewis 大鼠，130～170g，购自维通利华公司，饲养于 SPF 恒温环境（24℃±2℃），光照周期 12h∶12h。

3. 实验材料

（1）完全弗氏佐剂：购自 Chondrex 公司的完全弗氏佐剂（Cat#7027），灭活结核杆菌浓度 10mg/ml；或者将卡介苗在 80℃水浴中灭活 1h，与不完全弗氏佐剂充分研磨、混匀，制成结核杆菌浓度为 10mg/ml 的完全弗氏佐剂。

（2）其他：70%医用乙醇、戊巴比妥钠溶液、1ml 医用注射器、移液器、医用棉签、苏木精-伊红染色试剂及用具、光学显微镜、电子天平、游标卡尺。

4. 实验步骤

1）大鼠 AIA 造模

（1）麻醉：将戊巴比妥钠溶于无菌注射用水中，配制 2%（*M*/*V*）的戊巴比妥钠溶液，用作麻醉剂。取出大鼠，电子天平称量体重后将其抓牢，腹腔注射上述戊巴比妥钠溶液进行麻醉，注射剂量 0.3ml/100g。注射后 5～10min 大鼠进入麻醉状态（注意：麻醉剂量不宜过多，否则易导致大鼠死亡）。

（2）用游标卡尺测量大鼠四足的足掌中部厚度，重复测量 3 次，取平均值作为免疫前基础值。

（3）佐剂免疫：将大鼠背部向上平置于实验台上，用棉签蘸医用乙醇对大鼠尾根部皮肤进行消毒。用移液器将准备好的 10mg/ml 完全弗氏佐剂中的结核杆菌沉淀充分重悬，使之在佐剂中均匀分布。用 1ml 注射器在每只大鼠尾根部皮内注射 0.1ml 混匀的完全弗氏佐剂（注意：必须皮内注射，注射时有意识将针头适度上挑，保证佐剂进入皮内而非皮下）。之后，对注射部位进行乙醇消毒，将免疫过的大鼠放回鼠笼饲养。

2）AIA 关节炎临床评价

（1）AIA 临床关节炎指数评分：免疫后，每隔 1 天，进行一次观察和关节炎指数评分及体重测量。一般在免疫后 10～17 天，大鼠开始表现出关节炎症状，随着病程延长，关节炎指数逐渐升高，发病率也达到 90%以上。关节炎严重程度一般在免疫后 20～28 天达到高峰。关节炎指数评分规则如下。每只足爪的关节炎指数评分标准：正常=0 分；轻微的红斑或一个趾的肿胀=1 分；红斑和超过一个趾的肿胀=2 分；红斑和踝部或腕部肿胀=3 分；全部足爪红斑及脚趾和踝部或手指和腕部的肿胀，踝或腕不能弯曲=4 分；每只大鼠最多评 16 分。在进行关节炎指数评分的同时，可用游标卡尺测量大鼠四足足掌厚度，作为对关节炎进展和病情评估的补充指标。

（2）AIA 的病理观察（李培培等，2012）：根据大鼠发病情况，在大鼠发病后 20～28 天麻醉处死大鼠，剪下后足炎性踝关节，用 10%甲醛固定，不同浓度梯度乙醇逐级脱水，然后用石蜡包埋切片进行染色，光学显微镜观察组织病理变化，并进行病理评分。踝关节病理可分别从滑膜细胞增殖、细胞侵蚀、血管翳形成及炎症和骨质侵蚀等几方面分别进行评分。

①滑膜细胞增殖评分：0 分=无增殖；1 分=轻微增殖，2～4 层滑膜细胞；2 分=中度增殖 4 层以上滑膜细胞；3 分=滑膜细胞过度增殖，侵蚀软骨和骨，关节间隙消失。

②细胞侵蚀评分：0 分=无侵蚀；1 分=较少的 1～2 个细胞侵蚀灶；2 分=2～5 个的局部细胞侵蚀灶；3 分=5 个以上广泛细胞侵蚀到关节囊。

③血管翳评分：0 分=无改变；1 分=2 个部位出现血管翳；2 分=4 个部位出现血管翳，伴有软骨表面的侵蚀；3 分=4 个以上部位出现血管翳或 2 个部位出现大范围的血管翳。

④炎症评分：0 分=正常；1 分=轻度炎症，出现 1 个聚集物或少量散在炎性细胞（T 细胞、B 细胞、巨噬细胞及浆细胞）浸润；2 分=中度炎症，2 个或 2 个以上的白细胞聚集物；3 分=重度炎症，炎细胞大量浸润，大量白细胞聚集，分散浸润明显。

⑤骨质侵蚀评分：0 分=正常；1 分=微量侵蚀，1～2 个小的浅部位；2 分=少量侵蚀，1～4 个中等大小和深度部位；3 分=中等侵蚀，5 个以上部位，局部侵蚀到骨皮质；4 分=重度侵蚀，多重损伤，局部或完全侵蚀到骨皮质；5 分=广泛损伤，皮质穿透骨长度的 25%以上。

5. 实验结果

（1）绘出大鼠 AIA 关节临床评分随时间（从初次免疫起至免疫后 28 天）进展的发展曲线。

（2）绘出大鼠体重随时间进展（从初次免疫起至免疫后 28 天）的变化曲线。

（3）观察记录大鼠发病后活动特点，拍摄并比较 AIA 大鼠与健康对照足掌的区别，并用游标卡尺测量大鼠足掌厚度。

（4）观察 AIA 大鼠关节组织切片与健康对照关节组织切片的区别。

6. 思考题

（1）结合实验结果并查阅文献，总结大鼠 AIA 的特点和用途，并思考大鼠 AIA 模型是否是最佳的自身免疫性关节炎模型？

（2）大鼠在 AIA 发生后体重变化的趋势是什么样的？如何解释？

7. 参考文献

科利根 JE，比勒 BE，马古利斯 DH，等. 2009. 精编免疫学实验指南. 曹雪涛，于益芝，孙卫民，等译. 北京：科学出版社

李培培，谢国雄，宋姗姗，等. 2012. 大鼠佐剂性关节炎模型表现特征及评价指标. 中国免疫学杂志，28（5）：453-457

宋姗姗，张玲玲，魏伟，等. 2011. 实验性关节炎动物模型建立及病理机制研究进展. 中国药理学通报，27（12）：1648-1652

（五）自身免疫性卵巢炎动物模型

1. 简介

自身免疫卵巢疾病（autoimmune ovarian disease，AOD）可以导致人的未成熟期卵巢丧失功能（premature ovarian failure，POF）。POF 或不成熟更年期是一种临床综合征，其特征是卵巢在 40 岁以前丧失了功能。POF 的患者主要的问题是会引起不孕，常会伴随阴道和尿道萎缩并且导致阴道炎、膀胱炎等。

2. 实验动物

6～8 周龄雌性 C57BL/6 小鼠。

3. 实验材料

（1）mZP3 蛋白：购买或由大肠杆菌表达重组蛋白，溶为 2mg/ml。

（2）弗氏完全佐剂：由公司购买即可。

（3）注射器：乳化后抗原极为黏稠，用 1ml 的注射器进行注射时，需用 5ml 注射器的针头吸取。

（4）其他：乳化器、采血管、EP 管及各种规格枪头等。

4. 实验步骤

1）乳化抗原

将 mZP3 蛋白（2mg/ml）与完全弗氏佐剂 1∶1 混合，完全乳化，直到滴入水中不扩散为乳化完全。

2）皮下注射

将小鼠背部去毛露出皮肤，将 200μl 乳化好的疫苗通过脚掌和肌内注射到 C57BL/6 小鼠体内。

3）模型鉴定

14 天后取卵巢，在 Bouin's 固定液中固定 24h，进行石蜡包埋，然后连续切片（5μm）

并进行 HE（hematoxylin and eosin）染色。按严重程度对卵巢病理学进行分级：1 级——间质区域出现炎症；2 和 3 级——增加的多个位点的炎症反应或卵泡之间和内部的肉芽肿；4 级——卵泡消失和卵巢闭锁（Li *et al.*，2008；kang *et al.*，2012）。

5. 实验结果

模型小鼠卵巢出现异常，卵细胞内出现浸润的淋巴细胞，卵细胞出现不同程度的闭锁（图 20-3）（Li *et al.*，2008）。

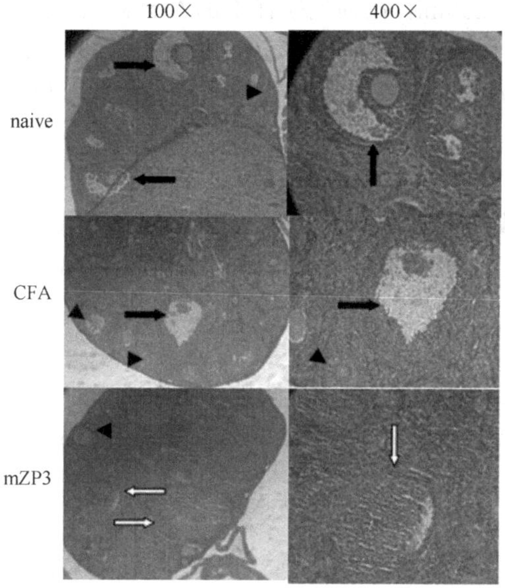

图 20-3　AOD 小鼠卵巢切片（Li *et al.*，2008）

6. 参考文献

Kang YM，Zheng GX，Chen AX，et al. 2012. Tolerogenic DNA vaccine for prevention of autoimmune ovarian disease. Immunol Invest，41（3）：249-260

Li JY，Jin HL，Zhang FC，et al. 2008. Treatment of autoimmune ovarian disease by co-administration with mouse zona pellucida protein 3 and DNA vaccine through induction of adaptive regulatory T cells. J Gene Med，10：810-820

（六）哮喘动物模型

1. 简介

支气管哮喘是多种炎症细胞及炎症因子参与的，以气道高反应为特征的一种严重的慢性炎性疾病。随着物质生活水平的提高，各种刺激因子日益繁多，支气管哮喘的发病总体呈上升趋势。利用小鼠、大鼠和兔子等制备哮喘动物模型，主要用来模拟哮喘患者的发病症状及进行机制研究。

目前，利用小鼠免疫卵清白蛋白（ovalbumin，OVA）是诱导哮喘模型的一种常见方法。哮喘模型的制备时间应避开冬天，春夏时节最为合适，制备的哮喘模型炎症反应明显。本实验周期为30～40天。首次实验，推荐模型组和正常组至少准备10只小鼠。

2. 实验动物

8～10周龄雌性BALB/c小鼠。

3. 实验材料

（1）OVA蛋白：Sigma产品，OVA蛋白溶于PBS，浓度为1mg/ml。

（2）铝佐剂：即$Al(OH)_3$。

取5%硫酸铝溶液250ml，在强烈搅拌下加入5%氢氧化钠溶液100ml，用生理盐水离心洗涤沉淀2次，沉淀即为铝胶，可吸附蛋白质，为Th2型佐剂。免疫接种时，称取适量氢氧化铝佐剂（5mg/鼠）加抗原溶液重悬，即可免疫。

4. 实验步骤

1）乳化抗原

将OVA作为过敏抗原与等体积10%的铝盐混合，室温条件下振荡混合2h。经过750×*g* 5min 的离心，弃上清并用去离子水将OVA/铝佐剂的复合物重新悬浮使其浓度为1mg/ml。

2）免疫注射

第0天时，每只雌性BALB/c小鼠腹腔注射100μl的OVA/铝复合物，第8天，14天，16天和18天吸入1mg/ml（抗原/PBS）气雾1h，激发肺部的过敏性反应，进行哮喘模型的诱导。

3）模型鉴定

（1）肺组织灌洗液中细胞数的测定：在最后一次OVA抗原灌肺后24h，小鼠被麻醉致死，由喉部手术剥离其气管，用0.8ml生理盐水经气管注入并反复灌洗肺组织3～5次。收集灌洗液，离心并重悬于100ml含有0.1%BSA的生理盐水中。细胞经瑞士-吉木萨染液染色后分别进行细胞总数、嗜酸性粒细胞、单核细胞、淋巴细胞的计数。

（2）切片：最后一次OVA抗原灌肺后24h，麻醉小鼠致死，取小鼠肺组织进行固定、包埋和切片。分别进行HE（hematoxylin for evaluation）染色和PAS（periodic acid-schiff）染色。

（3）抗体检测：在最后一次OVA抗原灌肺后5天，分离小鼠抗血清。利用ELISA方法检测血清中OVA抗原特异性的IgG1、IgG2a和IgE抗体水平。

（4）肺功能：进行被动呼吸阻力Re（AniRes2005，北京Bestlab科技公司）检测。

5. 实验结果

诱导哮喘的小鼠与正常小鼠相比，肺部灌洗液中细胞总数、嗜酸性粒细胞、单核细胞、淋巴细胞数目增加；肺病理切片出现淋巴细胞浸润（图20-4）（耿爽，2011）；OVA特异性抗体，尤其是IgE水平升高；被动阻力实验结果见图20-5（Jin *et al.*，2008），横轴为氯化乙酰胆碱刺激浓度（Me-AchCl：氯化乙酰胆碱），纵轴为呼吸阻力Rrs与呼吸顺应性Clydn（Re：呼吸阻力），Rrs越大，Clydn越小，呼吸越困难。诱导哮喘的小鼠与正常小鼠相比，明显呼吸困难。

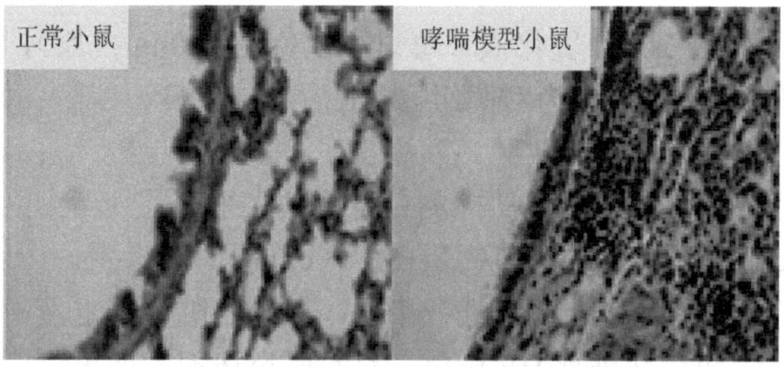

图 20-4 小鼠肺部切片（耿爽，2011）

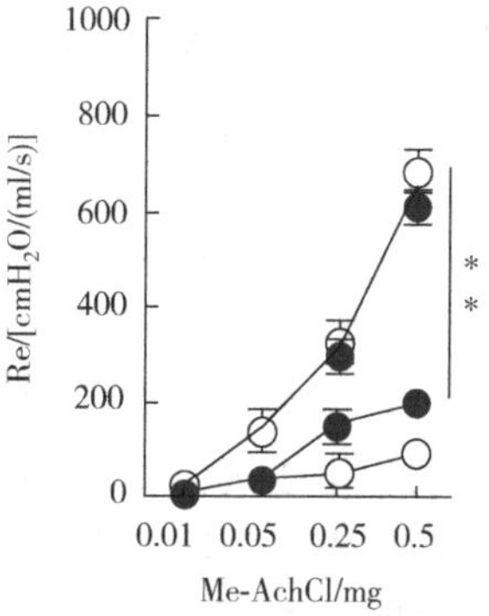

图 20-5 被动阻力实验（Jin *et al.*, 2008）

*表明差异显著

6. 参考文献

耿爽. 2011. 共免疫诱导调节性 T 细胞的诱导和抗原特异性研究. 北京：中国农业大学博士学位论文

Jin HL，Xiao C，Geng S，et al. 2008. Protection from asthma due to antigen specific Tr cells induced by co-vaccination. Eur J Immunol，38：2452-2464

（七）自身免疫性心肌炎动物模型

1. 简介

自身免疫性心肌炎是一种由免疫机制引起的心脏损伤，是 Th1 细胞介导为主的自身免疫反应，其在全球的发病率为 0.15%～0.60%。实验性自身免疫性心肌炎（experimental autoimmune myocarditis，EAM）是由肌浆球蛋白多肽引发的自身免疫性心肌炎小鼠或大鼠模型。

2. 实验动物

6～8 周龄雌性 BALB/c 小鼠。

3. 实验材料

（1）肌浆球蛋白多肽 614-643：氨基酸序列 SLKLMATLFSTYASADTGDSGKGKGGKKKG，可在生物公司进行合成。

（2）弗氏完全佐剂：Sigma 产品。

（3）百日咳毒素（PTX）：Sigma 产品，溶于 PBS 浓度为 5μg/ml。

（4）乳化器。

（5）注射器：乳化后抗原极为黏稠，用 1ml 的注射器进行注射时，需用 5ml 注射器的针头吸取。

4. 实验步骤

1）乳化抗原

将浓度为 1mg/ml 的肌浆球蛋白多肽 614-643 与完全弗氏佐剂等体积混合，进行乳化，抗原滴入水中不扩散即为乳化完全。

2）皮下注射

每只小鼠通过颈部和尾部皮下免疫 200μl 乳化液（每只小鼠免疫 100μg 抗原），同时腹膜注射 500ng PTX。小鼠只免疫 CFA 作为对照组。7 天后加强免疫。

3）模型鉴定

（1）第 2 次免疫后 14 天收集血清，ELISA 方法检测自身抗体水平。

（2）第 2 次免疫后 14 天收集血清，检测心肌肌钙蛋白Ⅰ（cTnⅠ）的含量。

（3）组织学评价心肌炎：第 2 次免疫后 14 天，处死小鼠，取出心脏，固定液中固定 24h，进行石蜡包埋，然后连续切片并进行 HE 染色，对心肌炎病理学严重程度进行打分（kishimoto *et al.*，2013）。0 分=无明显炎性细胞浸润；1 分=少量炎性细胞局灶性浸润；2 分=局灶性炎性细胞浸润，炎性细胞数>100；3 分=浸润炎性细胞>10%；4 分=浸润炎性细胞>30%。

5. 实验结果

EAM 模型小鼠自身抗体会升高；EAM 模型小鼠 HE 染色有不同程度的心肌损害及心肌炎性细胞浸润（图 20-6）（Neu *et al.*，1987）；EAM 模型小鼠心肌炎评分明显高于对照组。

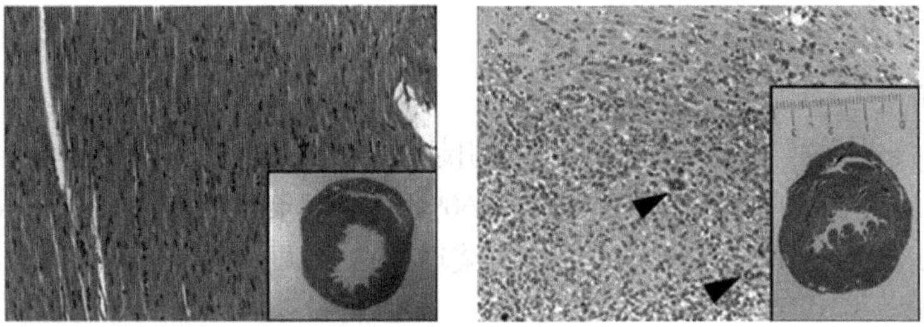

图 20-6　正常小鼠/EAM 模型小鼠的心脏组织切片（Neu *et al.*，1987）

6. 参考文献

Kishimoto C，Nimata M，Okabe TA，et al. 2013. Immunoglobμlin treatment ameliorates myocardial injury in experimental autoimmunemyocarditis associated with suppression of reactive oxygen species. Int J Cardiol，167（1）：140-145

Neu N, Rose NR, Beisel KW, et al. 1987. Cardiac myosin induces myocarditis in genetically predisposed mice. J Immunol，139（11）：3630-3636

第七章　细胞培养技术

一、细胞培养简介

1. 平衡盐溶液

平衡盐溶液（balanced salt solution，BSS）可用于配制培养用液基础液及细胞洗涤液。主要是由无机盐、葡萄糖组成，它的作用是维持细胞渗透压平衡，保持 pH 稳定及提供简单的营养。常用的平衡盐有：

（1）Dulbecco's 平衡盐（D-PBS），不含碳酸氢钠；

（2）Hank's 平衡盐（HBSS），含碳酸氢钠少，约 0.35mg/L；

（3）Earles 平衡盐（EBSS），含碳酸氢钠多，约 2.2mg/L；

（4）PBS 平衡盐，无 Ca^{2+}、Mg^{2+}。

2. 培养基

1）培养基基本要求

（1）营养成分：氨基酸、单糖、维生素、无机离子与微量元素。

（2）促生长因子及激素。

（3）渗透压。

（4）pH。

（5）气体。

（6）无毒、无污染。

2）培养基种类

（1）DMEM 细胞培养基及其改良品种：DMEM 是由 Dulbecco 改良的 Eagle 培养基，各成分量加倍，分低糖（1000mg/L）、高糖（4500mg/L）。细胞生长快。附着稍差的肿瘤细胞、克隆培养用高糖效果较好，常用于杂交瘤的骨髓瘤细胞和 DNA 转染的转化细胞培养。

（2）RPMI1640 细胞培养基：Moore 等于 1967 年在 Roswell Park Memorial Institute 研制，针对淋巴细胞培养设计，BSS＋21 种氨基酸＋维生素 11 种等，广泛适于许多种正常细胞和肿瘤细胞，也用作悬浮细胞培养。

（3）低/无血清培养基：DMEM 和 F12 细胞培养基按照 1∶1 比例混合效果最佳，营养成分丰富可以使用较少血清，或作为无血清培养基的基础培养基。通常在用传统培养基培养细胞时需加入约 10%的小牛血清，低血清培养基是在基础培养基中添加了额外的营养成分，使小牛血清的添加量减少 5%～7%，而对于细胞生长、增殖、形态和功能有较小或者没有影响。低血清细胞培养基应用于 VERO 细胞、BHK21 细胞等细胞在转瓶、微载体反应器中的培养。无血清无动物组分细胞培养基通常是特定细胞专用培养基，如无血清无动物组分 CHO 悬浮细胞培养基适用于 CHO 悬浮细胞。

3. 抗生素

实验室常用培养基添加抗生素：青霉素 100 单位/ml＋链霉素 100μg/ml。

4. 胰蛋白酶

胰蛋白酶的作用是使细胞间的蛋白质水解，从而使细胞离散。在进行贴壁细胞的传代时需要使用胰蛋白酶将细胞从培养皿壁上消化下来。不同的组织或者细胞对胰酶的作用反应不一样。胰酶分散细胞的活性还与其浓度、温度和作用时间有关，在 pH 为 8.0、温度为 37℃时，胰酶溶液的作用能力最强。使用胰酶时，应把握好浓度、温度和时间，不同的细胞差异很大，需要进行预实验，以免消化过度造成细胞损伤。因 Ca^{2+}、Mg^{2+}和血清、蛋白质可降低胰酶的活性，所以配制胰酶溶液时应选用不含 Ca^{2+}、Mg^{2+}的 BSS，如 D-Hank's 液。在加胰酶前应用不含血清的培养基或者 PBS 洗涤细胞，消化效果会好一些。终止消化时，可用含有血清培养液或者胰酶抑制剂终止胰酶对细胞的作用。

5. 培养基缓冲液——HEPES 溶液

HEPES 的化学全称为羟乙基哌嗪乙硫磺酸（*N*'-a-hydroxythylpiperazine-*N*'-ethanesulfanic acid），对细胞无毒性作用。它是一种氢离子缓冲剂，能较长时间控制恒定的 pH 范围。使用终浓度为 10～50mmol/L，一般培养液内含 20mmol/L HEPES 即可达到缓冲能力。

6. 营养添加剂——谷氨酰胺

合成培养基中都含有较大量的谷氨酰胺，其作用非常重要，细胞需要谷氨酰胺合成核酸和蛋白质，谷氨酰胺缺乏会导致细胞生长不良甚至死亡。在配制各种培养液中都应该补加一定量的谷氨酰胺。

二、常见试剂的制备与消毒

1. 水的制备

需要用新鲜的双蒸水、三蒸水或纯净水。

2. PBS 的制备与消毒

（1）溶解定容：将药品（NaCl 8.0g，KCl 0.2g，$Na_2HPO_4 \cdot H_2O$ 1.56g，$KH_2PO_4$0.2g）倒入盛有双蒸水的烧杯中，玻璃棒搅动，充分溶解，然后把溶液倒入容量瓶中准确定容至 1000ml，摇匀即成新配制的 PBS 溶液。

（2）移入溶液瓶内待消毒：将 PBS 倒入溶液瓶内，高压锅内 8 磅消毒 20min。

3. 胰蛋白酶溶液的配制与消毒

（1）称取胰蛋白酶：按胰蛋白酶液浓度 0.25%，用电子天平准确称取粉剂溶入小烧杯中的双蒸水（若用双蒸水需要调 pH 到 7.2 左右）或 PBS（D-Hank's）液中。搅拌混匀，置于 4℃过夜。

（2）用注射滤器抽滤消毒：配好的胰酶溶液要在超净工作台内用注射滤器（0.22μm 微孔滤膜）抽滤除菌。然后分装成小瓶于–20℃保存以备使用。

4. 青、链霉素溶液的配制与消毒

所用纯净水（双蒸水）需要 15 磅高压 20min 灭菌。青、链霉素的浓度最终为 100 单位/ml。

5. RPMI1640 的制备与消毒

（1）溶解、调 pH、定容：先将培养基粉剂加入培养液体积 2/3 的双蒸水中，并用双蒸水冲洗包装袋 2～3 次（冲洗液一并加入培养基中），充分搅拌至粉剂全部溶解，并按照包装说明添加一定的药品，然后用注射器向培养基中加入配制好的青、链霉素液各 0.5ml，使青、链霉素的浓度最终各为 100 单位/ml。然后用一个当量的盐酸和 NaOH 调 pH 到 7.2 左右。最后定容至 1000ml，摇匀。

（2）安装蔡式滤器：安装时先装好支架，按规定放好滤膜，用螺丝将不锈钢滤器和支架连接好，然后卸下支架腿分别用布包好待消毒。

（3）抽滤：配制好的培养液通常用滤器过滤除菌。通常用蔡式滤器在超净工作台内过滤。

（4）分装：将过滤好的培养液分装入小瓶内置于 4℃冰箱内待用。

（5）使用前要向 100ml 培养液中加入 1ml 谷氨酰胺溶液（4℃时两周有效）。

6. 血清的灭活

细胞培养常用的是小牛血清，新买来的血清要在 56℃水浴中灭活 30min 后，再经过抽滤方可加入培养基中使用。小牛血清不可反复冻融，故分装后的血清取出后要在 4℃保存。

7. HEPES 溶液（1mol/L HEPE 缓冲液）

准确称取 HEPTS 238.3g，加入新鲜三蒸水定容至 1L。过滤除菌，分装后 4℃保存。

注意：因为现在市售 HEPES 为约 10g 包装的小瓶，所以可根据实际情况灵活配制，但是要保证培养液内 HEPES 的终浓度仍然为 20mmol/L。如称取 4.766g HEPES 溶于 20ml 三蒸水中，过滤除菌后可完全（20ml）加入 1L 培养液中，或者每 100ml 培养液中加入 2ml 即可。

8. 谷氨酰胺

谷氨酰胺在溶液中很不稳定，4℃下放置 1 周可分解 50%，故应单独配制，置于–20℃冰箱中保存，用前加入培养液。加有谷氨酰胺的培养液在 4℃冰箱中可储存 2 周。一般培养液中谷氨酰胺的含量为 1～4mmol/L。可以配制 200mmol/L 谷氨酰胺液储存，用时加入培养液。配制方法为：谷氨酰胺 2.922g 溶于三蒸水加至 100ml 即配成 200mmol/L 的溶液，充分搅拌溶解后，过滤除菌，分装小瓶，–20℃保存，使用时可向 100ml 培养液中加入 1ml 谷氨酰胺溶液。

三、常见问题

1. 如何选用培养基

（1）建立某种细胞株所用的培养基应该是培养这种细胞首选的培养基。用多种培养基或者含不同添加物培养目的细胞，观察其生长状态，可以用生长曲线、集落形成率等指标判断，根据实验结果选择最佳培养基。也可根据文献报道选用合适的培养基。

（2）根据细胞株的特点、实验的需要来选择培养基。

2. 培养基中酚红的使用

酚红在培养基中被用来作为 pH 的指示剂，研究表明，酚红可以模拟固醇类激素的作用（特别是雌激素），为避免固醇类反应，用无酚红培养基。

3. 在新鲜培养基中添加了血清和抗生素后，有效期是多长

在新鲜培养基中一旦添加了血清和抗生素时，应该在 2～3 周使用它。因为一些抗生素和血清中的基本成分在解冻后就开始降解。

4. 如何消除组织培养的污染

高浓度的抗生素和抗霉菌素可能对一些细胞系有毒性，因而，做剂量反应实验确定抗生素和抗霉菌素产生毒性的剂量水平。

实验二十一　细胞的传代与细胞计数

一、实验目的

1. 了解显微镜的构造和细胞培养的原理。
2. 掌握细胞计数板技术方法和细胞传代的基本原理和操作过程。

二、实验原理

贴壁细胞在培养瓶长成致密单层后，已基本上饱和，为使细胞能继续生长，同时也将细胞数量扩大，就必须进行传代（再培养）。传代培养也是一种将细胞种保存下去的方法。同时也是利用培养细胞进行各种实验的必经过程。悬浮型细胞直接分瓶就可以，而贴壁细胞需经消化后才能分瓶。

细胞计数板是通过对一定数量的小格（中格）计数，根据相应小格（中格）所占的体积，可以推算出单位体积的溶液中微生物细胞的密度或总数。

在实验过程中，一般对计数室 4 角上的 4 个中方格及正中间的 1 个中方格进行统计；对于压线的，采取数上不数下，数左不数右的原则。将 5 个中格中微生物细胞之和扩大 5 倍即为 1 个计数室中微生物细胞的总数。而 1 个计数室的总容积为 0.1mm^3，由此即可推算出单位体积或溶液中微生物细胞的密度或总数。

三、实验材料

1. 细胞

贴壁细胞株。

2. 试剂

（1）4%台盼蓝母液：称取 4g 台盼蓝，加入少量蒸馏水研磨，加双蒸水至 100ml，用滤纸过滤，4℃保存。使用时，用 PBS 稀释母液至 0.4%即可。

（2）其他：胰蛋白酶消化液、胎牛血清、RPMI1640 培养基、PBS。

3. 器材

细胞培养皿、培养瓶、细胞计数板、CO_2 培养箱、倒置显微镜。

四、实验步骤

1. 细胞传代

1）传代前准备

（1）预热培养用液：把已经配制好的装有培养基、血清、PBS 液和胰蛋白酶（悬浮细胞不用胰酶）的瓶子放入 37℃水浴锅内预热。

（2）用 75%乙醇递呈擦拭经过紫外线照射的超净工作台和双手，点燃酒精灯（注意：火焰不能太小）。

（3）准备好将要使用的消毒后的空培养瓶。

（4）取出预热好的培养用液：取出已经预热好的培养用液，用酒精棉球擦拭好后方能放入超净工作台内。

（5）从培养箱内取出细胞[注意：取出细胞时要旋紧瓶盖（培养瓶培养时），用酒精棉球擦拭显微镜的台面，再在镜下观察细胞，看是否有污染和形态变化，贴壁细胞需观察贴壁率和是否有细胞成团或者漂浮]。

2）胰蛋白酶消化（贴壁细胞需要）

（1）加入消化液：小心吸出原来的培养液，用 PBS 或新鲜培养基冲洗，加入适量消化液（胰蛋白酶液）（注意：消化液的量以盖住细胞最好），最佳消化温度是 37℃。消化的时间和胰酶的量需要做预实验。

（2）显微镜下观察细胞：倒置显微镜下观察消化细胞，若胞质回缩，细胞之间不再连接成片，表明此时细胞消化适度。

（3）加入血清中止反应（可用纯血清等体积，也可用 10%培养基 10 倍体积）。

（4）吹打分散细胞：用滴管或者移液管将已经消化细胞吹打成细胞悬液，此时吹打十分关键，要尽量吹打至单细胞，可在镜下观察。将细胞悬液吸入 10ml 离心管中，20℃，以 2000r/min 离心 6～8min。

（5）弃上清液，加入 2ml 培养液，用滴管轻轻吹打细胞制成细胞悬液，镜下观察。如果是在多孔板中培养，尤其是直径小的，需要划“8”字使细胞分散均匀，否则容易在皿中央成团生长。

3）分装稀释细胞

（1）细胞计数：在离心后重悬细胞，需进行细胞计数，后面会详细介绍技术方法。

（2）密度过小会影响传代细胞的生长，传代细胞的密度应该不低于 5×10^5/ml，对于贴壁细胞传代的数量要小些，一般不低于 1×10^5 个/ml。悬浮细胞的差异较大，需根据细胞的具体要求来控制密度，一般不超过（1～2）$\times10^6$ 个/ml。

4）做好标记

标记是十分重要的，包括：细胞株的名称，复苏来源的标号，传至几代（passage number），细胞接种密度，接种时间，接种人。一般的 T 形瓶的侧面都有磨砂的部位专门用于标记。

5）继续培养

用酒精棉球擦拭培养瓶，适当旋松瓶盖（一般 T 形瓶的盖子上会有一个标记，通常是旋转一周），放入 CO_2 培养箱中继续培养。传代细胞 2h 后开始贴附在瓶壁上（依不同细胞株而异），一般在细胞长满皿底的 70%～80%，需再进行传代，否则细胞会漂浮死亡。

2. 细胞计数

（1）制备计数用的细胞悬液：如果细胞密度在 10^6 个/ml 以上需要将其做适当稀释至上述密度，加入等体积的台盼蓝染液（0.4%），加入染液后就可以在显微镜下区别活细胞和死细胞，未被染色的是活细胞。

（2）将细胞悬液滴入计数板：取一套细胞计数板，将特制的盖玻片盖在细胞计数槽上。将待测细胞悬液吹均匀，然后吸取少量悬液沿盖片边缘缓缓滴入，要保证盖片下充满悬液[注意：盖片下不要有气泡，也不能让悬液流入旁边槽中（一般 10～20μl）]。加入悬液时必须一次性加入，不可反复吸加或者分次加入，会影响计数准确性。

（3）统计 4 个大格的细胞数：将细胞计数板放于显微镜的低倍镜下观察，并移动计数板，当看到镜中出现计数方格后，数出 4 角的 4 个大格（每个大格含有 16 个中格）中没有被染液染上色的细胞数目。数细胞的原则是只数完整的细胞，若细胞聚集成团时，只按照一个细胞计算。如果细胞压在格线上时，则只计上线，不计下线，只计右线，不计左线。

五、实验结果

细胞数/ml=100 小格内细胞个数/100×400×10 000×稀释倍数。

六、注意事项

1. 务必使其分散成单个细胞，取样计数前，充分混匀细胞悬液。

2. 显微镜下计数时，遇到 2 个以上细胞组成的细胞团，应按单个细胞计算。如果细胞团>10%，说明细胞分散不充分。

3. 细胞传代过程中一定要确保无菌操作，并保证细胞分散成单细胞。

实验二十二　细胞的冻存与复苏

一、实验目的

1. 初步了解细胞冻存与复苏的基本原理。

2. 掌握细胞复苏和冻存的操作步骤。

二、实验原理

直接冻存细胞时，细胞内和外环境中的水都会形成冰晶，可导致细胞内发生机械损伤、电解质升高、渗透压改变、脱水、pH 改变、蛋白质变性等，能引起细胞死亡。细胞冻存及复苏的基本原则是慢冻快融，可以最大限度地保存细胞活力。向培养液加入保护剂，可使冰点降低。在缓慢的冻结条件下，能使细胞内水分在冻结前透出细胞。储存在–130℃以下的低温中能减少冰晶的形成。细胞复苏时速度要快，使之迅速通过细胞最易受损的–5～0℃，细胞仍能生长，活力受损不大。

目前常用的保护剂为二甲亚砜（DMSO）和甘油，它们对细胞无毒性，分子质量小，溶解度大，易穿透细胞。

1. 冻存温度

不同的细胞和生物体及使用不同的冷冻保存方法要取得同样的冷冻保存效果，冷冻保存温度可以不同。液氮温度（–196℃）是目前最佳的冷冻保存温度，如果冷冻过程得当，一般生物样品均可保存 10 年以上。应用–80～–70℃保存细胞，短期内对细胞的活性无明显影响，但随着冻存时间延长，细胞存活率明显降低。

2. 复苏速率

复温速率是指在细胞复苏时温度升高的速度。一般来说，复温速度越快越好。常规的做法是，在 37℃水浴中，于 1～2min 完成复苏。复温速度过慢，细胞内往往重新形成较大冰晶而造成细胞损伤。复温时造成的细胞损伤非常快，往往在极短的时间内发生。复温速率不当也会降低冻存细胞存活率。

3. 冻存保护剂

渗透性冷冻保护剂可以渗透到细胞内，一般是一些小分子物质，主要包括甘油、DMSO、乙二醇、丙二醇、乙酰胺、甲醇等。其保护机制是在细胞冷冻悬液完全凝固之前，渗透到细胞内，在细胞内外产生一定的摩尔浓度，降低细胞内外未结冰溶液中电解质的浓度，从而保护细胞免受高浓度电解质的损伤，同时，细胞内水分也不会过分外渗，避免了细胞过分脱水皱缩。甘油和 DMSO 并不防止细胞内结冰，在使用该类冷冻保护剂时，需要一定的时间进行预冷，让甘油或 DMSO 等成分渗透到细胞内，在细胞内外达到平衡以起到充分的保护作用。目前 DMSO 的应用比甘油更为广泛，但要注意的是，DMSO 在常温下对细胞的毒性作用较大，而在 4℃时，其毒性作用大大减弱，且仍能以较快的速度渗透到细胞内。所以，冻存时 DMSO 平衡多在 4℃下进行，一般需要 40～60min。由于 DMSO 在常温毒性很大，复苏后需立即洗去保护剂。

三、实验材料

细胞培养基、胎牛血清、DMSO、细胞培养板、细胞冻存管、加样器、细胞计数板、CO_2 培养箱、倒置显微镜等。

四、实验步骤

1. 细胞传代

1）待冻存细胞悬液的制备

（1）在冰上事先预冷两个空试管，将一管装有 500μl 的血清配制成含 20%DMSO 的溶液和一管装有 500μl 的血清，分别放在冰上预冷。

（2）按常规方法消化处于对数生长期的细胞培养物，制备单细胞悬液，并计算细胞总数。

（3）离心机事先 4℃预冷，将细胞悬液以 2000～2500r/min 离心 5min，去上清，在管底稍留一点培养基，将细胞打散。

（4）向细胞沉淀物中缓慢滴加预冷的血清，边加边混匀，速率要慢，再加入含 20%DMSO 的血清，使细胞密度达 1×10^6～1×10^7 个/ml。

（5）按每管 1.0～1.5ml 的量分装于冻存管内，拧紧管盖。

（6）在冻存管上做好标记，包括细胞代号，传至几代及冻存日期。

2）冷冻程序

（1）先将冻存管放入普通冰箱冷藏室（4～8℃），约 40min。

（2）接着将冻存管置于普通冰箱冷冻室（−20～−10℃），30～60min。

（3）将冻存管转入低温冰箱（−30℃），放置 30min 左右。

（4）将冻存管转移到超低温冰箱（−80～−70℃），过夜。

（5）最后将冻存管投入液氮保存（注意：如果有冻存盒，可以在冻存盒中加入，将冻存管插入盒中，直接在–80℃冷冻 12～24h 后，可直接转入液氮长期保存）。

2. 细胞复苏

（1）将恒温水浴箱的温度调节至 37℃。

（2）从液氮中取出冻存管，立即投入 37℃温水中迅速晃动，直至冻存液溶解（在还有一点冰的时候就取出，立即放置冰上）。

（3）将细胞冻存悬液转移到离心管内，缓慢滴加约 5ml 培养液，边加边混匀，再滴加另外 5ml 培养液，轻轻吹打混匀。

（4）将细胞悬液经 2000～2500r/min 离心 5min，弃上清，稍留一点培养基，将细胞打散。

（5）向细胞悬液中加入完全培养液，轻轻吹打混匀，将细胞悬液转移到培养瓶内，补足培养液进行培养。

3. 初步培养

由于复苏后细胞需要恢复一段时间，因此起初不会生长得太快，需及时观察。如果细胞状态不好，或者出现凋亡的形态，则需要勤换培养基，直到细胞恢复到正常形态，累积到一定数量可进行传代培养。

五、实验结果

复苏后的细胞应该保持其冻存时的活力，活细胞数达 90%以上。

六、注意事项

（1）在使用 DMSO 之前，不要对其进行高压灭菌，因其本身就有灭菌作用。高压灭菌反而会破坏其分子结构，以致降低冷冻保护效果。

（2）在常温下，DMSO 对人体有毒，在操作时最好戴手套再将细胞冻存管投入液氮，动作要小心，以免液氮从液氮罐内溅出，对皮肤造成冻伤。

（3）注意保障冻存细胞的质量。既要在冻存前保障细胞具有高活力，还要确保无微生物污染，这样的细胞才具有冻存价值。另外，在每批细胞冻存一段时间后，要复苏 1～2 管，以观察其活力及是否受到微生物的污染。

（4）细胞复苏时，冷冻保护液 DMSO 的稀释及去除过程，不能在室温下而必须在 4℃冰浴中进行，避免在室温下冷冻保护剂对细胞产生毒性。稀释过程也要缓慢进行，保证有足够的时间让冷冻保护剂从细胞内渗出，以达到细胞内外的平衡，避免高渗透压的损伤。

（5）细胞冻存悬液一旦熔解后，要尽快离心除去冷冻保护液，防止冷冻保护剂对细胞产生毒性。

实验二十三　树突细胞的诱导及培养

一、实验目的

1. 了解树突细胞发育的基本原理。
2. 掌握树突细胞的诱导培养方法和操作技术。

二、实验原理

树突状细胞（dendritic cell，DC）是人体内功能最强的、专职的、最有效的抗原递呈细胞，具有摄取、处理、递呈同类型抗原，激活原初 T 细胞，引发抗原特异性免疫反应的特性。然而，天然存在的 DC 数量极少，广泛分布于机体所有组织和器官，约占外周血中单个核细胞的 1%，从而限制了实验的需要。

小鼠的骨髓细胞含有树突状细胞的前体细胞，利用细胞因子 rmGM-CSF 和 IL-4 联合刺激，可以诱导产生树突状细胞，即为小鼠骨髓来源的树突状细胞。

三、实验材料

1. 细胞培养基

（1）RPMI1640 培养基（Sigma，cat. no. R7638）：含 1g/L 碳酸氢钠和 20mmol/L HEPES，不含 L-谷氨酸，使用前，1L RPMI1640 培养基添加 0.39g L-谷氨酸。

（2）抗生素：1L RPMI1640 培养基含 100U 青霉素及 100μg 链霉素。

（3）10%胎牛血清（FCS）。

2. 细胞和试剂

（1）小鼠：6～12 周龄雌性 BALB/c 或 C57 小鼠。

（2）70%乙醇。

（3）重组小鼠 GM-CSF。

3. 器械

（1）100mm 直径的细胞培养皿。

（2）1ml 注射器。

（3）眼科剪和眼科镊。

四、实验步骤

1. 分离出小鼠的股骨

（1）处死小鼠，全身置 75%乙醇里浸泡消毒 15min，然后在超净工作台中用剪刀和镊子将小鼠的皮肤和肌肉剪开，之后在髂骨和股骨关节处剪开，将大腿分离出（注意：分离大腿时不要剪断股骨以免污染，所以剪刀剪处应尽量靠后，落在髂骨和股骨关节处，才能得到完整的股骨）。

（2）用剪刀除去大腿上的肌肉等组织，同时在关节处剪开大、小腿，得到股骨，浸泡在 RPMI1640 培养基中。

2. 从股骨中分离出骨髓中的细胞

（1）将 6～8 周龄的 C57BL/6 股骨在 RPMI1640 培养基中用镊子夹出，放在 70%乙醇中浸泡 1min 以消毒。

（2）用 RPMI1640 培养基冲洗股骨一次。

（3）剪开股骨两端骨骺，留下骨干。

（4）用含有 RPMI1640 培养基的 1ml 注射器，深入骨干的一端，冲洗骨髓入含 10%小牛血清的 5ml 培养基，反复冲洗 3 次。

3. 加刺激物诱导树突细胞

（1）往培养基中加入 GM-CSF，终浓度为 10ng/ml，此时用 100mm 的培养皿，加入 4ml 培养基，细胞数为 4×10^6 个。

（2）培养第 3 天时，再加入 4ml 含 GM-CSF 的培养基（含有 10%的小牛血清），GM-CSF，终浓度为 10ng/ml。

（3）培养第 6 天时，再次再加入 6ml 含 GM-CSF 的培养基（含有 10%的小牛血清）；至第 10 天，此时得到的 DC 不成熟，可以用来实验。同时，在 LPS 等因素作用下，树突状细胞逐渐成熟并高表达 MHC 分子和共刺激分子 CD40、CD80、CD86 等。因此，为了得到成熟的 DC，在培养的第 7 天加入 LPS 诱导 DC 分化成熟。

五、实验结果

第 9～10 天显微镜下观察 DCs 细胞形态，一般不成熟 DCs 为半悬浮；成熟 DCs 为贴壁细胞，可收集细胞利用 CD11c 磁珠分选试剂盒纯化 DCs 进行实验。

六、注意事项

（1）DC 培养时间较长，所以操作时一定要注意，避免污染。

（2）DC 培养时忌讳对它的各种刺激。DC 培养期间尽量少开培养箱，不要放在显微镜下看，减少对 DC 的刺激。DC 受到外界环境刺激很快会分化死亡，影响得率。

第八章 抗体制备及检测技术

实验二十四 免抗血清制备

一、实验目的

1. 学习兔血清的制备方法。
2. 熟悉兔的抗血清制备实验操作过程。
3. 掌握抗体效价判断的方法。

二、实验原理

具有免疫原性的抗原可刺激机体 B 细胞增殖、分化形成浆细胞并分泌特异性抗体。由于抗原分子表面的不同决定簇为不同特异性的 B 细胞克隆所识别，因此由某一抗原刺激机体后产生的抗体，实际上为针对该抗原分子表面不同决定簇的抗体混合物（即多克隆抗体）。另外，抗体的产生具有记忆应答的规律性，表现为初次免疫注射与再次免疫注射后的抗体应答特点截然不同。这是由于记忆性 B 细胞参与再次应答所致。根据抗原的性质不同而异。下面以制备家兔抗人 IgG 免疫血清为例作具体说明。

三、实验材料

1. 动物

健康成年家兔，雄性，体重 2～3kg。

2. 器材

剪刀、镊子、注射器（2ml、50ml）附针头（9 号、6 号）、称量瓶（10ml）、量筒、动物固定架、离心管（50ml）、手术器械一套、血管夹、黑丝线、塑料放血管等。

3. 试剂

（1）完全弗氏佐剂乳化抗原（CFA-IgG）的制备：用带有 18 号针头的注射器抽取 CFA 与纯化人 IgG 2.5ml（2.4mg/ml），然后将注射器放入三通管的一个管道，同时用另一个注射器放入三通管的另一管道，锁住三通管的最后一个管道。反复进行混合大约 60 次，直到将一滴乳化物滴入冷水面上不分散为合格。

（2）其他：灭菌生理盐水，纯化人 IgG（10mg/ml），消毒乙醇及碘酒，羊毛脂，石蜡油，活卡介苗（BCG）（75mg/ml）。

四、实验步骤

1. 免疫前血清收集

免疫前用耳缘静脉采血并收集血清（血清分离方法如步骤7）。

2. 动物免疫前处理

用剪毛剪剪去家兔两后脚掌的部分兔毛，以乙醇及碘酒消毒皮肤。

3. 第1次免疫

用2ml注射器吸取CFA乳化的人IgG抗原（CFA-IgG）1ml，每侧脚掌皮下各注入0.5ml。

4. 第2次免疫

间隔10～14天后，于两侧窝及鼠蹊部肿大的淋巴结内注入FCA-IgG，每个淋巴结注0.1ml，其余注入淋巴结附近皮下共1ml。如淋巴结未肿大或肿大不明显时，直接注入两侧窝及鼠蹊部皮下。

5. 检测抗体效价

间隔7～10天后，从耳静脉采血0.5～1.0ml，分离血清，以双相琼脂扩散实验测定免疫血清的抗体效价（即试血）。效价至少应达到1：16以上时才能放血。

6. 收集免疫后血清

若效价未达到要求，可用不加佐剂的抗原耳缘静脉注射，即于1周内注射3次，分别为0.1ml、0.3ml、0.5ml。间隔1周再试血。如效价达到要求应立即放血。另外，也可在第2次免疫后，以不完全弗氏佐剂乳化的人IgG抗原（IFA-IgG）再免疫1～2次。注射部位、剂量和间隔均同第2次，再试血测抗体效价，如效价达到要求立即放血。

7. 采血方法

1）心脏采血法

（1）保定家兔。

（2）剪去左胸部兔毛，消毒皮肤。

（3）用左拇指摸到胸骨剑突处，食指及中指放在右胸处轻轻向左推心脏，并使心脏固定于左胸侧位置。然后，以左拇指触摸心脏搏动最强的部位。

（4）用50ml注射器（连接16号针头），倾针45ºC，对准心搏最强处刺入心脏抽血致死。

（5）将抽取的血液立即注入50ml离心管中，待凝固后分离血清。

2）颈动脉放血法

（1）保定家兔。头部略放低以暴露颈部。剪去颈部兔毛及消毒皮肤。

（2）沿颈部中线切开皮肤约10cm，分离皮下组织，直至暴露出气管两侧的胸锁乳突肌。

（3）分离胸锁乳突肌与气管间的颈三角区疏松组织，暴露出颈总动脉后使之游离。

（4）于动脉下套入两根黑丝线，分别置于远心及近心端。结扎远心端的丝线。

近心端的动脉用血管夹夹住。

（5）用尖头小剪刀在两根丝线间的动脉壁上剪一小口，插入塑料放血管。再将近心端的丝线结扎固定于放血管上，以防放血管滑脱。

（6）松开血管夹，使血液流入灭菌三角烧瓶中。一般一只家兔可放血 80～100ml。

（7）血清分离：将血置 37℃温箱 1h，再置 4℃冰箱内 3～4h。待血液凝固血块收缩后，用毛细滴管吸取血清。于 3000r/min 离心 15min，取上清加入防腐剂（0.01%硫柳汞或 0.02%叠氮钠），分装后置 4℃冰箱中保存备用。

五、实验结果

以双相琼脂扩散实验测定所获免疫血清的抗体效价，并用琼脂免疫电泳鉴定免疫血清中抗体的质量，应产生单一的沉淀弧线。鉴定方法的具体步骤参见实验二十九。

六、注意事项

（1）免疫用实验动物的抗体反应个体差异性较大，因此免疫时至少应选用两只以上动物。另外，不能使用妊娠动物。

（2）免疫用的抗原必须经 CFA 或 IFA 充分乳化后才能注射，否则将明显影响抗原的免疫效果。上述制备乳化抗原的方法较费时、费力。

（3）佐剂一方面可提高特异性免疫反应的效果获得高效价的免疫血清，但若抗原不纯时，可使抗原中极微量的污染物（0.005mg）产生抗体，导致免疫血清的纯度受到影响。另外，有些实验动物种系对 BCG 过敏，尤其是豚鼠，其次是家兔，当再次注射完全佐剂时，可以引起变态反应而导致免疫失败。为此，第 2 次免疫注射时应减少佐剂中 BCG 的含量或改用不完全佐剂，以减少和防止变态反应的发生。

（4）抗原的剂量决定于抗原的种类。对免疫原性强的抗原剂量应相对较少，免疫原性弱的抗原剂量可相对较多。抗原的用量一般以体重计算。在使用佐剂的情况下，一次注入的总剂量以 0.5mg/kg 为宜。如不加佐剂时剂量可加大 10 倍。另外，免疫周期长者可少量多次注射，免疫周期短者可较大量少次注射。

（5）免疫方法上也可采用多点注射法免疫动物，即于家兔脊柱两旁选 4～6 点皮下注射，同时于两侧肩部（或臂部）和鼠蹊部各注一处。每点注 0.2ml，间隔 2 周后再于上述部位选不同点同上注射，也可产生高效价的免疫血清。

实验二十五　单克隆抗体的制备

一、实验目的

1. 学习单克隆抗体制备的方法。
2. 熟悉单克隆抗体制备过程。

3. 掌握抗体效价判断方法。

二、实验原理

1975 年，Kohler 和 Milstein 发现将小鼠骨髓瘤细胞和绵羊红细胞免疫的小鼠脾细胞进行融合，形成的杂交细胞既可产生抗体，又可无限增殖，从而创立了单克隆抗体杂交瘤技术。这一技术上的突破是细胞免疫学的一个重要里程碑，它涵盖了细胞培养、细胞融合、免疫动物和抗体效价检测等各个方面的内容。

要制备单克隆抗体需先获得能合成专一性抗体的单克隆 B 细胞，但这种 B 细胞不能在体外生长。而骨髓瘤细胞可在体外培养，能无限增殖，但不能分泌特异性抗体。因此，将免疫后淋巴细胞与骨髓瘤细胞合二为一，得到杂交的骨髓瘤细胞。这种细胞继承了两个亲代细胞的特性，它既具 B 细胞合成和分泌特异性抗体的能力，也有骨髓瘤细胞在体外无限制增殖的特性。其基本原理是经用含有次黄嘌呤（H）、氨基碟呤（A）和胸腺嘧啶核苷（T）的 HAT 培养基进行选择性培养，未融合的脾细胞因不能在体外长期存活而死亡；未融合的骨髓瘤细胞合成 DNA 的主要途径被培养基中的氨基蝶呤阻断，又因缺乏次黄嘌呤-鸟嘌呤-磷酸核糖转移酶（HGPRT），不能利用培养基中的次黄嘌呤完成 DNA 的合成过程而死亡。只有融合的杂交瘤细胞从脾细胞中获得了次黄嘌呤-鸟嘌呤-磷酸核糖转移酶，因此能在 HAT 培养基中存活和增殖。经过克隆选择，可筛选出能产生特异性单克隆抗体的杂交瘤细胞，在体内或体外培养，即可无限制地大量制备单克隆抗体。其制备原理如图 25-1 所示。

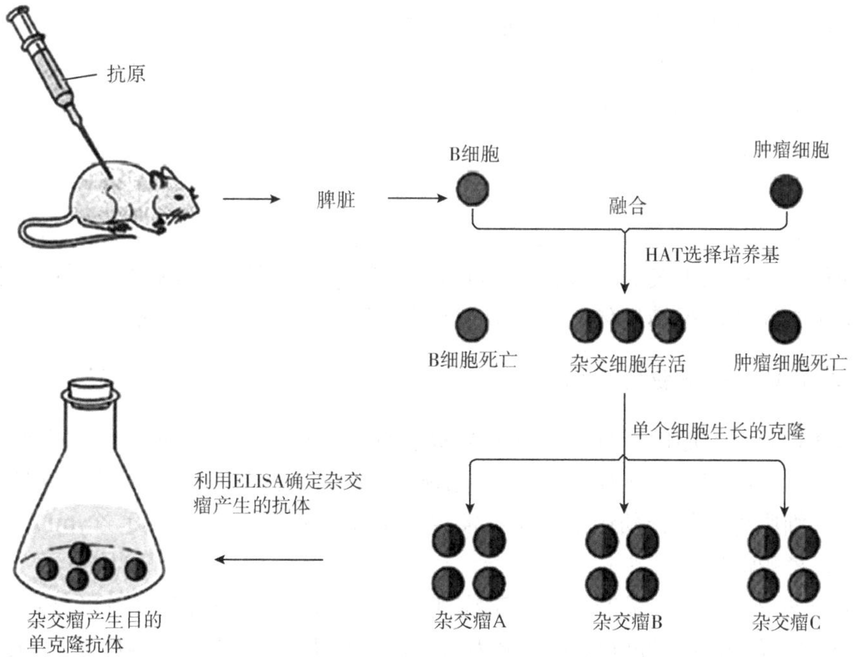

图 25-1　单克隆抗体制备流程

三、实验材料

细胞培养板、解剖器械、平皿、酶标仪、加样器、细胞计数板、CO_2培养箱、倒置显微镜等。

四、实验步骤

（一）抗原制备及动物的免疫

抗原制备的主要目的在于在免疫动物体内产生最强、最适合的抗体。由于纯化的抗原适合产生抗体，在注射前通常采用一些经典的方法，如柱层析、分级萃取、亚细胞分离等进行抗原的分离和纯化。

选择合适的免疫方案对于细胞融合杂交的成功，获得高质量的单克隆抗体至关重要。一般要在融合前两个月左右确立免疫方案开始初次免疫，免疫方案应根据抗原的特性不同而定。

（1）颗粒性抗原免疫性较强，如细胞性抗原，腹腔注射（与骨髓瘤细胞同源的8～12周龄的BALB/c健康小鼠1×10^7个/0.5ml细胞，2～3周后二次腹腔注射免疫相同剂量的抗原。二免后3周（融合前3天），腹腔或者静脉内加强免疫相同数量的抗原，取脾脏融合。

（2）可溶性抗原免疫原性弱，一般要加佐剂，常用佐剂有完全弗式佐剂（CFA）和不完全弗式佐剂（IFA）。首先制备佐剂抗原乳化物。皮下多点注射BALB/c健康小鼠CFA-抗原乳化物（抗原量1～50μg），初次免疫3周后，再次皮下注射相同剂量的IFA抗原乳化物。二免后3周，皮下注射不添加佐剂的相同剂量抗原，5～7天尾部或者眼眶采血，检测抗体效价。在融合前2～3周，皮下或者静脉加强免疫50～500μg抗原，取脾脏融合。

目前，用于可溶性抗原（特别是一些弱抗原）的免疫方案不断更新，例如，①将可溶性抗原颗粒化或固相化，一方面增强了抗原的免疫原性，另一方面可降低抗原的使用量；②改变抗原注入的途径，基础免疫可直接采用脾内注射；③使用细胞因子作为佐剂，提高机体的免疫应答水平，促进免疫细胞对抗原反应性。

（二）骨髓瘤细胞的选取

选择骨髓瘤细胞的条件：①该瘤细胞系的来源应与制备脾细胞小鼠为同一品系，以便两者的组织相容性抗原一致；②骨髓瘤细胞必须是静息状态，不产生γ球蛋白或不分泌到细胞外；③骨髓瘤细胞生长需要一个较高的细胞密度（10^6个/ml）；④生长速度快，繁殖时间短。

常用的BALB/c小鼠产生的骨髓瘤细胞株有：①S194/5XXO·BU·1；②SP2/0-Ag14（简称SP2，常用）；③FO以653最为常用，它是由矿物油4-甲基-15烷（pristane，降植烷）诱发出来的一种浆细胞瘤（minerol oil plasmacy toma，MOPC），并经过培育形成一株 8-氮鸟嘌呤且有抵抗力的亚系。

（三）饲养细胞

在体外的细胞培养中，单个或数量很少的细胞不易生存与繁殖，必须加入其他活的细胞才能使其生长繁殖，加入的细胞称之为饲养细胞（feeder cell）。在细胞融合和单克隆的选择过程中，就是在少量的或单个细胞的基础上使其生长繁殖成群体，因此在这一过程中必须使用饲养细胞。许多种类的动物细胞都可以作饲养细胞，如正常的脾细胞、胸腺细胞、腹腔渗出细胞等，常选用腹腔渗出细胞，其中主要是巨噬细胞和淋巴细胞。应用腹腔渗出细胞的好处是：一方面作饲养细胞，另一方面巨噬细胞可以吞噬死亡的细胞和细胞碎片，为融合细胞的生长造成良好的环境。腹腔细胞的来源可以是骨髓瘤细胞同系鼠，也可以是其他种类的小鼠，如昆明小白鼠等。

1. 实验材料

小鼠（BALB/c 或昆明小白鼠），高压灭菌 11.6%蔗糖溶液，注射器，离心机，台盼蓝，HAT 选择培养基。

2. 操作方法

（1）处死小鼠。

（2）70%乙醇浸泡消毒 10min。

（3）用手术剪将小鼠腹部剪开一小口，剥开皮肤，露出腹腔。

（4）用注射器将 4ml 11.6%蔗糖溶液注入腹腔，用手指轻揉 1min，仍用该注射器回抽腹腔液体，加入离心管。

（5）1000r/min 离心 10min 后，取上清，以 HAT 选择培养液将细胞制成悬液。台盼蓝染色计数活细胞，使每毫升含 40 万个活细胞。

（6）以 1ml 吸管将细胞种入微量培养皿，每孔 0.05ml，含 2 万个细胞，放入 CO_2 培养箱培养，即可供细胞融合和克隆化之用。如果在融合后发现在培养孔中饲养细胞数量少，则可以在细胞换液时再加入一些。

（四）准备脾脏细胞

融合用的免疫脾细胞指的是处于免疫状态脾脏中 B 淋巴母细胞即浆母细胞。最后一次加强免疫 3 天后无菌取脾脏，并制备成细胞悬液（原因是此时 B 淋巴母细胞比例较大，融合的成功率较高）。在无菌条件下取出脾脏，用不完全的培养液洗一次，置平皿中不锈钢筛网上，用注射器针芯研磨成细胞悬液后计数。

（五）融合与筛选

1. 融合过程

（1）取对数生长期的骨髓瘤细胞 SP2/0，1000r/min 离心 5min，弃上清，用不完全培养液重悬细胞后计数，取所需的细胞数，用不完全培养液洗涤 2 次。

（2）同时制备免疫脾细胞悬液，用不完全培养液洗涤 2 次。

（3）将骨髓瘤细胞与脾细胞按 1∶10 或 1∶5 的比例混合在一起，在 50ml 塑料离心管内用不完全培养液洗 1 次，1200r/min 离心 8min。

（4）弃上清，用滴管吸净残留液体，以免影响 PEG4000 的浓度。

（5）轻轻弹击离心管底，使细胞沉淀略加松动。

（6）在室温下融合：

①30s 内加入预热的 1ml 45%PEG4000 含 5%DMSO，边加边搅拌；

②作用 90s，若冬天室温较低时可延长至 120s；

③加预热的不完全培养液，终止 PEG4000 作用，每隔 2min 分别加入 1ml、2ml、3ml、4ml、5ml 和 10ml。

（7）800r/min 离心 6min 后，弃上清，先用 6ml 左右 20%小牛血清 RPMI1640 轻轻混悬。

（8）根据所用 96 孔培养板的数量，补加完全培养液，终体积为每孔 10μl。

（9）将融合后细胞悬液加入含有饲养细胞的 96 孔板，100μl/孔，37℃、5%CO_2 细胞培养箱培养。一般一块 96 孔板含有 1×10^7 个脾细胞。

2. HAT 选择杂交瘤

一般在融合 24h 后，加 HAT 选择培养液。HT 和 HAT 均有商品化试剂 50×储存，用时加 1ml 入 50ml 20%小牛血清至完全培养液中。

因为在培养板内已加入饲养细胞和融合后的细胞，200μl/孔。所以在加选择培养液时应加 3 倍量的 HAT。作者认为，融合后最初补加的量可用全量的 2/3 进行选择，可得到满意的筛选结果。

50×HAT

H：　5×10^{-3}mol/L

A：　2×10^{-5}mol/L

T：　8×10^{-4}mol/L

一般选择 HAT 选择培养液维持培养两周后，改用 HT 培养液，再维持培养两周，改用一般培养液。

（六）克隆化

克隆化一般是指将抗体阳性孔进行克隆化。因为经过 HAT 筛选后的杂交瘤克隆不能保证一个孔内只有一个克隆。在实际工作中，可能会有数个甚至更多的克隆，可能包括抗体分泌细胞、抗体非分泌细胞；所需要的抗体（特异性抗体）分泌细胞和其他无关抗体分泌细胞。要想将这些细胞彼此分开，就需要克隆化。克隆化的原则是，对于检测抗体阳性的杂交克隆应尽早进行克隆化，否则抗体分泌的细胞会被抗体非分泌的细胞所抑制，因为抗体非分泌细胞的生长速度比抗体分泌的细胞生长速度快，二者竞争的结果会使抗体分泌的细胞丢失。即使克隆化过的杂交瘤细胞也需要定期地再克隆，以防止杂交瘤细胞的突变或染色体丢失，从而丧失产生抗体的能力。

1. 有限稀释法

（1）制备饲养细胞悬液（融合前准备）。

（2）阳性孔细胞的计数，并调细胞数在（1～5）$\times10^3$个/ml。

（3）取130个细胞放入6.5ml含饲养细胞完全培养液，即细胞数20个/ml，100μl/孔，加A、B、C 3排，为每孔2个细胞。余下2.9ml细胞悬液补加2.9ml含饲养细胞的完全培养液，细胞数为10个/ml，100μl/孔，加D、E、F 3排，为每孔1个细胞。余下2.2ml细胞悬液补加2.2ml含饲养细胞的完全培养液，细胞数5个/ml，100μl/孔，加G、H 2排，为每孔0.5个细胞。

（4）培养4～5天后，在倒置显微镜上可见到小的细胞克隆，补加完全培养液200μl/孔。

（5）第8～9天时，肉眼可见细胞克隆，及时进行抗体检测。

注意：初次克隆化的杂交瘤细胞需要在完全培养液中加HT。

2. 软琼脂法

（1）软琼脂的配制：含20%FCS（胎牛血清）的2倍浓缩的RPMI1640。

1%琼脂水溶液：高压灭菌，42℃预热。

0.5%琼脂：由1份1%琼脂加1份含20%小牛血清的2倍浓缩的RPMI1640配制而成，置42℃保温。

（2）用上述0.5%琼脂液（含有饲养细胞）15ml倾注于直径为9cm的平皿中，在室温中待凝固后作为基底层备用。

（3）按100/ml、500/ml或5000/ml等浓度配制需克隆的细胞悬液。

（4）1ml 0.5%琼脂液（42℃预热）在室温中分别与1ml不同浓度的细胞悬液相混合。

（5）混匀后立即倾注于琼脂基底层上，在室温中放置10min，使其凝固，孵育于37℃，5%CO_2孵箱中。

（6）4～5天后即可见针尖大小白色克隆，7～10天后，直接移种至含饲养细胞的24孔板中进行培养。

（7）检测抗体，扩大培养，必要时再克隆化。

（七）杂交瘤细胞的冻存

细胞冻存液：50%小牛血清，40%不完全培养液，10%DMSO（二甲亚砜）。

要及时冻存原始孔的杂交瘤细胞，每个冻存管中含1×10^6个细胞以上。冻存时从室温可立即降到0℃；细胞管降至0℃后放–70℃超低温冰箱；第2天转入液氮中保存。也可以用细胞冻存装置进行冻存。冻存细胞要定期复苏，检查细胞的活性和分泌抗体的稳定性，在液氮中细胞可保存数年或更长时间。

五、实验结果

通过选择性培养而获得的杂交细胞系中仅少数能分泌针对免疫原的特异性抗体。一般在杂交瘤细胞布满孔底 1/10 面积时，即可开始检测特异性抗体，筛选出所需要的杂交瘤细胞系。根据抗原的性质、抗体的类型不同，对产生的抗体选用简便、特异、敏感的方法进行鉴定。

1. 抗体特异性的鉴定

除用免疫原（抗原）进行抗体的检测外，还应用与其抗原成分相关的其他抗原进行交叉实验，方法可用 ELISA、IFA 法。例如，制备抗黑色素瘤细胞的 McAb，除用黑色素瘤细胞反应外，还应用其他脏器的肿瘤细胞和正常细胞进行交叉反应，以便挑选肿瘤特异性或肿瘤相关抗原的单克隆抗体。制备抗重组的细胞因子的单克隆抗体，应首先考虑是否与表达菌株的蛋白质有交叉反应，其次是与其他细胞因子间有无交叉。

2.McAb 的 Ig 类与亚类的鉴定

一般在用酶标或荧光素标记的第二抗体进行筛选时，已经基本上确定了抗体的 Ig 类型。如果用的是酶标或荧光素标记的兔抗鼠 IgG 或 IgM，则检测出来的抗体一般是 IgG 类或 IgM 类。至于亚类则需要用标准抗亚类血清系统做双扩或夹心 ELISA 来确定 McAb 的亚类。在做双扩实验时，如加入适量的 PEG（3%），将有利于沉淀线的形成。

六、注意事项

1. 防止污染

污染包括细菌、霉菌和支原体的污染。一旦发现有霉菌污染就应及早将污染弃之，以免污染整个培养环境。支原体的污染主要来源于小牛血清，此外，其他添加剂、实验室工作人员及环境也可能造成支原体污染。在有条件的实验室，要对每一批小牛血清和长期传代培养的细胞系进行支原体的检查，查出污染源应及时采取措施处理。对于污染的杂交瘤细胞可以采取生物学的过滤方法，将污染的杂交瘤细胞注射于 BALB/c 小鼠的腹腔，待长出腹水或实体瘤时，无菌取出分离杂交瘤细胞，一般可除去支原体污染。

2. 融合后杂交瘤不生长

在保证融合技术没有问题的前提下主要考虑下列因素：①PEG 有毒性或作用时间过长；②小牛血清的质量太差，用前没有进行严格的筛选；③骨髓瘤细胞污染了支原体；④HAT 有问题，主要是 A 含量过高或 HT 含量不足。

3. 杂交瘤细胞不分泌抗体或停止分泌抗体

（1）融合后有细胞生长，但无抗体产生，可能是 HAT 中 A 失效或骨髓瘤细胞发生突变，变成 A 抵抗细胞所致。

（2）有可能是免疫原抗原性弱，免疫效果不好。

（3）对于原分泌抗体的杂交瘤细胞变为阴性，可能是细胞支原体污染，或非抗体分泌细胞克隆竞争性生长，从而抑制了抗体分泌细胞的生长。

4. 杂交瘤细胞难以克隆化

可能与小牛血清质量、杂交瘤细胞的活性状态有关，或由于细胞有支原体污染，使克隆化难以成功。若是融合后的早期克隆化，应在培养液加HT。

实验二十六　抗体的纯化

纯化抗体的方法很多。一般采用综合技术，避免蛋白质变性。如分离 IgG 时，多结合使用辛酸/硫酸铵法，盐析法与离子交换法等。提取 IgM 的方法也很多，如应用凝胶过滤与制备电泳法，或离子交换与凝胶过滤等。在这里主要介绍辛酸/硫酸铵法纯化腹水型抗体。

一、实验目的

1. 学习抗体纯化的方法。
2. 理解抗体纯化的原理。

二、实验原理

在酸性条件下（pH4.5），非 IgG 的蛋白质成分（包括白蛋白，部分 Ig），能被辛酸等短链脂肪酸沉淀，上清中剩余的蛋白质主要为 IgG，再用硫酸铵沉淀上清，即可获得纯度较高的 IgG。辛酸/硫酸铵法比硫酸铵法能够获得更高纯度的 IgG。

三、实验材料

（1）动物腹水。
（2）60mmol/L 乙酸缓冲液。
（3）0.1mol/L NaOH。
（4）辛酸（caprylic acid，CA），化学纯。
（5）硫酸铵，分析纯。
（6）10×PBS。
（7）透析液。

四、实验步骤

（1）将腹水用滤纸过滤以去除沉淀和脂质。滤液用 4 倍体积 60mmol/L 乙酸缓冲液（pH4.0）稀释后，用 0.1mol/L NaOH 调 pH 至 4.5。

（2）逐滴加入辛酸（终浓度 25μl/ml），室温搅拌 30min 后，以 6000～8000r/min 离心 30min，收集上清液。

（3）上清液经滤纸过滤 2 次，将滤液与 10×PBS（0.lmol/L，pH7.4）按 10∶1 比例混合，调 pH 至 7.4，置冰浴冷至 4℃。

（4）每毫升上述混合液加 0.2778g 固体硫酸铵，4℃搅拌 30min，以 4000～6000r/min 离心 20 min，收集沉淀。

（5）将沉淀溶于少量 PBS（一般为原血清体积的 1/10），进行透析并更换两次透析液。

（6）透析后的抗体溶液在 50～55℃水浴中加热 20min，离心后上清液于–20℃保存。

（7）样品进行蛋白质含量测定：紫外分光光度法测样品在波长 260nm、280nm 处的吸光度（A_{260}，A_{280}），蛋白质含量按以下公式计算：

$$蛋白量（g/L）=（1.45\times A_{280}-0.74\times A_{260}）\times 稀释倍数$$

五、实验结果

（1）SDS-PAGE 电泳鉴定抗体纯度。

（2）间接 ELISA 法测定抗体效价。

（3）得率和回收率的计算：每毫升原腹水中提取的抗体量即为得率（yield，g/L）；提取所得抗体量与原腹水中抗体量之百分比即为回收率（recovery，%）。

六、注意事项

（1）透析应在 4℃进行以防蛋白质降解。

（2）透析液体积一般为样品的 50～100 倍的 PBS，透析时间或 Tris-HCl 缓冲液透析（4℃）2～24h，也可适当延长。

实验二十七　血凝和血凝抑制实验

一、实验目的

（1）了解血凝和血凝抑制实验的原理。

（2）熟悉兔的抗血清制备实验操作过程。

（3）掌握实验结果的判定方法。

二、实验原理

血凝素（hemagglutinin，HA）是由病毒基因编码的糖蛋白刺突，与病毒吸附和传入宿主细胞有关。HA 能与人或其他动物多种红细胞表面 *N*-乙酰神经氨酸酶受体结合引起红细胞凝集，称为血凝现象。血凝现象被相应抗体抑制称为血凝抑制实验（hemagglutination inhibition，HI），相应抗体与病毒结合后，阻止病毒表面 HA 与红细胞结合，常用于正黏病毒、副黏病毒的检测及特异性抗体的检测。本实验以新城疫病毒及抗体的检测为例。

三、实验材料

（1）新城疫 F48E9 抗原购自中国兽医药品监察所。

（2）1%（*V*/*V*）鸡红细胞悬液。

（3）微量反应板。

（4）PBS。

四、实验步骤

1. 血凝（HA）实验

（1）在微量反应板的 1～12 孔均加入 25μl PBS。

（2）吸取 25μl 病毒抗原加入第 1 孔，混匀。

（3）从第 1 孔吸取 25μl 病毒抗原加入第 2 孔，混匀后从第 2 孔内吸取 25μl 加入第 3 孔，如此进行倍比稀释至第 11 孔，从第 11 孔吸取 25μl 弃之。

（4）每孔再加入 25μlPBS。

（5）每孔均加入 25μl 1%鸡红细胞悬液（将鸡红细胞悬液充分摇匀后加入）。

（6）振荡混匀，在室温（20～25℃）下静置 40min 后观察结果（如果环境温度太高，可置 4℃环境下 1h）。对照孔红细胞将明显地从孔底沿着倾斜面向下呈线形流动。

2. 血凝抑制实验（HI）

（1）根据血凝实验结果配制 4HAU 的病毒抗原。以完全血凝的病毒最高稀释倍数作为终点，终点稀释倍数除以 4 即为含 4HAU 的抗原的稀释倍数。例如，如果血凝的终点滴度为 1∶256，则 4HAU 抗原的稀释倍数应是 1∶64（256 除以 4）。

（2）在微量反应板的 1～11 孔加入 25μl PBS，第 12 孔加入 50μl PBS。

（3）吸取 25μl 血清加入第 1 孔内，充分混匀后吸 25μl 于第 2 孔，依次倍比稀释至第 10 孔，从第 10 孔吸取 25μl 弃去。

（4）1～11 孔均加入含 4HAU 混匀的病毒抗原液 25μl，混匀，室温（约 20℃）静置至少 30min。

（5）每孔加入 25μl 的 1%鸡红细胞悬液轻轻混匀，静置约 40min（室温约 20℃，若环境温度太高可置 4℃条件下 1h），对照孔红细胞将明显地从孔底沿着倾斜面向下呈线形流动。

五、实验结果

1. HA 结果判定

将板倾斜，观察红细胞有无呈泪滴状流淌。沉于孔底的红细胞沿着倾斜面向下呈线形流动者为沉淀，表明红细胞未被或不完全被病毒凝集；如果孔底的红细胞凝成均匀薄层，倾斜后红细胞不流动，说明此孔红细胞被病毒凝集。完全血凝（不流淌）的病毒抗原最高稀释倍数代表一个血凝单位（HAU）。

2. HI 结果判定

以完全抑制 4 个 HAU 抗原的血清最高稀释倍数作为 HI 滴度。只有阴性对照孔血清滴度不大于 2log2，阳性对照孔血清误差不超过 1 个滴度时，实验结果才有效。HI 价小于或等于 3log2 判定 HI 实验阴性；HI 价等于 4log2 为阳性。

六、注意事项

（1）红细胞来源：选择合适的动物红细胞。

（2）环境温度与反应时间：实验环境温度与实验结果出现时间的长短有密切的关系，一般环境温度为 20～25℃。当温度过低，如低于 15℃时，出现结果就要慢，往往需要超过 40min 才能出现清晰的结果。因此，为了在较短的时间内出现结果，应将实验中的环境温度控制在 20～25℃。

（3）PBS 液的 pH：按照实验标准 PBS 液的 pH 要求在 7.2～7.4，PBS 液的 pH 低，影响鸡的红细胞悬液和抗原的保存，直接影响实验结果；因此一般配好的 PBS 液，4℃保存不超过 14 天。

（4）病毒抗原和红细胞悬液在使用前必须摇匀，如没有摇匀，加入时浓度高低不一，会人为造成误差。因此抗原和红细胞使用前一定要摇匀，保证每一孔中加入的浓度准确一致。

七、参考文献

郭鑫. 2007. 动物免疫学实验教程. 北京：中国农业大学出版社

实验二十八　酶联免疫吸附实验

一、实验目的

1. 学习酶联免疫吸附实验检测抗体水平的方法。
2. 理解酶联免疫吸附实验方法的基本原理。
3. 掌握酶联免疫吸附实验检测的实验操作方法。

二、实验原理

酶联免疫吸附实验法（enzyme-linked immunosorbent assay，ELISA）是建立在抗原与抗体免疫学反应的基础上的一种具有特异性和敏感性的一种免疫学检测方法。其基本原理是抗原或抗体能物理性地吸附于固相载体表面，可能是蛋白质和聚苯乙烯表面间的疏水性部分相互吸附，并保持其免疫学活性；抗原或抗体可通过共价键与酶连接形成酶结合物，而此种酶结合物仍能保持其免疫学和酶学活性；酶结合物与相应抗原或抗体结合后，可根据加入底物的颜色反应来判定是否有免疫反应的存在，而且颜色反应的深浅是与标本中相应抗原或抗体的量成正比的，因此，可以按底物显色的程度显示实验结果。其原理可用图 28-1 来表示。

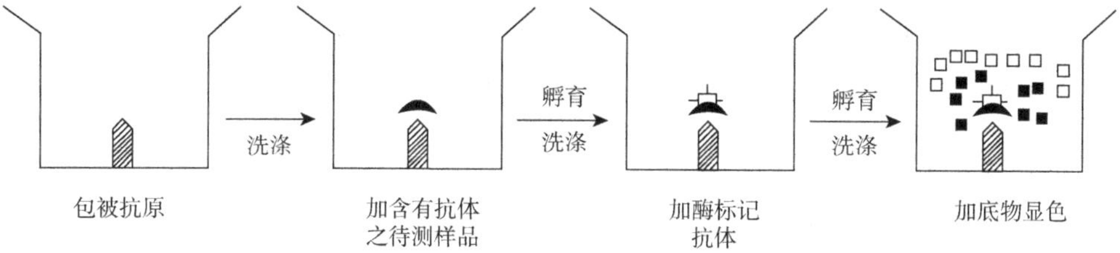

图 28-1　ELISA 原理

三、实验材料

（1）包被缓冲液（0.05mol/L，pH9.6）：

Na_2CO_3	1.59g
$NaHCO_3$	2.93g

加蒸馏水至 1000ml。

（2）洗涤液（0.01mol/L，pH7.4）：

NaCl	8.00g
$Na_2HPO_4 \cdot 12H_2O$	2.90g
NaH_2PO_4	0.20g
KCl	0.20g
Tween-20	0.5ml

加蒸馏水至 1000ml。

（3）稀释液（2%脱脂奶粉）：

脱脂奶粉	2g
洗涤液	100ml

（4）封闭液（5%脱脂奶粉）：

脱脂奶粉	5g
洗涤液	100ml

（5）TMB 储存液：

10mg TMB 溶于 200μl 无水乙醇和 800μl 蒸馏水，临用前新鲜配制，4℃避光保存。

（6）显色液如下。

① 0.2mol/L 的 Na_2HPO_4：7.16g 加入 100ml 蒸馏水中，4℃保存；

② 0.1mol/L 的柠檬酸：2.14g 加入 100ml 蒸馏水中，4℃保存；

③ 0.75%双氧水：4℃避光保存；

④ TMB 储存液：10mg 溶于 200μl 无水乙醇和 800μl 蒸馏水，临用前新鲜配制，4℃避光保存。

配制（每块板需要总体积约 10ml）：

0.2mol/L 的 Na_2HPO_4	4.4ml
0.1mol/L 的柠檬酸	5.6ml
0.75%双氧水	40μl
TMB 储存液	100μl

（7）终止液（2mol/L H_2SO_4）：

浓硫酸（98%）	22.2ml
蒸馏水	177.8ml

四、实验步骤

1. 抗原包被

用 ELISA 包被液稀释抗原至 5μg/ml，用稀释后的抗原包被 96 孔板，100μl/孔，4℃过夜。

2. 封闭

PBST（0.05% Tween-20 溶于 PBS）洗涤 3 次，每次 5min，5%脱脂奶粉，100μl/孔，37℃封闭 1h。

3. 加血清

PBST 洗涤 3 次，每次 5min，将小鼠血清用 2%脱脂奶粉做 2 倍梯度稀释，以未免疫的小鼠血清作对照，100μl/孔，37℃孵育 1h。

4. 加二抗

PBST 洗涤 3 次，每次 5min，加入辣根过氧化物酶（HRP）标记的山羊抗小鼠 IgG（1∶1000），100μl/孔，37℃孵育 1h。

5. 显色

PBST 洗涤 3 次，每次 5min，加底物 TMB 显色，100μl/孔，37℃避光显色 15min。

6. 终止

加入 0.2mol/L 硫酸终止显色，100μl/孔。

7. 读数

OD 450nm/620nm 处测光密度值。实验孔的 OD 值为对照孔的 2 倍时认为是阳性。

五、实验结果

血清中抗体的相对含量以抗体滴度表示，实验孔的 OD 值为对照孔的 2 倍时认为是阳性，此时血清的稀释倍数即为抗体滴度。

六、注意事项

（1）包被用抗原或抗体的浓度，包被的温度和时间，包被液的 pH 等应根据实验的特点和材料的性质而选定。抗体和蛋白质抗原一般采用 pH9.6 的碳酸盐缓冲液作为稀释液。通常在 ELISA 板孔中加入包被液后，在 4～8℃冰箱中放置过夜，37℃中保温 2h 被认为具有同等的包被效果。包被的最适当浓度随载体和包被物的性质可有很大的变化，每批材料需通过实验与酶结合物的浓度协调选定。一般蛋白质的包被浓度为 100ng/ml～20μg/ml。

（2）洗涤是 ELISA 中很重要的环节，常用的稀释液为含 0.05% Tween-20 磷酸缓冲盐水。要充分地洗干净，并用力拍干。

（3）每次 ELISA 都要做阳性对照和阴性对照，以保证实验的准确性和可靠性。

实验二十九　免疫电泳实验

一、实验目的

1. 学习免疫电泳的方法。
2. 理解免疫电泳的基本原理。
3. 掌握免疫电泳操作方法及结果的判定。

二、实验原理

将蛋白质抗原在琼脂糖凝胶上进行电泳，样品中不同的抗原成分因所带电荷、分子质量及构型不同，电泳迁移率各异，被分离成肉眼不可见的若干区带。停止电泳后，在与电泳方向平行的琼脂槽内加入相应抗体进行双向免疫扩散。分离成区带的各种抗原成分与相应抗体在琼脂中扩散后相遇，在二者比例合适处形成肉眼可见的弧形沉淀线。根据沉淀线的数量、位置和形状，即可对样品中所含成分的种类及其性质进行分析、鉴定。

三、实验材料

（1）pH8.6 离子强度 0.025～0.075mol/L 的巴比妥缓冲液，配制方法见表 29-1。

表 29-1　巴比妥缓冲液配制

离子强度/（mol/L）	巴比妥钠/g	巴比妥/g	加水至/ml
0.075	15.45	2.76	1000
0.050	10.30	1.84	1000
0.025	10.30	1.84	2000

（2）琼脂凝胶：称取所需要量的琼脂粉，加入缓冲液（琼脂浓度一般为 1%～2%，琼脂糖 0.75%～1.50%），同时加万分之一的硫柳汞防腐。水浴煮沸，待琼脂完全溶化后，液体清凉，再煮一段时间。

（3）小鼠全血清。

（4）兔抗鼠血清。

（5）电泳仪、电泳槽、37℃温箱。

（6）载玻片、吸管打孔器、挖槽刀、湿盒、微量加样器等。

四、实验步骤

1. 制板

将洁净玻片置于水平台面上，用移液管吸取 4～4.5ml 熔化的 1.5%琼脂加于载玻片上，让其自然铺平，使琼脂厚 3mm 左右，待其冷凝后，按图 29-1 所示打孔和开槽，孔的直径为 1～3mm，挑出孔中琼脂并封底，槽内琼脂暂不挑出。

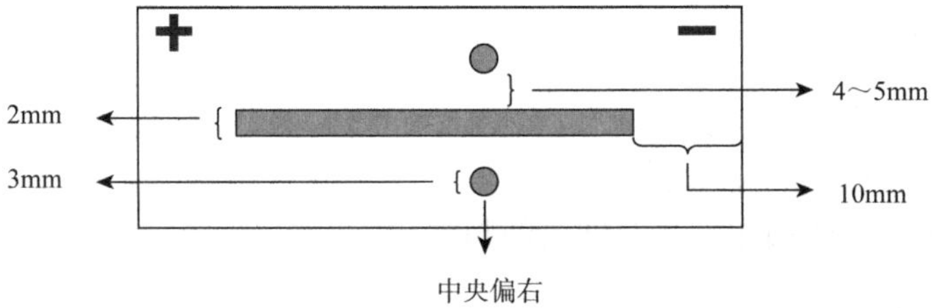

图 29-1　加样示意图

2. 加样

用微量进样器往小孔中加入小鼠全血清，勿使其溢出。

3. 加指示剂

为了便于控制电泳泳动速度，可在待测样品孔内滴加 1 滴凝胶指示剂，根据染料移动提示蛋白质成分的泳动（可略）。

4. 电泳

以巴比妥缓冲液为电泳缓冲液，将加样后的琼脂板置于电泳槽上，样品孔靠近阴极端，用缓冲液浸湿的滤纸或纱布搭桥电泳，滤纸一端覆盖于琼脂板两侧各约 0.5mm。一般稳定端电压为 100V，一般当指示剂泳动至离槽末端 1cm 处，即可终止电泳。

5. 扩散

取出电泳后的琼脂板，挑出中间槽内的琼脂，用毛细滴管小心加入熔化的琼脂封底，然后加入兔抗鼠血清充满槽内，注意勿外溢。将琼脂板放于湿盒内，水平置于37℃温箱中扩散24h后观察结果。

6. 观察结果

电泳板扩散后可以直接观察，也可用氨基黑染色液染色后观察。经染色后的标本结果更易观察。染色方法为：将琼脂板放置于生理盐水中浸泡24h，中间换液数次，取出后用0.05%氨基黑10B染色5～10min，然后以1mol/L冰醋酸脱色至背景无色为止。

五、结果判定

1. 常见的沉淀弧形

①交叉弧，表示两个抗原成分的迁移率相近，但抗原性不同；②平行弧，表示两个不同的抗原成分，它们的迁移率相同，但扩散率不同；③加宽弧，一般是抗原过量所致；④分枝弧，一般是抗体过量所致；⑤沉淀线中间逐渐加宽，并接近抗体槽，一般由于抗原过量，在白蛋白位置处形成。其他还有弯曲弧、平坦弧、半弧等。

2. 弧的曲度

匀质性的物质具有明确的迁移率，能生成曲度较大的沉淀弧。反之有较宽迁移范围的物质，其沉淀弧曲度较小。

3. 沉淀线的清晰度

沉淀线的清晰度与抗原抗体的特异性有关，也与抗体的来源有关。

4. 沉淀弧的位置

高分子质量的物质扩散慢，所形成的沉淀线离抗原孔较近，而分子质量较小的物质扩散速度快，沉淀弧离抗体槽近一些。抗原浓度高，沉淀弧偏近抗体槽；反之抗体浓度高，沉淀偏近抗原孔。

六、注意事项

（1）抗原与抗体浓度比例应适当，否则会使某些成分不出现沉淀线。当蛋白质抗原浓度高于20g/L，应用缓冲液稀释后再进行电泳和扩散。

（2）浇板时要求厚度均匀，无气泡。打孔挖槽时要求外壁整齐，防止琼脂破裂。

（3）搭桥应完全紧密接触，以免因电流不均而发生沉淀线歪曲。

（4）扩散过程中需要在不同时间进行结果观察，做好记录。

七、参考文献

郭鑫. 2007. 动物免疫学实验教程. 北京：中国农业大学出版社

实验三十　蛋白免疫印迹实验

一、实验目的

1. 学习蛋白免疫印记的实验方法。
2. 理解蛋白免疫印记实验的基本原理。
3. 掌握蛋白免疫印记实验的操作方法。

二、实验原理

蛋白免疫印记即 Western blotting，是病毒与免疫学中常用的一种实验方法，其基本原理是将蛋白质样品通过 PAGE 即聚丙烯酰胺凝胶电泳进行分离，然后将按大小顺序条带状分布的蛋白质转印到固相载体如 NC 膜或 PVDF 膜上，最后用针对目的蛋白的抗体作为“探针”，并用标记过的针对“探针”的二抗进行显色操作，从而对目的蛋白进行定量检测，以确定该蛋白的表达情况。

三、实验材料

1. 实验仪器

酶标仪、蛋白电泳仪、蛋白转印仪、自动显影仪。

2. 实验试剂

蛋白定量试剂盒、SDS-PAGE 聚丙烯酰胺凝胶、6×SDS 上样 buffer、电泳缓冲液、转印 buffer、蛋白封闭液、抗体稀释液、一抗、二抗、洗脱缓冲液（1×PBST）、显色液。

四、实验步骤

1. 蛋白质样品定量及处理

（1）收集的蛋白样品用蛋白质定量试剂盒及酶标仪进行蛋白质浓度测定。

（2）用 6×SDS 上样 buffer 将样品进行调节至 1×，沸水中煮样 5～10min。

（3）如有多个样品，用 1×SDS 上样 buffer 将样品调节成相同浓度，方便上样操作。

2. SDS-PAGE 聚丙烯酰胺凝胶电泳

（1）根据目的蛋白大小选择分离胶浓度。

（2）上样，蛋白质量根据需要进行选择，8cm×10cm 凝胶上样量为 10μg 左右即可。

（3）电泳，在电泳缓冲液中进行 SDS-聚丙烯酰胺凝胶（SDS-PAGE）电泳，浓缩胶电泳电压为 80V，分离胶电泳电压为 120V。

3. 转印

1）制备转移“三明治”

电泳完毕，用刀片切下凝胶电泳的Ⅰ、Ⅱ部分，第Ⅰ部分用于考马斯亮蓝染色、脱色。第Ⅱ部分凝胶除去浓缩胶，并切去右上方一小角作为标记。戴上手套，按胶的尺寸大小剪取 PVDF 膜，同样切去一小角作为标记。将切好的凝胶块、PVDF 膜、滤纸在预冷的转移缓冲液中浸泡 15min（PVDF 膜还需先放入甲醇中浸泡 1～2min），按转移夹—纤维垫—滤纸—凝胶—PVDF 膜—滤纸—纤维垫—转移夹的顺序制备“三明治”。

2）电转

将制成的“三明治”插入转移电泳槽中，加入转移缓冲液，以近胶一侧为负极，近膜一侧为正极连接转移电泳仪。将电泳槽置于冰浴中，100V 转移 80min。

4. 封闭

电泳结束后，首先确认凝胶上的预染蛋白 Marker 均转移到了 PVDF 膜上，接着将 PVDF 膜置于培养皿中加入 20ml 封闭液，封闭液采用 6%脱脂牛奶。于室温在脱色摇床上封闭 2h。

5. 一抗杂交

将从封闭液中取出的 PVDF 膜放入新的培养皿中，加入适量一抗稀释液，一抗稀释液可采用 5%脱脂牛奶按抗体使用说明进行抗体稀释。于室温在脱色摇床上杂交 1.5h。

6. 洗涤 PVDF 膜

用 PBST 洗涤 PVDF 膜 4 次，15min。

7. 二抗杂交

将从封闭液中取出的 PVDF 膜放入新的培养皿中，加入 10ml 二抗稀释液，二抗稀释液也可采用 5%脱脂牛奶或按使用说明进行稀释。于室温在脱色摇床上杂交 1h。

8. 洗涤 PVDF 膜

同步骤 5。

9. 显影

把洗涤后的 PVDF 膜含有条带的一侧浸没在发光剂与稳定剂 1∶1 混合的显色液中，2min 后，将 PVDF 膜移入暗盒中，在暗室中用自动显影仪进行曝光显影操作。

五、实验结果

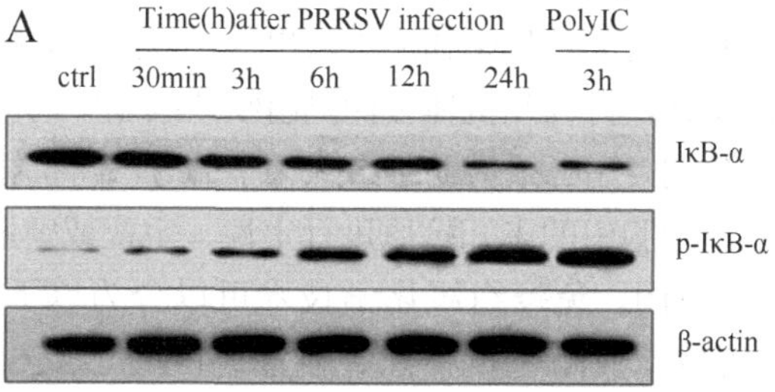

图 30-1　PRRSV 对 NF-κB 信号通路的激活作用（Fu *et al.*，2012）

六、注意事项

（1）多个蛋白质样品时最好进行定量处理，以方便控制上样量。

（2）检测蛋白质表达量的变化时，应选择合适的内参蛋白进行上样量平行性检测。

（3）曝光时间要控制好，以先短后长的原则对曝光时间进行把握。

（4）转印时一定要确保膜和凝胶之间无气泡，以保证转印质量。

七、参考文献

科利根 JE，比勒 BE，马古利斯 DH，等. 2009. 精编免疫学实验指南. 曹雪涛，于益芝，孙卫民，等译. 北京：科学出版社

Fu Y，Quan R，Zhang H，et al. 2012. Porcine reproductive and respiratory syndrome virus induces interleukin-15 through the NF-κB signaling pathway. J Virol，86（14）：7625-7636

实验三十一　免疫组织化学实验

一、实验目的

1. 学习免疫组织化学的方法。
2. 理解免疫组织化学的基本原理。
3. 掌握免疫组织化学的操作方法。

二、实验原理

免疫组织化学（immunohistochemistry），是指带显色剂标记的特异性抗体在组织细胞原位通过抗原抗体反应和组织化学的呈色反应，对相应抗原进行定性、定位、定量测定的一项技术。它把免疫反应的特异性、组织化学的可见性巧妙地结合起来，借助显微镜（包括荧光显微镜、电子显微镜）的显像和放大作用，在细胞、亚细胞水平检测各种抗原物质（如蛋白质、多肽、酶、激素、病原体及受体等）。

基本原理：抗体和抗原之间的结合具有高度的特异性，免疫组织化学正是利用了这一原理。先将组织或细胞中的某种化学物质提取出来，以此作为抗原或半抗原，通过免疫动物后获得特异性的抗体，再以此抗体去探测组织或细胞中同类的抗原物质。由于抗原与抗体的复合物是无色的，还必须借助于组织化学的方法将抗原抗体结合的部位显示出来，以期达到对组织或细胞中的未知抗原进行定性、定位或定量的研究。

根据标记物的性质不同，免疫组织化学技术可以分为以下 3 类：免疫荧光技术（免疫荧光法）、免疫酶技术（酶标抗体法、桥法、PAD 法、SABC 法）、免疫金属技术（免疫铁蛋白法、免疫金染色法、蛋白 A 金法）。本实验以 SABC 法为例介绍

免疫组化技术。SABC 法是利用卵白素与生物素特有的高度亲和力这一生物学特性，先将生物素与辣根过氧化物酶（HRP）结合，形成生物素化 HRP，然后与链霉卵白素按一定比例混合，形成 SABC 复合物。用生物素化二抗与第一抗体结合，再与 SABC 复合物连接形成抗原-抗体-生物素化二抗——SABC。最后用底物显色剂显色。

三、实验材料

1. 主要仪器设备

切片机（石蜡或冰冻切片机）、冰箱、37℃温箱、微波炉（或高压锅）。

2. 主要试剂

pH7.2～7.4 磷酸盐缓冲液（PBS）、0.01mol/L 柠檬酸盐缓冲液（修复液，现用现配）、3%过氧化氢（现用现配）、山羊（牛）血清封闭液、一抗、二抗、SABC、DAB 显色液（注意：现用现配，避光保存及使用）。

3. 其他

保湿盒、吸水纸、微量加样器等。

四、实验步骤

（1）石蜡切片在 90℃烘箱内烘 0.5h，经二甲苯Ⅰ、Ⅱ脱蜡各 5～10min，然后放入 100%、95%、80%、70%等各级乙醇溶液中 3～5min，再放入蒸馏水中 3min。

（2）PBS 冲洗 3 次，每次 5min。

（3）根据每一种抗体的要求，对组织抗原进行相应的修复。抗原修复有多种方法，这里简单介绍几种常见的方法。

①微波辐射抗原修复法：切片于 0.01mol/L 柠檬酸盐缓冲液（pH6.0）内，在微波炉内微波辐射 10min。

②高压抗原修复法：切片放入抗原修复液中，同容器一起放入高压锅中加热至沸腾。盖上压力阀至喷汽后持续 1～4min。

③电炉加热抗原修复法：将切片放入抗原修复液中于电炉上加热，不时用温度计测量温度，当达 92℃后，即可拔离电源，当温度低于 92℃时，再插上电源，如此反复持续 10min 左右。

④酶消化法：滴上相应的蛋白酶，处理切片 20min 左右。

（4）待抗原修复液降至室温后，PBS 洗 3 次，随后按选定的免疫组化染色方法进行染色。

（5）3%过氧化氢甲醇液阻断 20min（避光），以消除内源性过氧化物酶的活性。

（6）PBS 冲洗 3 次，每次 5min。

（7）正常山羊血清室温封闭 30min。

（8）甩去血清，加入适当稀释的一抗，37℃孵育 2h 或 4℃过夜；PBS 冲洗 3 次，每次 5min。

（9）滴加二抗，37℃孵育 30min；PBS 冲洗 3 次，每次 5min。

（10）新鲜配制酶底物显色液 DAB 显色 2～10min；蒸馏水终止反应。

（11）苏木素复染，脱水，透明，封片。

五、实验结果

DAB 显色阳性应为棕黄色颗粒，应着重观察阳性染色颗粒在细胞中存在的位置和分布形式。图 31-1 显示为小鼠胰腺内胰岛素表达定位。

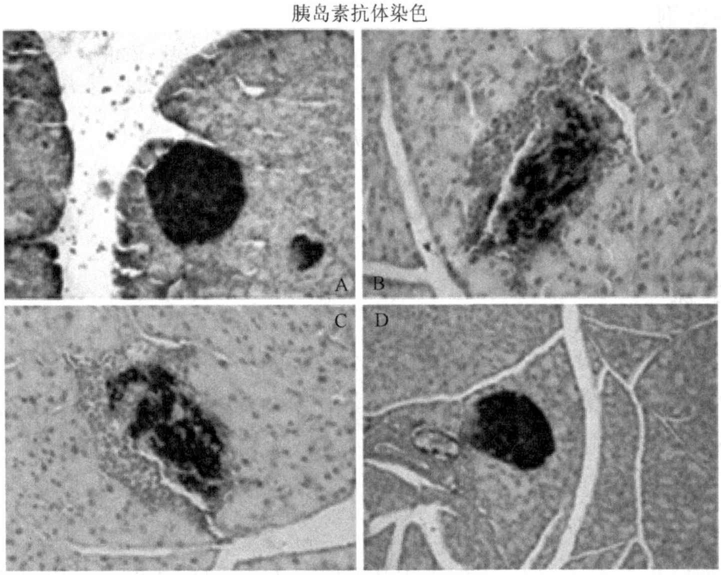

图 31-1　小鼠胰腺组织内胰岛素表达定位（Zhang *et al.*，2010）

六、注意事项

（1）应选用配套的二抗。如一抗是鼠源的抗体，与其他种属间无交叉，则不能用其他动物，二抗必须是山羊抗鼠的，否则不能连接成复合物。

（2）抗体的保存与稀释。抗体应根据说明书的要求进行保存，并参照其提供的浓度进行预实验，选择最佳的稀释浓度。

（3）滴抗体前需把切片上多余的 PBS 甩掉（注意：不能干片），所滴的抗体量应与切片上的组织刚好吻合，并大于组织一圈，以免造成边缘效应（即边缘组织染色过深）。

（4）抗体孵育时必须在湿盒内进行，以防抗体的蒸发和干片。

（5）DAB 显色时，要注意随时观察，以免显色过度。

七、参考文献

周庚寅. 2010. 组织病理学技术. 北京：北京大学医学出版社

Zhang W, Jin H, Hu Y, et al. 2010. Protective response against type 1 diabetes in nonobese diabetic mice after coimmunization with insulin and DNA encoding proinsulin. Hum Gene The，21（2）：171-178

实验三十二 细胞免疫荧光实验

一、实验目的

1. 学习间接免疫荧光技术的实验方法。
2. 理解间接免疫荧光技术的基本原理。
3. 掌握间接免疫荧光技术的操作方法。

二、实验原理

免疫荧光（immunofluorescence technic）技术的原理是根据抗原抗体反应的规律，把已知的抗原或抗体标记上荧光素，制成荧光抗原或抗体，然后以它作为探针在检测组织或细胞内的相应物质上形成含有标记的荧光素的抗原抗体复合物上，从而在荧光显微镜下，根据其形成复合物所发的荧光，来确定判断检测物的来源、性质和部位。其应用范围极其广泛，可以测定内分泌激素、蛋白质、多肽、核酸、神经递质、受体、细胞因子、细胞表面抗原、肿瘤标志物、血药浓度等各种生物活性物质，具有特异性强、敏感性高、速度快的特点。

荧光免疫技术具体很多种类，如直接法、间接法、夹心法和补体法等。其中间接免疫荧光技术的基本原理是用特异性的抗体与细胞或组织切片中的抗原结合后，继用间接荧光抗体，与前面的抗原抗体复合物结合，形成抗原抗体荧光复合物。在荧光显微镜下，根据复合物的发光情况来确定所检测的抗原。相对于直接荧光技术来讲，在间接免疫荧光法中结合在抗原抗体复合物上的荧光素抗体更多，有利于增强发出的荧光的亮度，因而其敏感性更强。而且在间接免疫荧光法中，对荧光标记抗体的要求比较简单，一种种属荧光抗体，即可适用于多种第一抗体的标记显示，因而一般只要能够找到很好地特异性识别待检测物的一抗就能用间接免疫荧光的方法来检测人们需要观察的目标。鉴于间接免疫荧光法的这两个特点，它具有比较广泛的应用范围。

三、实验材料

1. 仪器设备

盖玻片、荧光显微镜、冰箱、37℃温箱、微量加样器、湿盒等。

2. 主要试剂

pH7.2～7.4 磷酸盐缓冲液（PBS）、固定液（甲醇：丙酮为 1：1）、山羊血清封闭液（2%～5%）、一抗、二抗（荧光标记）、4′，6-二脒基-2-苯基吲哚（DAPI）、95%甘油。

四、实验步骤

（1）细胞在盖玻片上生长融合到 95%～100%（原代细胞密度达到 90%以上）时，从培养箱中取出。

（2）用 1×PBS 洗涤 3 次，每次 5min。

（3）将盖玻片从细胞板中取出，放到湿盒中，用固定液室温固定 10min。

（4）用 1×PBS 洗涤 3 次，每次 5min。

（5）5%羊血清封闭，37℃孵育 30min。

（6）去掉封闭液，加入用 1×PBS 适当稀释的一抗，37℃孵育 2h 或 4℃过夜。

（7）用 1×PBS 洗涤 3 次，每次 5min。

（8）滴加二抗，避光 37℃孵育 1h；避光 PBS 洗涤 3 次，每次 5min。

（9）滴加推荐的工作浓度的 DAPI，室温避光孵育 10min。PBS 洗涤 3 次，每次 5min。

（10）可选：95%甘油封片。

（11）在荧光显微镜相应的激发波长下观察。

五、实验结果

观察到的绿色荧光为目的蛋白 PRRSV 病毒 N 蛋白，蓝色荧光为细胞核（图 32-1）（Yang *et al.*，2013）。

图 32-1　荧光定位实验结果

六、注意事项

（1）选用抗体时，一抗是能与目标物结合，而二抗的选用需与一抗配套。如一抗是鼠源的抗体，与其他种属间无交叉，则不能用其他动物，二抗必须是山羊抗鼠的，否则不能连接成复合物。

（2）抗体的保存与稀释。抗体应根据说明书的要求进行保存，并参照其提供的浓度进行预实验，选择最佳的稀释浓度，稀释时用 1×PBS 稀释。

（3）加抗体和 PBS 洗涤时需用滴加的方式，以免细胞被冲洗掉。滴抗体前需把切片上的多余的 PBS 去掉，而且所滴的抗体量应能覆盖整个盖玻片，并大于盖玻片一圈，以免造成边缘效应。

（4）染色的全过程中注意不能干片，抗体孵育时可在湿盒内进行，以防抗体的蒸发。

（5）二抗用之前可以离心一下，能减少非特异性荧光光点。

（6）染二抗和 DAPI 时需注意避光，染好的片子应于 4℃避光保存。

（7）荧光显微镜观察时要注意尽量避免拖延时间，以免荧光淬灭，影响观测效果。

七、参考文献

Yang Q，Gao L，Si J，et al. 2013. Inhibition of porcine reproductive and respiratory syndrome virus replication by flavaspidic acid AB. Antiviral Res，97：66-73

第九章 补 体 实 验

实验三十三 补体与补体单位的滴定实验

一、实验目的

了解补体的制备及补体单位滴定的原理，掌握其实验方法。

二、实验原理

补体是存在于人或动物血清中的一组具有酶活性的球蛋白，参与抗体的溶细胞作用，参与维护机体内环境的稳定。实验室常用新鲜豚鼠血清作为补体的来源。绵羊红细胞（SRBC，含血型抗原）与相应抗体结合后，在活化的补体系统作用下被溶解，可出现肉眼可见的溶血现象。当致敏的红细胞浓度恒定时，溶血程度与补体的活性成正比。将待检血清做一系列稀释后，分别加入抗体致敏的红细胞进行反应，测定溶血程度，可判定待检血清的总补体活性。由于溶血程度在 50%附近（30%～70%）时，补体的用量稍有变化就会对溶血程度产生很大的影响。所以通常以 50%溶血程度（CH50）作为判定反应终点的指标，而不用 100%溶血程度。

三、实验材料

1. 实验材料

绵羊、豚鼠。

2. 试剂

Alsever 液：一种含有抗凝剂柠檬酸钠和细胞需要的养分葡萄糖的红细胞保存液。其配方如下：葡萄糖 2.05g，柠檬酸钠 0.8g，柠檬酸 0.055g，氯化钠 0.42g，加蒸馏水至 100ml，加热溶解后调 pH 至 6.1，高压灭菌后，放置 4℃保存备用。

无菌生理盐水，蒸馏水，1.7%高渗盐水。

3.实验用品

试管、滴管、无菌离心管、恒温水浴箱、分光光度计、比色杯。

四、实验步骤

（1）补体制备：选用健康无妊娠的豚鼠，心脏采血，血液置于无菌离心管中 4℃

放置 1～2h，2000r/min 离心 10min，收集血清备用。

（2）溶血素的制备：参见实验三十四。

（3）补体单位的滴定

① 稀释待检血清：吸取待检血清 0.2ml，加生理盐水将血清 1∶30 稀释。

② 2%绵羊红细胞制备：采健康公绵羊的颈静脉血，立即注入无菌有玻璃珠的三角瓶内，经充分摇动 15～20min，以去除纤维蛋白，获得抗凝绵羊全血。另外，也可将全血和 Alsever 液以 1∶2 混合，置 4℃保存可使用 3 周左右。使用前用无菌生理盐水洗细胞 2～3 次（每次 2000r/min，10min），取压积红细胞，用无菌生理盐水稀释至 2%。

③ 制备 50%溶血标准管：吸取 2%绵羊红细胞悬液 0.5ml，加蒸馏水 2.0ml，混匀使红细胞全部溶解；加入 1.7%高渗盐水 2.0ml 使之成为等渗溶液，再加入 2% SRBC 悬液 0.5ml，即成为 50%溶血管。

④ 补体活性测定：取 10 支试管按顺序编号，然后按照表 33-1 所示加入各试剂，将各管混匀，置 37℃水浴 30min 后测定补体活性。

表 33-1　补体活性测定（单位：ml）

<table>
<tr><th>试管号</th><th>生理盐水</th><th>补体（1∶30）</th><th>稀释抗原</th><th></th><th>2%SRBC</th><th>2 单位溶血素</th><th></th><th>补体溶血活性</th></tr>
<tr><td>1</td><td>1.30</td><td>0.20</td><td>0.5</td><td rowspan="8">置 37℃水浴 45min</td><td>0.5</td><td>0.5</td><td rowspan="8">置 37℃水浴 45min</td><td></td></tr>
<tr><td>2</td><td>1.25</td><td>0.25</td><td>0.5</td><td>0.5</td><td>0.5</td><td></td></tr>
<tr><td>3</td><td>1.20</td><td>0.30</td><td>0.5</td><td>0.5</td><td>0.5</td><td></td></tr>
<tr><td>4</td><td>1.15</td><td>0.35</td><td>0.5</td><td>0.5</td><td>0.5</td><td></td></tr>
<tr><td>5</td><td>1.10</td><td>0.40</td><td>0.5</td><td>0.5</td><td>0.5</td><td></td></tr>
<tr><td>6</td><td>1.05</td><td>0.45</td><td>0.5</td><td>0.5</td><td>0.5</td><td></td></tr>
<tr><td>7</td><td>1.00</td><td>0.50</td><td>0.5</td><td>0.5</td><td>0.5</td><td></td></tr>
<tr><td>8</td><td>1.50</td><td>0.00</td><td>0.5</td><td>0.5</td><td>0.5</td><td></td></tr>
</table>

五、实验结果

将各反应管经 2500r/min 离心 5min 后，先用目测法观察其溶血程度，并与 50%溶血标准管比较，选择与标准管最接近的两管，再用分光光度计于波长 542nm 处进行比色测定。以缓冲液作为空白，校正零点，找出透光率与标准管最接近的一管，根据该管的血清用量，求出总补体溶血活性。

六、注意事项

（1）待检血清必须新鲜，如放置室温 2h 以上，可使补体活性下降；待检血清还应无溶血、无污染等。

（2）绵羊红细胞等试剂应新鲜配制。

（3）实验器材应清洁，残留的酸碱等化学物质均可使补体受破坏。

（4）补体性质不稳定，所以需对实验的条件和各个环节加以严格控制。

（5）补体的溶血活性可受多种因素的影响，如溶液的酸碱度变化、钙和镁离子增加等可使补体溶血活性下降；绵羊红细胞浓度和致敏 SRBC 吸附溶血素的量等可直接影响溶血程度，当每一致敏 SRBC 吸附的抗体分子少于 100 时，溶血程度随红细胞浓度的增加而减少，当用高浓度溶血素致敏时，溶血程度则随红细胞浓度的增加而增加。

七、参考文献

郭鑫. 2007. 动物免疫学实验教程. 北京：中国农业大学出版社
张文学. 2007. 免疫学实验技术. 北京：科学出版社

实验三十四　溶血素制备与补体参与的溶血反应

一、实验目的

了解溶血素的制备与溶血反应原理，掌握其实验方法。

二、实验原理

动物接受异种动物红细胞进行注射免疫后，其血清中会产生抗红细胞的抗体，即溶血素。此红细胞与溶血素发生特异结合，在电解质存在时发生凝集，加入补体后，红细胞被溶解，称为溶血反应。溶血反应是补体参与的抗体致敏红细胞的溶解反应，参与反应的成分有：红细胞，一般用绵羊红细胞（SRBC）；抗红细胞抗体，也称溶血素，多为家兔抗 SRBC 的抗血清；补体。溶血反应可用于测定总补体活性、溶血素的效价，可利用溶血系统作为指示剂，检测另一反应系统的抗原或抗体，即补体结合实验。

三、实验材料

1. 实验材料

家兔、2%绵羊红细胞、溶血素、补体。

2. 试剂

Alsever 液：一种红细胞保存液，含有抗凝剂柠檬酸钠和细胞需要的养分葡萄糖。其配方如下：葡萄糖 2.05g；柠檬酸钠 0.8g；柠檬酸 0.055g；氯化钠 0.42g，加蒸馏水至 100ml，加热溶解后将 pH 调到 6.1，经过 69kPa，15min 的高压灭菌，放置在 4℃的环境内，保存备用。

生理盐水。

3. 实验用品

试管、滴管、恒温水浴箱。

四、实验步骤

（1）全血及 20%绵羊红细胞制备：采健康公绵羊的颈静脉血，立即注入无菌有玻璃珠的三角瓶内，经充分摇动 15～20min，以去除纤维蛋白，获得抗凝绵羊全血。利用无菌生理盐水洗细胞 2～3 次（每次 2000r/min，10min）。取压积红细胞，用无菌生理盐水稀释至 20%。

（2）免疫家兔：按表 34-1 进行家兔免疫，最后一次免疫后 3 天，家兔耳缘静脉采血，收集血清，即溶血素。

（3）溶血素的稀释：按表 34-2 进行。

（4）溶血反应：取 0.5ml 不同稀释度的溶血素，分别加入 0.3ml 补体、1.7ml 生理盐水、0.5ml 2% 绵羊红细胞混匀（表 34-3），置 37℃水浴 30min，进行观察。

表 34-1 家兔的免疫程序

日期	免疫剂量/ml	免疫途径
第 1 天	全血 0.5	皮内
第 3 天	全血 1.0	皮内
第 5 天	全血 1.5	皮内
第 7 天	全血 2.0	皮内
第 9 天	全血 2.5	皮内
第 12 天 20%红细胞悬液	全血 1.0	静脉
第 15 天 20%红细胞悬液	全血 1.0	静脉

表 34-2 溶血素的稀释

最终稀释度	缓冲液/ml	所加溶血素	
稀释倍数		稀释倍数	体积/ml
1：1 000	1.8	1：100	0.2
1：2 000	0.2	1：1 000	0.2
1：3 000	0.4	1：1 000	0.2
1：4 000	0.2	1：2 000	0.2
1：5 000	0.8	1：1 000	0.2
1：6 000	0.2	1：3 000	0.2
1：8 000	0.2	1：4 000	0.2
1：10 000	0.2	1：5 000	0.2

表 34-3　溶血素滴定

管号	溶血素/ml	补体（1∶30）/ml	生理盐水/ml	2% SRBC/ml		假定结果
1	0.5（1∶1 000）	0.3	1.7	0.5		全溶
2	0.5（1∶2 000）	0.3	1.7	0.5		全溶
3	0.5（1∶3 000）	0.3	1.7	0.5		全溶
4	0.5（1∶4 000）	0.3	1.7	0.5	混匀 37℃ 水浴 30min	全溶
5	0.5（1∶5 000）	0.3	1.7	0.5		大半溶
6	0.5（1∶6 000）	0.3	1.7	0.5		全不溶
7	0.5（1∶8 000）	0.3	1.7	0.5		全不溶
8	0.5（1∶10 000）	0.3	1.7	0.5		全不溶

五、实验结果

温育反应后试管内液体红色透明，放置一段时间后管底无细胞沉淀，离心后可见少许细胞碎渣，为完全溶血；试管内液体浑浊，放置后可见红细胞沉淀，上清无色透明，即为不溶血；试管内液体介于两者的中间状态，为半溶血。

最高稀释度的溶血素呈现完全溶血的即为 1 个单位溶血素。如表 34-3 假定结果第 4 管出现全溶，即 1∶4000 稀释度的溶血素 0.5ml 为 1 个单位；2 个单位溶血素即 0.5ml 的 1∶2000 倍稀释即可。实验使用前需先加热 56℃或 60℃ 3min 以灭活补体。

六、注意事项

（1）补体需新鲜配制，以保持其活性。

（2）绵羊红细胞等试剂应新鲜配制。

（3）溶血素稀释时，要先对效价有个大概的估计，多在数千单位以上，以确定稀释度的范围。溶血素稀释一般不采用连续倍比稀释法，因为稀释到最后时跨度太大，不容易确定单位。

七、参考文献

郭鑫. 2007. 动物免疫学实验教程. 北京：中国农业大学出版社
张文学. 2007. 免疫学实验技术. 北京：科学出版社

实验三十五 补体介导的细胞毒实验

一、实验目的

了解补体介导的细胞毒实验的原理，掌握其实验方法。

二、实验原理

补体介导的细胞毒实验（complement mediated cytotoxicity test）是特异性抗体与细胞膜上相应抗原结合后，在补体的参与下产生细胞膜损伤，导致细胞死亡。利用伊红染色后，活细胞不着色，具有折光性，大小也正常；死细胞着色，体积增大。

三、实验材料

1. 实验动物

4～6 周龄 C57BL/6 小鼠。

2. 试剂

（1）补体：制备方法参见实验三十三。

（2）伊红：50g/L。

（3）抗小鼠 Thy-1 的单克隆抗体：最适稀释度参考说明书。

（4）其他：RPMI1640 培养基（含 10%小牛血清），34%～40%中性甲醛，生理盐水。

3. 实验用品

解剖器、平皿、1ml 注射器、200 目铜网、1.5ml EP 管、试管、载玻片、盖玻片、倒置显微镜、血细胞计数板、普通显微镜、毛吸滴管、温箱。

四、实验步骤

（1）小鼠胸腺细胞悬液的制备：用颈椎脱臼法处死小鼠，取胸腺放入预冷的 1ml RPMI1640 培养基的平皿中，用 1ml 注射器的活塞在 200 目铜网上研磨后，过筛放入 1.5ml EP 管，1000r/min 离心 5min；用 RPMI1640 培养基洗两次；RPMI1640 培养基重悬细胞，计数后调整细胞浓度为 1×10^7 个/ml。

（2）取试管 3 支，按表 35-1 依次加入 1×10^7 个/ml 胸腺细胞悬液、抗小鼠 Thy-1 的单克隆抗体及 RPMI1640 培养基，置于 37℃水浴 30min。

表 35-1　加入样品体积（单位：ml）

实验材料	1-实验管	2-补体对照管	3-细胞对照管
胸腺细胞悬液	0.1	0.1	0.1
Thy-1 单克隆抗体	0.1	—	—
RPMI1640 培养基	—	0.1	0.2
1∶3 补体	0.1	0.1	—

注："—"表示不用添加。

（3）孵育后每管加入 1%伊红染液 1 滴，混匀，室温放置 2min。

（4）混匀后分别取一滴于载玻片，加盖玻片，先在低倍镜下观察，再用高倍镜观察比较 3 管中细胞死活情况。

五、实验结果

死细胞呈红色，无光泽且肿胀变大；活细胞不着色、有光泽且形态正常（图 35-1）。高倍镜下统计，数 200 个细胞，计算其中死细胞的百分数。计算公式如下：

死细胞%=（实验管死细胞数%–细胞对照管死细胞数%）/（100%–补体对照管死细胞数%）

A　　B　　C

图 35-1　补体介导的细胞毒作用（初明等，2006）

A. 实验组，染为红色的为死细胞（此处为黑白照片，染色深的即为红色）；B. 补体对照；C. 细胞对照

六、注意事项

（1）胸腺细胞制备速度要快，且需在冰浴中进行操作，以保持细胞活力。

（2）抗 Thy-1 的单克隆抗体和补体的效价要在预实验中确定。

（3）细胞对照管死细胞数若超过 5%，实验需重新做。

（4）细胞滴加到载玻片上后长时间放置不检测也可导致假阳性反应。

七、参考文献

初明，黄鹤，赵梓名，等. 2006. 多功能接触镜护理液抑制抗体依赖的补体细胞毒作用的研究. 中国科技论文在线 http：//www.paper.edu.cn/html/releasepaper/2006/04/86/

第十章　淋巴细胞分离纯化

实验三十六　制备免疫细胞悬液

一、实验目的

1. 学习自小鼠脾脏、淋巴结、胸腺中分离免疫细胞并制备免疫细胞悬液的操作。
2. 学习去除免疫细胞中红细胞的方法。
3. 学习用台盼蓝染色评估细胞活性的方法。

二、实验原理

本实验重点介绍从小鼠淋巴器官制备细胞悬液的基本技术，包括小鼠淋巴器官的分离、细胞悬液的制备及去除红细胞和鉴定细胞活性的方法。本实验介绍的细胞分离方法也可用于与小鼠近似的实验动物如大鼠等。这些细胞悬液的制备是更进一步的免疫细胞群分离和功能实验的基础，如分离富集 T 细胞、B 细胞等。

红细胞裂解液（ACK 裂解缓冲液）是最常用的去除免疫细胞中混有的红细胞的方法。ACK 裂解缓冲液中的氯化铵通过在其细胞膜进行氢氧根 / 碳酸氢根和氯离子的交换，改变细胞渗透压，造成细胞内部的离子浓度高于外部溶液内的离子浓度。这样就造成了细胞内外的渗透压差，外部的水分会进入到细胞内，造成细胞膨胀。而红细胞由于细胞结构较为简单，仅有细胞膜结构，对于膨胀的耐受能力较差，因此绝大部分会在短时间内被胀破，受到破坏。而外周血淋巴细胞对渗透压改变的耐受力较红细胞强，因此在 ACK 缓冲液的短时间处理中不会对活性造成影响。ACK 缓冲液是一种比较温和的红细胞去除方法，既不损伤有核细胞又能充分地去除红细胞，主要用于经酶消化分散的组织细胞的分离纯化，淋巴细胞的分离纯化及组织细胞蛋白与核酸提取等实验中红细胞的去除。经红细胞裂解液裂解得到的组织细胞中不含红细胞，可进一步用于原代培养、细胞融合、流式细胞分析、核酸与蛋白的分离和提取等。

台盼蓝（trypan blue）又称台盼兰、锥虫蓝、曲利苯蓝，是最常用的细胞活性染料之一，常用于检测细胞膜的完整性和细胞是否存活。正常的活细胞，胞膜结构完整，能够排斥台盼蓝，使之不能够进入胞内，不会被染成蓝色；而丧失活性或细胞膜不完整的细胞，胞膜的通透性增加，可被台盼蓝染成淡蓝色或蓝色。通常认为细胞膜完整性丧失，即可认为细胞已经死亡，这与中性红作用相反。因此，借助台盼蓝染色可以非常简便、快速地区分活细胞和死细胞。台盼蓝是组织和细胞培养中最常用的死细胞鉴定染色方法之一（注意：凋亡小体也有台盼蓝拒染现象，但从形态上可与完整细胞明显区分）。台盼蓝染色只需 3～5min 即可完成，操作简便，通过显微镜下直接计数或显微镜下拍照后计数，就可以对细胞存活率进行比较精确的定量。

三、实验材料

1. 小鼠

6～8 周龄 BALD/C 或 C57 小鼠，20～25g，购自北京维通利华公司，饲养于 SPF 恒温环境（24℃±2℃），光照周期 12h：12h。

2. 试剂

（1）RPMI1640 完全培养基：含 10%胎牛血清和 1%的青霉素和链霉素，过滤除菌后。4℃保存。

（2）ACK 红细胞裂解缓冲液：

NH_4Cl	8.29g
$KHCO_3$	1g
Na_2EDTA	37.2mg

加 800ml 去离子水调节 pH 到 7.2～7.4，再加去离子水定容到 1000ml，过滤除菌，室温保存。

（3）4%台盼蓝母液：称取 4g 台盼蓝，加少量去离子水研磨溶解后，加去离子水定容至 100ml，用滤纸过滤后 4℃保存。

3. 其他

5ml 无菌医用注射器、移液器、经高温湿热消毒的吸水纸、眼科剪、眼科镊（直头和弯头）、止血钳（直头和弯头）、200μm 孔径的尼龙网、15ml 细胞离心管、光学显微镜、电子天平、细胞计数板、无菌细胞培养皿（60mm×15mm）。

四、实验步骤

（一）脾细胞悬液的制备

1. 小鼠脾脏的分离

（1）腹腔注射 1mg/ml 戊巴比妥麻醉小鼠，剂量 40mg/kg。

（2）70%乙醇消毒皮毛，避免皮毛进入腹腔。

（3）动物取右侧卧位，用剪刀在左侧腰部剪开一个约 2.5cm 长的切口。用止血钳钝性分离皮下结缔组织。

（4）在腹膜上切开 1～2cm 的切口，用镊子夹住脾脏，轻柔用力，将脾脏与固定在肠系膜和胃大弯上的结缔组织分离，从而摘取脾脏。

2. 脾脏细胞悬液的制备

（1）将分离得到的脾脏放入盛有 3ml RPMI1640 完全培养基的 60mm×15mm 培养基中，用剪刀将其剪碎。

（2）用 5ml 注射器的活塞将脾脏组织块向培养皿底面用力挤压直至组织块中细胞全部被压到培养基中，原组织块仅剩纤维组织，此时为脾脏细胞的组织悬液。

（3）用装有针头的 5ml 注射器将组织悬液反复抽吸数次，以进一步粉碎组织团块。

（4）将细胞悬液通过 200μm 孔径的尼龙滤网滤入离心管中，用约 4ml 完全培养基洗一次培养皿，如需要则重复一次，之后将洗液通过滤网加入离心管中。

（5）在离心机中以 300*g* 离心 10min 后弃上清。用 20ml 完全培养基将细胞沉淀重悬后离心，再根据实验需要以适量培养基重悬以便计数。

（6）如细胞不能立即处理，可将盛有细胞悬液的离心管置于冰中，可最大程度保持细胞活力并减少因细胞贴壁引起的细胞损失。

（二）淋巴结细胞悬液的制备

1. 小鼠淋巴结的分离

（1）将小鼠麻醉（同步骤“小鼠脾脏的分离”），背部向下，置于消毒过的吸水纸上。70%乙醇消毒手术区域。

（2）以眼科剪沿腹部至颈部的中线剪开切口，用剪刀和戴手套的手指分开头部以上和大腿以下的皮肤。

（3）在小鼠剪开的体内，前肢腋窝处可发现腋窝淋巴结，在腹股沟处皮肤下的脂肪垫中可发现腹股沟淋巴结，在小肠肠系膜深处可发现多个肠系膜淋巴结，在后肢腘窝后方的皮肤下可见腘窝淋巴结。颈部淋巴结与气管持平，位于唾液腺下方。

（4）确定淋巴结位置后，用弯镊夹住淋巴结，将其从组织中分离，必要时可用剪刀辅助切开脂肪或结缔组织。将分离出的淋巴结置于盛有适量体积完全培养基的培养皿中。

2. 淋巴结细胞悬液的制备

操作步骤同脾细胞悬液的制备。

（三）胸腺细胞悬液的制备

1. 胸腺的分离

（1）将小鼠麻醉（同步骤“小鼠脾脏的分离”），背部向下，置于消毒过的吸水纸上。70%乙醇消毒手术区域。

（2）以外科剪做胸部切口，从剑状软骨延伸至颈部，分开肋骨。可见小鼠心脏上方，有粉白色腺体两叶，在身体中线上紧挨于肋骨下。用镊子或弯钳轻柔夹住胸腺，用剪刀将其与周围组织分离。将分离出的胸腺置于盛有适量体积完全培养基的培养皿中。

2. 胸腺细胞悬液的制备

操作步骤同脾细胞悬液的制备。

（四）去除细胞悬液中的红细胞

细胞悬液在进行淋巴细胞计数或后续实验之前最好先去除红细胞。一般而言，由于含血量很少，淋巴结和胸腺细胞悬液不必去除红细胞，而脾细胞分离后需去除红细胞。

（1）将脾细胞中分离出的细胞过滤离心并弃上清后，每个脾分离出的细胞沉淀用约 5ml ACK 裂解缓冲液悬浮混匀。

（2）室温孵育 2～5min，不时摇动或轻弹管底保持细胞均匀分布在悬液中。

（3）加入培养基或 PBS 等直至装满离心管，300*g* 离心 5min 后弃上清。洗细胞一次并以适量培养基重悬以便下一步操作（如鉴定去除死细胞、细胞计数或细胞分离等）。

（五）计算细胞活性

（1）将 4%台盼蓝母液用 PBS 稀释为 0.4%的工作液。

（2）将细胞悬液混匀，从中取出适当体积细胞悬液与台盼蓝工作液以 9∶1 比例混匀（台盼蓝终浓度为 0.04%）。

（3）3min 内，在显微镜下，通过细胞计数板计算细胞总数量及活细胞和死细胞的数量。一般而言，正常的活细胞由于排斥台盼蓝而呈无色透明状，死细胞则被染成明显的蓝色（注意：处于早期凋亡的细胞由于细胞膜尚未完全通透，也会排斥台盼蓝染色，从而呈现不规则的形状（像一团皱褶的纸）或呈现核固缩）。

（4）计算细胞活性：活细胞率（%）=活细胞总数/（活细胞总数＋死细胞总数）×100%

五、实验结果

分别自小鼠脾脏、胸腺、腋窝淋巴结、腹股沟淋巴结及肠系膜淋巴结中分离细胞，制成细胞悬液，去除红细胞，并分别进行细胞计数和活性计算。

六、思考题

1. 结合实验结果了解小鼠脾脏、胸腺和淋巴结中分离出的免疫细胞的大致数量范围。

2. 评价细胞活性状态还有哪些常用方法？台盼蓝染色法有哪些优点和不足？
3. 查阅文献，有哪些常用方法可以将死细胞从细胞悬液中去除？

七、参考文献

科利根 JE，比勒 BE，马古利斯 DH，等. 2009. 精编免疫学实验指南. 曹雪涛，于益芝，孙卫民，等译. 北京：科学出版社
朱道银，吴玉章. 2008. 免疫学实验. 北京：科学出版社

实验三十七 密度梯度离心法分离外周血液中的白细胞

一、实验目的

1. 学习用密度梯度离心法分离外周血单个核细胞。
2. 了解用 Ficoll-Hypaque 溶液进行外周血单个核细胞密度梯度离心法分离的原理。

二、实验原理

Ficoll-Hypaque 混合溶液，又称淋巴细胞分离液，在分离人外周血单个核细胞（PBMC）时，要求其相对密度为 1.077；分离小鼠单个核细胞时相对密度为 1.080；分离大鼠单个核细胞时相对密度为 1.084～1.087；分离马单个核细胞时相对密度为 1.090。

血液中各有形成分的相对密度存在差异，利用相对密度为 1.077、近于等渗的 Ficoll-Hypaque 混合溶液做密度梯度离心时，各种血液成分将按密度梯度重新聚集。血浆和血小板由于密度较低，悬浮于分层液的上部；红细胞与粒细胞由于密度较大，沉于分层液的底部；PBMC 密度稍低于分层液，故位于分层液界面上，这样就可获得 PBMC。

三、实验材料

1. 样品

健康人 EDTA 或肝素抗凝的外周血 4ml。

2. 试剂

（1）Ficoll-Hypaque（聚蔗糖-泛影葡胺）溶液配制方法：用 600ml 去离子水溶解 64.0g Ficoll（相对分子质量 400 000，终密度 1.077g/L，Sigma）和 0.7g NaCl，搅拌器混匀，加入 99g 叠氮钠，溶解完全后定容至 1L，过滤除菌，4℃或–25℃避光保存。也可购买商品 Ficoll-Hypaque 产品（GE、天津灏阳、BD 等）。

（2）过滤除菌的 RPMI1640 完全培养基（含 10%胎牛血清和 1%的青霉素和链霉素）、PBS 缓冲液、HBSS 缓冲液、ACK 红细胞裂解缓冲液、4%台盼蓝母液。

3. 其他

无菌移液器、经高温湿热消毒的吸水纸、15ml 细胞离心管、光学显微镜、细胞计数板、无菌细胞培养皿（60mm×15mm）、流式细胞仪。

四、实验步骤

（1）检查抗凝血，清除细小的血凝块。将新鲜无血凝块的抗凝血置于 15ml 离心管中，用无菌移液管加入等体积室温的 PBS，混匀。

（2）在 15ml 离心管中用无菌移液管加入 4ml Ficoll-Hypaque 溶液（每体积血样/PBS 混合液加入 0.5 体积的 Ficoll-Hypaque 溶液）。用无菌移液管将混匀的血样/PBS 混合液轻轻沿离心管内壁轻轻加在 Ficoll-Hypaque 溶液上面（注意不要破坏血样与 Ficoll 溶液的分界面，使血样/PBS 混合液与下方 Ficoll 溶液有明显的分界面）。18～20℃，900*g* 持续离心 30min。

（3）离心后，轻轻将离心管从离心机中取出（注意不要扰动管中液面的分层），可见管中成分分为 4 层：最上层为淡黄色溶液，含有血浆和大部分血小板；第二层为白色的单个核细胞富集层；单个核细胞层下为 Ficoll-Hypaque 溶液层；最下方的红色成分为粒细胞和红细胞。

（4）用无菌移液管将含血浆和大部分血小板的最上层弃去，用另一移液管将其下层的单个核细胞尽量完全地移入新的离心管，弃去剩余的成分。在分出的单个核细胞成分中加入 5ml HBSS 洗细胞，18～20℃，400*g* 离心 10min，弃上清。重复洗细胞一遍，以除去大部分血小板。

（5）（可选）留取 0.1～0.2ml 外周血样，加入 5ml ACK 红细胞裂解缓冲液充分裂解红细胞后，用 PBS 洗一遍，用流式细胞仪检测细胞分群（FSC-SSC）。与密度梯度离心获得的外周血单个核细胞的检测结果对比。

（6）用 RPMI1640 完全培养基重悬单个核细胞进行计数，并用台盼蓝染色计算细胞活性率。

（7）（可选）可按照以上步骤同时分离同一个人来源的 EDTA 抗凝血样和肝素抗凝血样各 4ml，比较分离出的外周血单个核细胞的数量和细胞活性率。

五、实验结果

（1）计算 4ml 人外周血中分离出的外周血单个核细胞数量和细胞活性率。

（2）（可选）密度梯度离心法分出的外周血单个核细胞与直接裂解红细胞获得的白细胞在细胞成分上有何区别？

（3）（可选）EDTA 抗凝和肝素抗凝的血样分离出的外周血单个核细胞有何区别？

六、思考题

1. 结合实验结果并查阅文献，了解不同抗凝剂对分离外周血单个核细胞的影响。

2. 密度梯度离心法分离的外周血单个核细胞可进一步分出哪些主要的免疫细胞亚群用于后续实验？能用哪些分离技术实现？

3. 外周血白细胞中主要分为几类细胞？根据其特性，可用哪些方法实现分离？

七、参考文献

科利根 JE，比勒 BE，马古利斯 DH，等. 2009. 精编免疫学实验指南. 曹雪涛，于益芝，孙卫民，等译. 北京：科学出版社

王洁，王芙艳. 2006. 医学免疫学实验教程. 长沙：中南大学出版社

实验三十八　脾脏不同免疫细胞磁珠分选实验

一、实验目的

1. 了解磁珠脾脏不同免疫细胞分离纯化的原理。

2. 掌握磁珠分离纯化脾脏不同免疫细胞的操作。

二、实验原理

脾脏是外周淋巴器官，含有 B 细胞、T 细胞、树突细胞及巨噬细胞等免疫细胞。B 细胞在脾脏中约占脾内淋巴细胞总数的 55%；脾脏中 T 细胞占全身循环 T 细胞的 25%；树突细胞（dendritic cell，DC）占脾内淋巴细胞总数的 1%～3%；巨噬细胞占脾内淋巴细胞总数的 1%～2%。不同的免疫细胞表达不同的标志性分子，B 细胞的标志性分子是 B220；T 细胞的标志性分子是 CD3 分子，辅助性 T 细胞（helper T，Th）标志分子是 CD4，杀伤性 T 细胞（cytotoxic T，Tc）标志分子是 CD8；不成熟的 DCs 表达 CD11b 分子，成熟的 DCs 表达 CD11c 分子。利用不同免疫细胞的标志分子，采用磁珠分选即可得到纯化的不同免疫细胞。

磁珠分选分阳性选择和阴性选择两种。将已包被一抗的磁珠与细胞表面相应分子特异性结合，磁珠携带与之结合的细胞在磁场作用下吸附于分离柱，将细胞从分离柱洗脱，实现阳性细胞分离，即为阳性选择；将非目标细胞抗体连接的磁珠与细胞孵育，非目标细胞在磁场作用下吸附于分离柱，收集通过的细胞即为目标细胞，实现阴性选择。一般后续做细胞功能实验选用阴性选择。

三、实验材料

1. 样品

脾单细胞悬液（具体制备参见实验三十六）。

2. 磁珠分选试剂盒为德国美天妮公司（Miltenyi Biotec）产品

（1）B 细胞分选试剂盒（B Cell Isolation Kit mouse，Order no. 130-090-862）：阴性选择 B 细胞。内有 1ml Biotin-Antibody Cocktail，mouse：Cocktail of monoclonal antibodies against CD43（Ly48），CD4（L3T4），and Ter-119；2ml Anti-Biotin MicroBeads：MicroBeads conjugated to a monoclonal anti-biotin antibody。

（2）CD4 T 细胞分选试剂盒［CD4（L3T4）MicroBeads mouse，Order no. 130-049-201］：阳性选择 CD4 T 细胞。内有 2ml CD4（L3T4）MicroBeads，mouse：MicroBeads conjugated to monoclonal antimouse CD4 antibodies（L3T4）。

（3）DCs 细胞分选试剂盒（CD11c MicroBeads mouse，Order no. 130-052-001）：阳性选择 $CD11c^+$DCs 细胞。

（4）其他：buffer（130-091-376）或用 RPMI1640 培养基（含 10%胎牛血清）。

3. 实验材料

（1）LS columns（130-042-401）或 MS column（130-042-201）：LS column 能够处理 2×10^9 个细胞；MS column 能够处理 2×10^8 个细胞。

（2）MidiMACS™ Separator（130-042-302）：吸附 MultiStand 上为 LS columns 或 LD columns 提供支架。

（3）MultiStand（130-042-303）：为磁珠分选提供磁场。

四、实验步骤

参考试剂盒说明书。

（一）B 细胞纯化

1. 磁珠标记

（1）按试剂盒要求取 1×10^7 个细胞。

（2）加入 40μl buffer 重悬细胞。

（3）加入 10μl Biotin-Antibody Cocktail 混匀，于 2～8℃孵育 15min。

（4）加入 30μl buffer 后，加入 20μl Anti-Biotin MicroBeads 混匀，于 2～8℃孵育 15min。

（5）加入 1ml buffer 清洗细胞后，300*g* 离心 10min。

（6）弃上清，加入 500μl buffer 重悬细胞。

2. 磁珠分选

（1）将 MidiMACS™ Separator 置于 MultiStand 上，安装 LS column。

（2）用 1ml buffer 润洗 LS column，重复 3 次。
（3）将细胞悬液加入 LS column。
（4）收集流过 LS column 的液体，加入 buffer 清洗 3 次，即为纯化的 B 细胞。

（二）CD4 T 细胞纯化

1. 磁珠标记

（1）按试剂盒要求取 1×10^7 个细胞。
（2）加入 90μl buffer 重悬细胞。
（3）加入 10μl CD4（L3T4）MicroBeads 混匀，于 2～8℃孵育 15min。
（4）加入 1ml buffer 清洗细胞后，300*g* 离心 10min。
（5）弃上清，加入 500μl buffer 重悬细胞。

2. 磁珠分选

（1）将 MidiMACS™ Separator 置于 MultiStand 上，安装 LS column。
（2）用 1ml buffer 润洗 LS column，重复 3 次。
（3）将细胞悬液加入 LS column。
（4）收集流过 LS column 的液体（不含 CD4 T 细胞），可丢弃。
（5）取下 LS column 放于 1.5ml EP 管内，加入 1.5ml buffer，用 plunger（与 LS column 配套使用）将 LS column 内的液体推出，即为 CD4 T 细胞。

（三）DCs 细胞纯化

1. 磁珠标记

（1）按试剂盒要求取 1×10^8 个细胞。
（2）加入 400μl buffer 重悬细胞。
（3）加入 100μl CD11c MicroBeads 混匀，于 2～8℃孵育 15min。
（4）加入 1ml buffer 清洗细胞后，200*g* 离心 10min。
（5）弃上清，加入 500μl buffer 重悬细胞。

2. 磁珠分选

（1）将 MidiMACS™ Separator 置于 MultiStand 上，安装 LS column。
（2）用 1ml buffer 润洗 LS column，重复 3 次。
（3）将细胞悬液加入 LS column。
（4）收集流过 LS column 的液体（不含 $CD11c^+$细胞），可丢弃。
（5）取下 LS column 放于 1.5ml EP 管内，加入 1.5ml buffer，用 plunger（与 LS column 配套使用）将 LS column 内的液体推出（为了提高细胞纯度，收集的细胞还可以再过一根 LS column），即为 $CD11c^+$DCs 细胞。

五、实验结果

未纯化脾脏的 B 细胞检测如图 38-1 所示，纯化后的脾脏 B 细胞如图 38-2 所示。未纯化及纯化后的 CD4 T 细胞如图 38-3 所示。未纯化的脾脏树突细胞检测如图 38-4 所示，纯化后的脾脏树突细胞如图 38-5 所示。

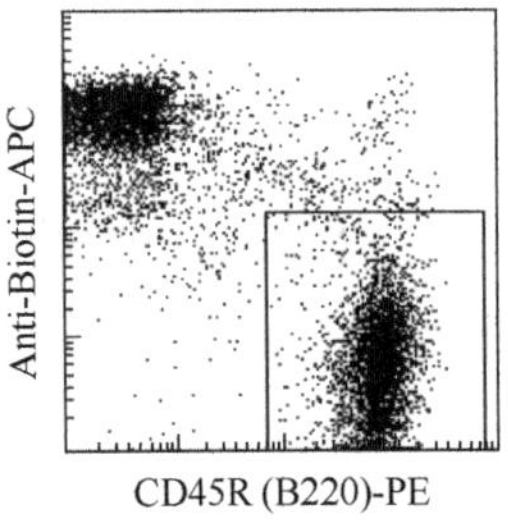

图 38-1　未纯化的脾脏 B 细胞

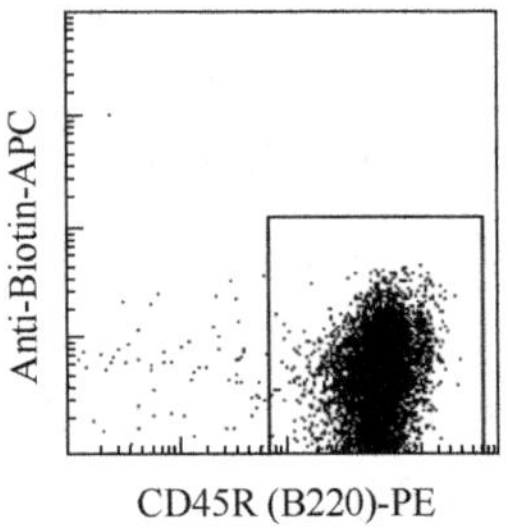

图 38-2　纯化后的脾脏 B 细胞

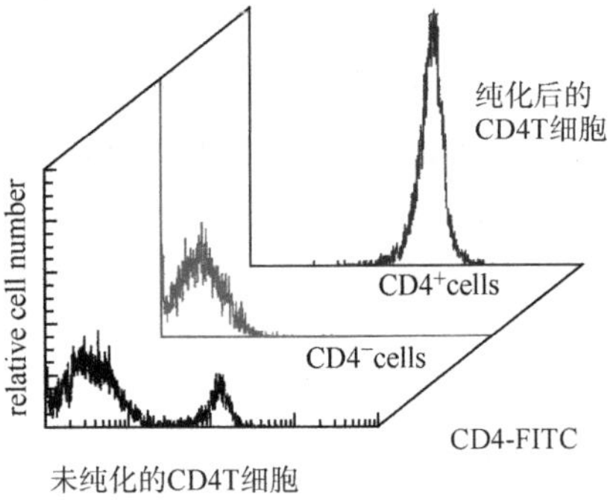

图 38-3　CD4 T 细胞

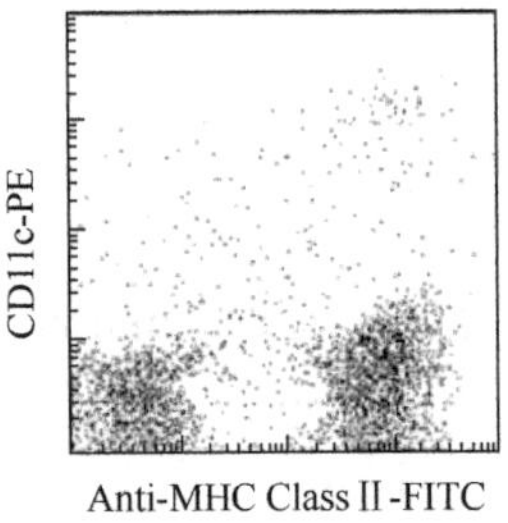

图 38-4　未纯化的脾脏树突细胞

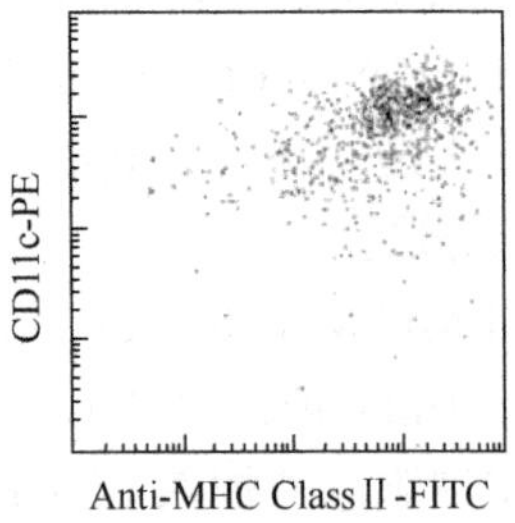

图 38-5　纯化后的脾脏树突细胞

六、注意事项

（1）如果纯化后的细胞用于培养，整个过程要无菌操作。

（2）细胞在低温的状态下能保持良好的活性，因此整个过程包括细胞孵育抗体或磁珠要在冰上放置，以减少细胞死亡。

（3）在磁珠分选过程中磁珠要一直保持湿润，如果变干会影响细胞活性。

七、进一步阅读

1. 德国美天妮公司 B Cell Isolation Kit mouse 说明书。
2. 德国美天妮公司 CD4（L3T4）MicroBeads mouse 说明书。
3. 德国美天妮公司 DCs 细胞分选试剂盒说明书。

第十一章　免疫细胞荧光染色流式细胞仪检测

流式细胞仪（flow cytometry）是一种能够探测和计数以单细胞液体流形式穿过激光束的细胞检测装置，由于在检测中使用的细胞标志示踪物质为荧光标记物，也被称为荧光激活细胞分类仪（fluorescence activated cell sorter，FACS），是分离和鉴定细胞群及亚群的一种强而有力的应用工具。其原理是在一组混合的细胞群中，加入特异的针对特定靶细胞表面分子的荧光标记单克隆抗体，这种特异单克隆抗体与其对应的抗原靶分子结合。将含有被标记细胞的混合细胞群混悬在一定容积的上样缓冲液中，再通过 FACS 的进样吸管孔，仪器就会将细胞悬液制成以单细胞排列的微细流束。当每一个细胞通过仪器的激光束照射时，带在细胞上的荧光就会被相应的激光束激活并发出对应的荧光，通过敏感的光电倍增管即可检测到从细胞表面发出的荧光。根据测得的散射光（scattered light）可得到细胞大小及颗粒状态的信息；而荧光的发射强度（fluorescence emissions）则提供了结合在细胞上的抗体信息，进而也反映了该细胞表面相应分子的表达情况。免疫细胞包含具有不同免疫功能的细胞亚群，各亚群细胞表达各自特异的标志分子，这些标志分子包括不同的 CD 分子及细胞因子。这些标志分子可以被荧光标记的特异单克隆抗体标记，利用 FCM 进行检测分析。例如，B 细胞表面表达特异的 CD19 分子，而成熟的 T 细胞表面表达特异的 CD3 分子。

实验三十九　免疫细胞表面分子检测

一、实验目的

1. 了解流式细胞仪（FCM）的工作原理。
2. 掌握免疫细胞的免疫荧光染色 FCM 检测的方法。

二、实验原理

静止淋巴细胞之间从其外观形态难以区分，其都是以致密的核及少量细胞质组成的小而圆的细胞为特征。然而，这些细胞确是由功能各异的不同细胞亚群所组成，各种细胞群表达各自特殊的表面分子。例如，B 淋巴细胞上表达有特异的膜表面免疫球蛋白（mIg），而成熟的 T 淋巴细胞表面表达特异的 CD3 分子。T

淋巴细胞又可进一步按其表达的不同表面标志细分成不同的亚群，如 $CD4^+CD8^-$ 和 $CD4^-CD8^+$ 亚群。因此，可由这些特征性的表面标志，将细胞分为不同的群或亚群。

不同的免疫细胞表面表达特异的标志分子，利用其特异的荧光标记单克隆抗体染色后，通过流式细胞仪检测荧光信号，进行获取后，分析细胞表面分子的表达。

三、实验材料

（1）RPMI1640 培养基。

（2）胎牛血清（fetal calf serum，FCS）。

（3）荧光标记单克隆抗体：常用的有 FITC（fluorescein-isothiocyanate）、PE（phycoerythrin）、PECy5 及 APC 荧光标记的单克隆抗体。

（4）封闭抗体：抗 Fc 受体（CD16/CD32）抗体。

免疫细胞表面一般表达有 Fc 受体，能和抗体的 Fc 段结合。封闭抗体的作用就是阻断荧光标记的单克隆抗体的 Fc 段与免疫细胞表面 Fc 受体结合所产生的非特异性的结果。

四、实验步骤

1. 单细胞悬液的制备

来自脾脏及淋巴结的细胞按实验三十六制备单细胞悬液并计数。将 1×10^6 的细胞放入 1.5ml 离心管中，2000r/min 离心 5min，弃上清；加入 10%FCS 的 RPMI1640 培养基 20μl 悬浮细胞。

2. 封闭 Fc 受体

在步骤 1 中加入 Fc 受体抗体 1.0μl（0.5mg/ml），4℃或冰浴 20min，加 0.5ml 10%FCS 的 RPMI1640，2000r/min 离心 5min，弃上清。

3. 细胞与荧光抗体结合

加入 10%FCS 的 RPMI1640 培养基 20μl 悬浮细胞。

1）直接标记

样品中加入适量不同荧光标记的抗体，可进行单标、双标、三标或四标，4℃或冰浴 30min，0.5ml 10%FCS 的 RPMI1640，2000r/min 离心 5min，弃上清。

2）间接标记

（1）加入适量第一抗体（用量参考抗体说明书），4℃或冰浴 20min，0.5ml 10%FCS 的 RPMI1640，2000r/min 离心 5min，弃上清。

（2）加入适量荧光标记第二抗体，4℃或冰浴 20min，0.5ml 10%FCS 的 RPMI1640 培养基，2000r/min 离心 5min，弃上清。

4. 上样前处理

取 300～400μl 10%FCS 的 RPMI1640 培养基重悬细胞，200 目铜网过滤后转入 FACS 专用管中，准备进行仪器检测和分析。

五、实验结果

根据加入抗体的种类和荧光标记进行分析（表 39-1）。多色荧光染色需要设门（gate）后进行分析。如 CD4/CD8 细胞比例如图 39-1 所示，树突细胞表达 CD86 分子检测如图 39-2 所示。

表 39-1　目前常用到的荧光素

荧光	激发波长/nm	发射波长/nm
FITC	488	530
PE	488	575
PE-TR	488	615
PE-Cy5.5	488	667
PE-Cy5.5	488	767
PI	488	630
APC	633	660
APC-Cy	633	767

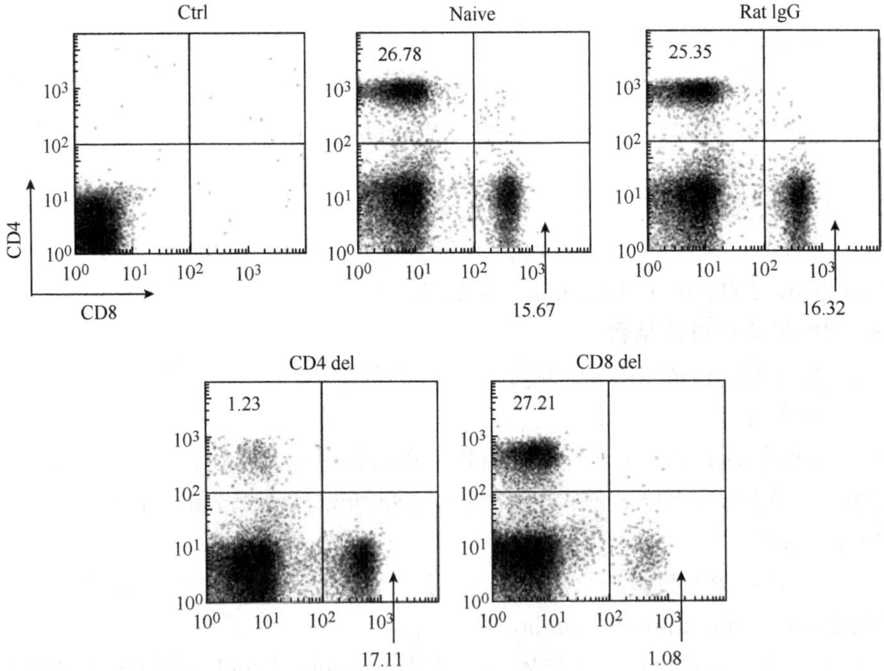

图 39-1　CD4/CD8 细胞比例（Zou *et al*., 2011）

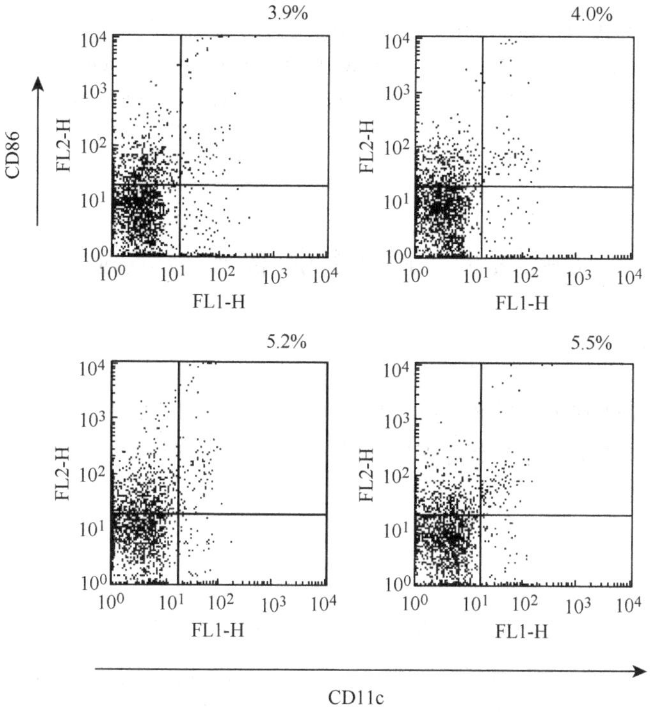

图 39-2　树突细胞表达 CD86 分子检测（Gao *et al.*, 2013）

六、注意事项

（1）细胞的活性和状态：流式细胞仪可探测细胞表面的荧光，还可探测细胞内的荧光。如果检测细胞表面分子，一定要保证细胞的活性，还应尽可能保持细胞静止，通常在冰上或 4℃进行操作。否则荧光抗体进入死细胞内，会产生非特异结果。

（2）必须加入封闭抗体：大多数免疫细胞表面都表达有 FcR，抗体的 Fc 会与其结合产生非特异结果。

（3）细胞被荧光抗体染色后，一定要充分清洗，以去除游离的抗体。

（4）每次实验所需对照：空白对照；阴性对照（常用同型抗体对照）；单色分析（设同型抗体对照）；多色分析［同型对照，单阳性对照（用于仪器校正）］；阳性对照（检测阴性时）。

（5）抗体的添加：将适量的抗体先加入一定量的 PBS 中，后取 20μl 分别加入待测的样品中，建议在振荡器上悬浮，尽可能地不要用移液器吹打。

（6）外周血的处理：添加 2ml 红细胞裂解液（100μl），放置 8～10min，同时可不时摇动和观察细胞裂解情况，直至透明；若一次裂解不好，可再裂解一次。

七、参考文献

Gao W，Sun Y，Chen S，et al. 2013. Mushroom lectin enhanced immunogenicity of HBV DNA vaccine in C57BL/6 and HBsAg-transgenic mice. Vaccine，31（18）：2273-2280

Zou Q，Yao X，Feng J，et al. 2011. Praziquantel facilitates IFN-γ-producing $CD8^+$T cells（Tc1）and IL-17-producing $CD8^+$T cells（Tc17）responses to DNA vaccination in mice. PLoS One，6（10）：e25525

实验四十　胞内细胞因子表达检测

一、实验目的

1. 理解胞内细胞因子检测的原理。
2. 掌握胞内细胞因子检测的实验方法。

二、实验原理

静止的正常淋巴细胞产生少量的细胞因子，胞内细胞因子信号较弱，难以进行检测；只有激活的细胞亚群可以表达较多的细胞因子，故通常要对 T 淋巴细胞体外活化，T 淋巴细胞产生的细胞因子已释放出来，因此可以用阻断剂 brefeldin（BFA）、莫能菌素（monensin）阻断胞内高尔基体介导的转运的方法使得细胞因子聚集、蓄积，增强细胞因子信号，并用皂素等破膜剂，在细胞膜上打上孔，用带有荧光的二抗进入细胞内染色，可被流式细胞仪检。

三、实验材料

（1）PBS 缓冲液。

（2）胎牛血清（fetal calf serum，FCS）。

（3）荧光标记单克隆抗体：常用的有 FITC（fluorescein-isothiocyanate）、PE（phycoerythrin）、PECy5 及 APC 荧光标记的单克隆抗体。

（4）封闭抗体：抗 Fc 受体（CD16/CD32）抗体。

（5）激活剂：PMA（phorbol 12-myristate 13 acetate）；离子霉素（ilonomycin）及 CD28 抗体；激活剂能够加速不同刺激物金黄色葡萄球菌肠毒 B（staphylococcal enterotoxin B，SEB）、CD3 等的活化效应，浓度一般为 10μg/ml。

（6）阻断剂 brefeldin-A（BFA），莫能菌素（2μg/ml）。

（7）固定剂：4%的多聚甲醛 PBS 溶液。

（8）破膜剂：0.1%皂素。

四、实验步骤

（1）从小鼠脾脏制备单细胞悬液，进行计数。全脾脏细胞或分离得到纯化的 T

细胞，在 10%FCS 的 RPMI1640 培养基中稀释为 1×10^7 个/ml。将细胞加入 96 孔细胞板，每孔 100μl，同时加入终浓度为 10μg/ml 的短肽，同时可以加入共刺激信号终浓度 10μg/ml CD28 的单抗，混匀后，37℃，5%CO_2 培养，刺激 4～6h 后加 2μl/孔的莫能菌素蛋白转运抑制剂。

（2）莫能菌素处理 2h 后，利用 2ml 的 PBS 清洗 2 次，2000r/min 离心 5min。

（3）将细胞重悬于 200μl 的 4%多聚甲醛，室温孵育 10～15min，用 2～4ml 的 PBS 清洗后 6000r/min 离心 5min。

（4）将细胞重悬 200μl 的加 0.1%的皂素，4℃ 孵育 8～10min，用 2～4ml 的 PBS 清洗后，6000r/min 离心 5min。

（5）加入适量表面分子的荧光抗体及细胞因子荧光抗体，室温染色 2h 或 4℃ 孵育过夜染色。

（6）细胞加入 2～4ml PBS 清洗，6000r/min 离心 5min，弃上清；取 300～400μl PBS 重悬细胞，将细胞悬液用 200 目铜网过滤入 FACS 专用管中，准备进行仪器检测和分析。

五、实验结果

根据加入抗体的种类和荧光标记进行分析。多色荧光标记需要进行设门（gate）后分析如检测 CD4 T 细胞表达细胞因子 IL-4 见图 40-1，首先以 $CD4^+T$ 细胞设门，再分析 $CD4^+IL\text{-}4^+$细胞占 $CD4^+$细胞比例。

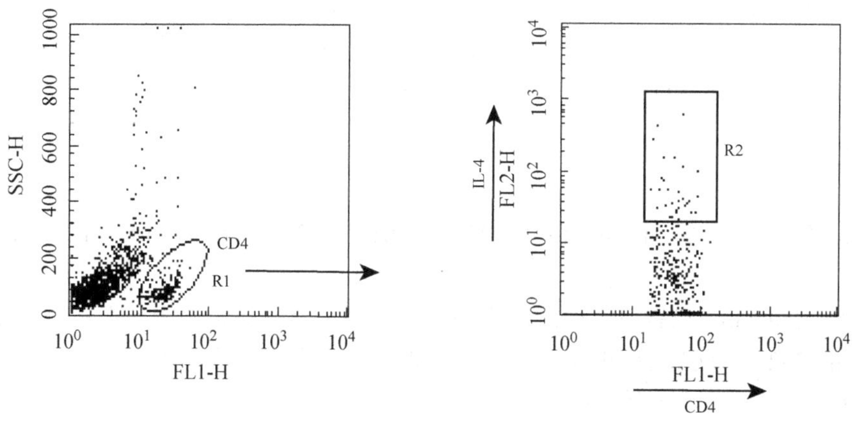

图 40-1 CD4 T 细胞表达 IL-4 检测（Gao *et al.*，2013）

六、注意事项

（1）参见实验三十九。

（2）细胞因子检测，体外细胞培养时间不能太长，4～6h 为宜。

七、参考文献

Gao W，Sun Y，Chen S，et al. 2013. Mushroom lectin enhanced immunogenicity of HBV DNA vaccine in C57BL/6 and HBsAg-transgenic mice. Vaccine，31（18）：2273-2280

实验四十一　Annexin V/PI 双荧光染色检测细胞凋亡

一、实验目的

1. 了解细胞凋亡的原理。
2. 掌握 Annexin V/PI 荧光染色检测淋巴细胞凋亡的方法。

二、实验原理

磷脂酰丝氨酸（phosphatidyl serine，PS）是一种带负电荷的磷脂，主要存在于正常细胞的细胞膜内面。细胞在发生凋亡时细胞膜上的这种磷脂分布的不对称性被破坏，致使 PS 暴露在细胞膜外。Annexin V 是一种 Ca^{2+}依赖的磷脂结合蛋白，易于结合到磷脂类如 PS，且对 PS 有高度的亲和性。利用 Annexin V 标记荧光可以识别早期的细胞凋亡。但 PS 转移到细胞膜外也可发生在坏死的细胞中。碘化丙啶（propidium Iodide，PI）是一种溴化乙锭的类似物，在嵌入双链 DNA 后释放红色荧光。PI 不能通过活细胞的细胞膜，却能穿过破损的细胞膜而对核染色，坏死的细胞能被 PI 染色，因此利用 AnnexinV-FITC 和 PI 来区分凋亡和坏死的细胞。

三、实验材料

（1）孵育缓冲液：10mmol/L HEPES/NaOH，pH7.4，140mmol/L NaCl，5mmol/L $CaCl_2$。

（2）AnnexinV-FITC-PI 检测凋亡的商品化试剂盒：试剂盒中一般包括标记好的 AnnexinV-FITC、配好的 PI 染液（10mg/ml）和标记缓冲液（10×），使用前将标记缓冲液用去离子水稀释至 1×。

四、实验步骤

按试剂盒说明书进行。

（1）收集细胞：细胞制备为单细胞悬液，利用 PBS 洗两次；利用孵育缓冲液洗涤 1 次，2000r/min 离心 5min。

（2）用 100μl 的 AnnexinV-FITC 标记溶液重悬细胞，室温下避光孵育 10～15min。

（3）2000r/min 离心 5min，沉淀细胞孵育缓冲液洗 1 次。

（4）加入 PI 染液 4℃下孵育 20min，避光并不时振动（注意：做 AnnexinV-FITC 及 PI 单染色对照）。

（5）流式细胞仪分析：激发光波长用 488nm，分析凋亡细胞。

五、实验结果

在流式细胞仪检测的结果中 $AnnexinV^-PI^-$的细胞为活细胞；$AnnexinV^+PI^+$为坏死细胞；$AnnexinV^+PI^-$的细胞为凋亡细胞。如检测 CD4 T 细胞的凋亡见图 41-1，首先以 $CD4^+T$ 细胞设门，再分析 Annexin V^+PI^-细胞占总 $CD4^+$细胞比例，即为凋亡细胞比例。

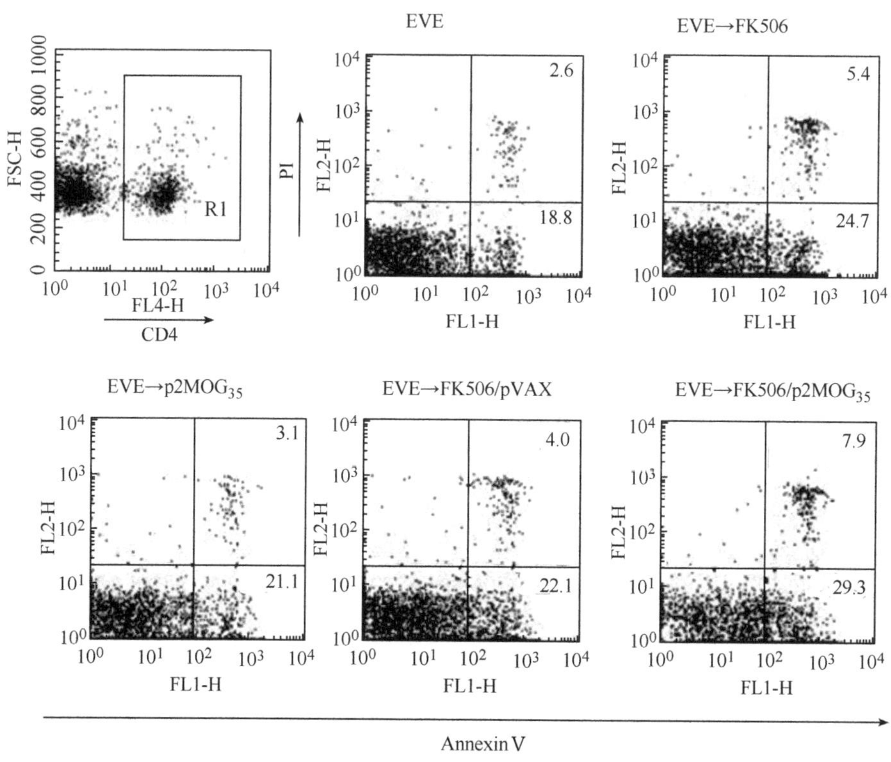

图 41-1 CD4 T 细胞凋亡（Kang *et al.*，2012）

六、注意事项

（1）实验中处理细胞要轻柔，避免用力吹吸细胞。

（2）荧光染色注意要避光，PI 染色后在 1h 内检测。

七、参考文献

Kang Y，Sun Y，Zhang J，et al. 2012. Treg cell resistance to apoptosis in DNA vaccination for experimental autoimmune encephalomyelitis treatment. PLoS One，7（11）：e49994

第十二章　免疫细胞功能实验

实验四十二　淋巴细胞转化实验

一、实验目的

1. 了解 T 淋巴细胞转化的原理。
2. 掌握淋巴细胞转化的实验方法。

二、实验原理

淋巴细胞在体外培养时，受到有丝分裂原（PHA 或 ConA）或特异性抗原刺激下可转化为淋巴母细胞，产生一系列形态变化如细胞变大、细胞质增多、出现空泡、核仁明显、核染色质疏松等，由淋巴细胞转化为淋巴母细胞。通过计算淋巴母细胞的转化率，了解机体的细胞免疫功能。淋巴细胞转化率的高低可反映人体细胞免疫功能水平，常被作为细胞免疫功能检测指标之一。

三、实验材料

（1）RPMI1640 细胞培养基：取 RPMI1640 粉剂一包溶于 1000ml 双蒸水中，利用 $NaHCO_3$ 调 pH 为 7.2～7.4，加谷氨酰胺 30g/L，过滤灭菌、分装，4℃冰箱保存。临用前加入小牛血清 10%、青霉素 1 万 U/ml、链霉素 1 万 U/ml。也可以从试剂公司购买配制好的 RPMI1640 细胞培养基，直接使用。

（2）灭活的小牛血清。

（3）PHA：150μg/ml。

（4）吉姆萨染液。

①储存液：称取姬姆萨粉 0.5g，甘油 33ml，甲醇 33ml。先将姬姆萨粉研细，再逐滴加入甘油，继续研磨，最后加入甲醇，在 56℃放置 1～24h 后即可使用。

②应用液（临用时配制）：取 1ml 储存液加 19ml pH7.4 磷酸缓冲液即成。也可以储存液：甲醇=1：4 的比例配制成染色液。

（5）灭菌器材：注射器及针头、吸管、培养瓶、试管、毛细滴管等。

四、实验步骤

（1）取无菌肝素抗凝血 0.2ml，加入 1.8ml 细胞培养液中，同时加入 PHA（150μg/ml）0.2ml，设对照管不加 PHA，将细胞置 37℃、5%CO_2孵育箱培养 72h，每天摇动 1 次，使细胞充分混匀。

（2）培养后摇匀细胞，用毛细吸管吸入刻度离心管内，1500r/min 离心 10min。弃上清液，剩余 50μl，用毛细吸管将管内细胞打匀，置 1 滴于洁净载玻片上，推片，迅速吹干。

（3）吉姆萨染色 20min，水洗，干燥。

（4）油镜计算 200 个淋巴细胞中转化的淋巴细胞数，计算转化率。

五、实验结果

（1）显微镜下，利用形态学方法判断转化率：根据细胞大小、核与胞质的比例、胞质的染色性、核结构和核仁的有无等特征进行判断。各类型淋巴细胞的特征如下。

①成熟的小淋巴细胞：未经培养的小淋巴细胞直径为 6～8μm，核染色致密，无核仁，核与胞质比例大，胞质染色为轻度嗜碱性。

②过渡型淋巴细胞：比小淋巴细胞大，直径为 10～20μm，核染色致密，但出现核仁，这是与成熟小淋巴细胞的主要区别。

③淋巴母细胞：细胞体积大，直径为 20～30μm，形态不整齐，常有小突出，核变大，核质染色疏松，有 1～2 个核仁，胞质变宽，常出现胞质空泡。

（2）计算转化率：

淋巴细胞转化率=(转化的淋巴母细胞)/(转化的淋巴母细胞＋未转化的淋巴细胞)×100%

（3）正常参考值：50%～70%。

六、注意事项

（1）培养液 pH 应保持在 7.4～7.6，过酸过碱均不利于细胞生长。

（2）PHA 的剂量过大对细胞有毒性，太小不足以刺激淋巴细胞转化，实验前应先测定 PHA 转化反应剂量。

（3）实验中要严格无菌操作，防止污染。

（4）玻片要洁净，无油脂。

实验四十三　混合淋巴细胞反应

一、实验目的

1. 学习混合淋巴细胞反应的实验方法。
2. 理解混合淋巴细胞反应的基本原理。
3. 掌握淋巴细胞反应的实验操作方法及结果判断的方法。

二、实验原理

混合淋巴细胞反应（mixed lymphocyte reaction，MLR）常用于器官移植前的组织配型，以测定受体和供体主要组织相容性抗原（HLA 抗原）相容的程度。混合淋巴细胞反应中淋巴细胞接受同种异型抗原的刺激而发生活化、增殖，产生种类众多的细胞因子，促进 NK、LAK 和 CTL 等杀伤细胞的分化，因此又是免疫调节研究中常用的实验模型。也可以用来检测调节性 T 细胞的免疫调节活性。

正常的两个无关个体功能的淋巴细胞在体外进行混合培养时，由于 HLAII 类抗原中 D 和 DP 抗原（淋巴细胞鉴定的抗原，SD 抗原）不同，可相互刺激对方的 T 细胞发生增殖，此为双向混合淋巴细胞反应；若将其中一方的淋巴细胞先用丝裂霉素 C（mitomycin C）处理或射线照射使之细胞中 DNA 失去复制能力，但仍能刺激另一方淋巴细胞发生转化，称为单向混合淋巴细胞培养。两个个体间 HLA 抗原差异程度越大，反应越强，可通过细胞数量、形态检查、流式细胞仪或者 ^{3}H-TdR 掺入率检测反应细胞的增殖水平。如用经照射的、已知 D 位点抗原的纯合子分型细胞作为刺激细胞，则可检测待检者的 D 位点抗原型。若待检者抗原与标准 HLA-D 抗原相同，MLR 不发生增殖，此为 HLA-D 抗原阴性分型法。EB 病毒转化的 B 淋巴母细胞表达高水平的 HLAII 类抗原，常作为单向 MLR 中的刺激细胞。

三、实验材料

（1）实验动物：BABL/c 小鼠、C57BL/6 小鼠。
（2）试剂：丝裂霉素 C、红细胞裂解液、MTT、FCS、RPMI1640 培养基。
（3）实验用品：解剖器、200 目铜网、注射器、玻璃棉、96 孔圆底细胞培养板。

四、实验步骤

（1）反应细胞（responder cell）：免疫后的 BABL/c 小鼠的脾细胞，裂解红细胞后，经尼龙柱纯化得到的 T 细胞作为反应细胞，调整细胞浓度为 1×10^7 个/ml。

（2）刺激细胞（stimulator cell）：用 C57BL/6 小鼠的脾细胞，裂解红细胞后，用丝裂霉素 C（25μg/ml）37℃灭活 1h 后，用 RPMI1640 培养基洗 3 次，每次 10min，作为刺激细胞。

（3）将反应细胞和刺激细胞以不同比例 10∶1，5∶1，1∶1 联合，每孔加入 5×10^6 个/ml，总体积为 100μl，每组设 3 个重复孔，置于 96 孔圆底培养板（costar），于 37℃、5%CO_2 培养箱孵育 96h。

（4）显色：每孔加 20μl MTT，37℃孵育 2～4h。

（5）用酶标仪测定 490nm 的吸光值。

五、实验结果

用酶标仪测定 490nm 波长各孔的吸光值，按下面的公式计算刺激指数（SI）：

SI=（实验组 OD–培养本底 OD）/（细胞对照组 OD–培养本底 OD）

如 Treg 细胞的免疫抑制功能检测见图 43-1。

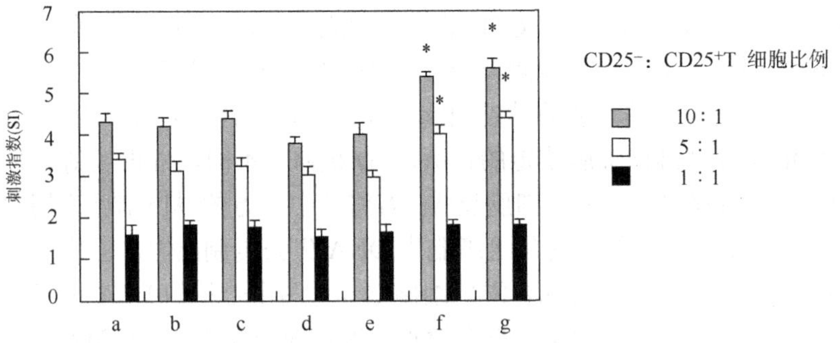

图 43-1　Treg 细胞抑制 MLR 反应（Zou *et al*., 2010）

*代表差异显著（$P<0.05$）

六、注意事项

（1）注意无菌操作。

（2）MTC 处理刺激细胞，使细胞暂时存活，但失去增殖的能力，MTC 一定要洗干净，防止影响反应细胞的增殖。

（3）可用 DC 细胞作为刺激细胞，也可将不同的细胞混合作为刺激细胞。

七、参考文献

Zou Q，Zhong Y，Su H，et al. 2010. Enhancement of humoral and cellular responses to HBsAg DNA vaccination by immunization with praziquantel through inhibition TGF-beta/Smad2，3 signaling. Vaccine，28（8）：2032-2038

实验四十四　T 细胞增殖实验——MTT 法

一、实验目的

1. 学习 T 淋巴细胞增殖实试验方法。
2. 理解 T 淋巴细胞增殖的原理。
3. 掌握 MTT 法的实验操作及结果分析。

二、实验原理

机体的免疫系统在接受抗原的刺激后，通过细胞免疫和体液免疫及相关系统的相互协调，对抗原产生细胞免疫反应，细胞增殖反应可表示此群细胞在整体状态下的增殖能力。机体内的 T 淋巴细胞在受到特异性抗原或非特异抗原刺激后，导致 T 细胞活化，细胞内的细胞因子合成、细胞因子受体表达及活化的细胞发生增殖。细胞增殖反应在一定的程度上可以反映细胞的功能状态。MTT 全称为 3-（4，5）-dimethylth-iahiazo（-z-y1）-3，5-di-phenytetrazoliumromide，其基本原理是活细胞的琥珀酸脱氢酶能还原 MTT，形成不溶于水的蓝紫色甲臜（Formazan）结晶，由于结晶物形成量与细胞数量及代谢活性成比例，而死细胞和红细胞不能转化 MTT，该结晶经加入有机溶剂溶解后呈蓝紫色，利用酶标仪测定其在 490nm 波长的吸光值，可反映细胞的数量及活性。

三、实验材料

1. 实验动物

小鼠。

2. 实验用品

解剖器、200 目铜网、注射器、玻璃棉。

3. 试剂

（1）MTT：浓度为 5mg/ml，称取 MTT 0.5g，溶于 100ml 的磷酸缓冲液（PBS）或无酚红的培养基中，过滤除菌后 4℃避光保存即可。在配制和保存的过程注意避光。

（2）完全培养基：含 10%胎牛血清的 RPMI1640 培养基。

（3）红细胞裂解液。

（4）刀豆素 A（concanavalin A，ConA）：作为阳性刺激物。

（5）牛血清白蛋白（bovine serum albumin，BSA）或卵清蛋白（ovalbumin，OVA）：作为非特异性抗原刺激物。

（6）10%SDS。

四、实验步骤

以 1 只小鼠为例。

（1）准备工作：实验中用到的所有物品均需提前高压灭菌；适量玻璃棉加入 1ml 注射器针筒（提前高压灭菌）；实验前超净工作台用紫外灯灭菌 20min。

（2）脱臼处死小鼠，用 70%乙醇浸泡 3～5min（注意：时间不能太长），以保证无菌。

（3）在超净工作台无菌条件下取出小鼠脾脏加入有 1ml RPMI1640 培养液（含 10%胎牛血清）的细胞培养皿中。

（4）将铜网灼烧后降温放入平皿中，利用无菌注射器柄将脾脏磨碎，制成细胞悬浮液，并过滤转移到 1.5ml 的 EP 管内，再利用 0.5ml 培养基进行冲洗培养皿并转移到 1.5ml 的 EP 管。细胞 3000 r/min 离心 5min。

（5）弃上清，加入 1ml 红细胞裂解液悬浮细胞（注意：不能剧烈吹打细胞，吹打不超过 5 次），室温裂解 2min，加 0.5ml 胎牛血清终止反应，3000r/min 离心 5min。

（6）弃上清，加入 1.5ml 完全培养基洗涤，3000r/min 离心 5min。

（7）弃上清，加入 1.5ml 完全培养基重悬细胞，将细胞缓慢通过玻璃棉（注意：不要太快，保证 B 细胞结合在玻璃棉上），以除去其中的 B 细胞。

（8）取少量细胞稀释 50 倍，用细胞计数板计数；用完全培养基调整细胞浓度至（3～4）$\times 10^6$ 个/ml；将调整好浓度的细胞加入 96 孔板，每孔 100μl［每孔（3～4）$\times 10^5$ 个细胞］。

（9）将抗原稀释一定倍数后过滤除菌，每孔加刺激物 20μl（终浓度：ConA 为 10μg/ml；抗原 5μg/ml；BSA/OVA 5μg/ml；抗原刺激物最适浓度可以提前做个预实验来确定或加不同浓度梯度），并设只有细胞不加刺激物的对照孔和只有培养基的本底孔。

（10）将细胞放入 37℃细胞培养箱（5% CO_2）培养 48～72h 后，每孔加入 20μl MTT（浓度为 5mg/ml）继续培养 4h。终止培养后 1500r/min 离心 5min，弃上清，每孔加 150μl 10%的 DMSO，振荡 10min，使结晶物充分溶解。利用酶标仪测定 492nm 吸光度（OD）值。

五、实验结果

培养 24h、48h 和 72h 时可以在显微镜下观察细胞的增殖状态，如图 44-1 所示，对照组未加刺激物无增殖；加入抗原组细胞出现细胞成团现象，即表明细胞进行了增殖；阳性对照组增殖显著。

用酶标仪（图 44-2）测定 490nm 波长各孔的吸光值，按下面的公式计算刺激指数（SI）：SI=（实验组 OD–培养本底 OD）/（细胞对照组 OD–培养本底 OD）。并进行统计绘图（图 44-3）。

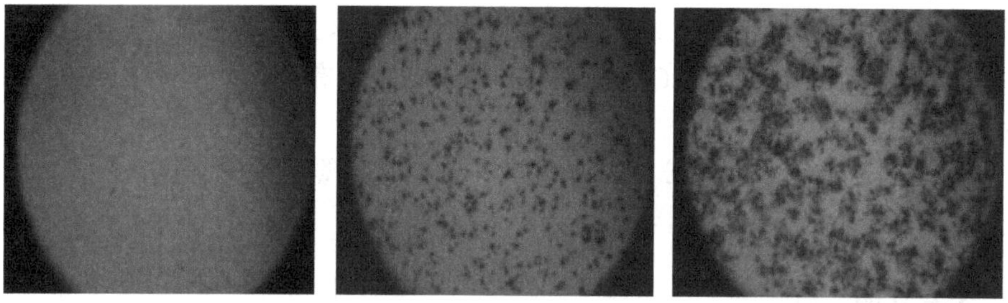

对照组　　抗原刺激组　　阳性对照组

图 44-1　显微镜下 T 细胞增殖状态

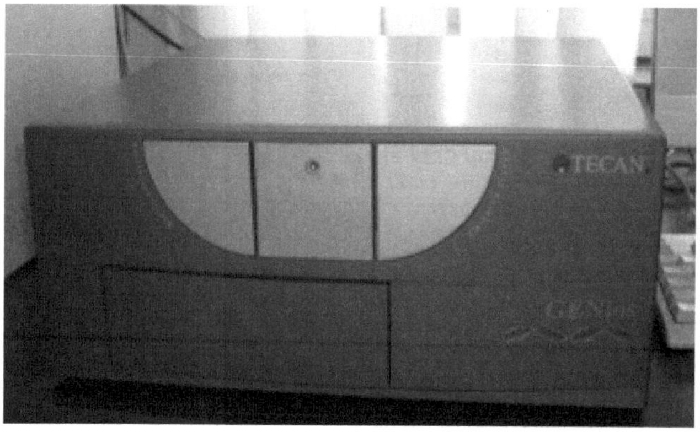

图 44-2　TECAN 酶标仪

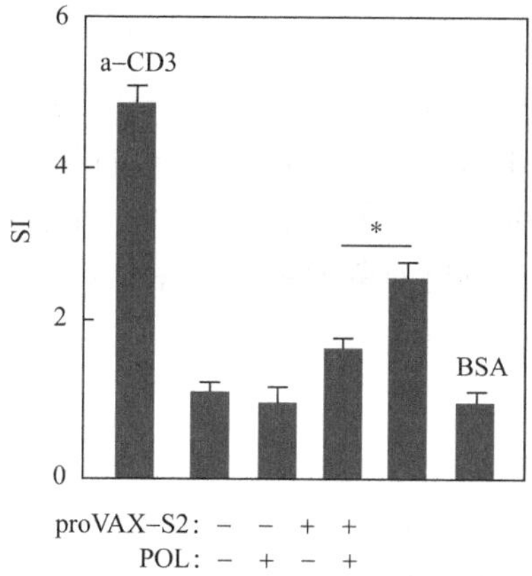

图 44-3　MTT 法实验结果（Gao *et al.*，2013）

a-CD3. 阳性对照；BSA. 牛血清白蛋白为非特异抗原对照；*代表差异显著（$P<0.05$）

六、注意事项

（1）操作保证无菌条件，严格防止污染。

（2）细胞有活性是增殖实验的重要保证，细胞于冰上放置会减少细胞死亡。

（3）MTT 显色加入 DMSO 时，避免出现气泡，如有气泡用 Tip 头除去，否则会影响吸光值。

（4）裂解红细胞时间控制在 2min 内，裂解过头会影响细胞活性。

（5）注意要设重复孔。

七、参考文献

Gao W，Sun Y，Chen S，et al. 2013. Mushroom lectin enhanced immunogenicity of HBV DNA vaccine in C57BL/6 and HBsAg-transgenic mice.Vaccine，31（18）：2273-2280

实验四十五　T 细胞增殖实验——^{3}H-TdR 掺入法

一、实验目的

1. 学习 T 淋巴细胞增殖的实验方法。
2. 理解 ^{3}H-TdR 掺入法检测 T 淋巴细胞增殖的原理。
3. 掌握 ^{3}H-TdR 掺入法检测 T 淋巴细胞增殖的实验操作。

二、实验原理

淋巴细胞在 PHA 或特异性抗原刺激下转化为淋巴母细胞，发生转化过程中，细胞 DNA 合成大量增多。此时在细胞培养液中加入氚标记的胸腺嘧啶核苷（^{3}H-Thymidine riboside，^{3}H-TdR），使 ^{3}H-TdR 作为合成 DNA 的原料摄入细胞内，掺入新合成的 DNA 中，通过测定掺入细胞内的放射性物质的相对活性（脉冲数 / 分，counts per minute，cpm），可较客观地反映淋巴细胞对刺激物的应答水平。

三、实验材料

1. 实验材料

（1）T 细胞：可以是实验四十四中制备的 T 细胞；可以是分离纯化的 T 细胞。本实验以人外周血中的淋巴细胞为例。

（2）96 孔培养板、CO_2 培养箱、收集器、闪烁杯、49 号纤维滤纸、离心管、各种吸管等。

2. 试剂

（1）^{3}H-TdR：将 1mCi/ml 的溶液用无菌的生理盐水稀释成 100μCi/ml，4℃保存，临用时再用培养液稀释 10 倍成 10μCi/ml。

（2）闪烁液：2，5-二苯基恶唑（PPO）5g，1，4-双（5-苯基恶唑基-2）苯（POPOP）0.3g，无水乙醇 200ml，甲苯 800ml，混匀即可。

（3）其他试剂：5%的三氯乙酸、无水乙醇、RPMI1640 培养液中、小牛血清、β-巯基乙醇（β-ME）、青霉素、链霉素、Hank's 液、PHA。

四、实验步骤

（1）肝素抗凝人外周血 2ml 加 Hank's 液 4ml，混匀后缓慢加入含有 2ml 淋巴细胞分离液面上，离心 2000r/min，20min，吸出浑浊带（含单个核细胞）加入含 5ml Hank's 液试管中混匀，离心 1000r/min，10min，弃上清，重复洗两次，再用 RPMI1640 培养液调细胞浓度至 1×10^6 个/ml。

（2）取上述细胞悬液加入到 96 孔培养板中，100μl/孔，每个样品加 6 孔，其中 3 孔为实验组，每孔加 100μl PHA（10μg/ml），另 3 孔为对照组，每孔加 100μl RPMI1640 培养液。

（3）置 37℃、5%CO_2 孵育 48h，每孔加 ^{3}H-TdR 20μl，继续培养 24h。

（4）用细胞收集器将每孔培养物分别吸收于滤纸上。

（5）将滤纸片吹干后分别将纸片浸入含 2ml 闪烁杯中，并做好编号标记。

（6）置液体闪烁仪中测定每个样品的 cpm 值。

五、实验结果

根据所测得的 cpm 值（取每份标本 3 份复孔的均值）换算成△cpm，计算公式为

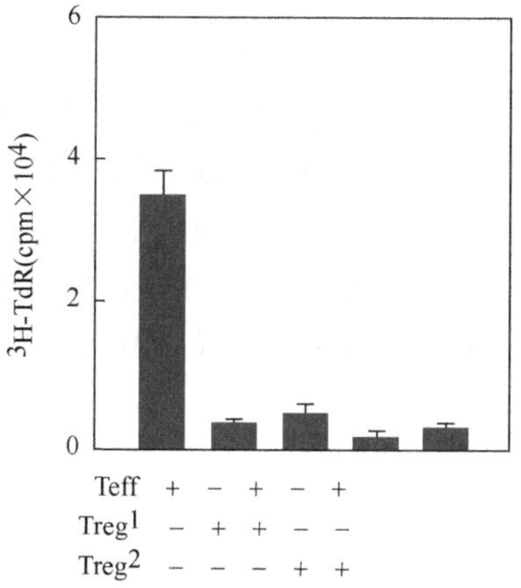

图 45-1　^{3}H-TdR 掺入法实验结果（Kang *et al.*，2008）

Teff. 效应性 T 细胞；Treg. 调节性 T 细胞

如 Treg 细胞能够抑制特异性 T 细胞增殖见图 45-1（Kang *et al.*，2008）。

六、注意事项

（1）在细胞分裂周期中只有 S 期合成 DNA，^{3}H-TdR 加入的时间应在 S 期，加入过早不但不能被细胞摄取，反而被降解为胸腺嘧啶，不能作为合成 DNA 的原料。一般在培养终止前 6h 或 16h 加入 ^{3}H-TdR，其掺入量高。

（2）^{3}H-TdR 加样要准确，需准确控制实验条件。

（3）要充分冲洗抽滤以去除未掺入的 ^{3}H-TdR。

七、参考文献

Kang Y，Xu L，Wang B，et al. 2008. Cutting edge：Immunosuppressant as adjuvant for tolerogenic immunization. J Immunol，180（8）：5172-5176

实验四十六　T 细胞增殖实验——CFSE 染色法

一、实验目的

1. 学习 CFSE 染色法检测 T 淋巴细胞增殖的实验方法。
2. 理解 CFSE 染色法检测 T 淋巴细胞增殖的原理。
3. 掌握 CFSE 染色法检测 T 淋巴细胞增殖的实验操作。

二、实验原理

CFSE（羟基荧光素二乙酸盐琥珀酰亚胺脂）是一种可穿透细胞膜的绿色荧光染料，其因具有与细胞特异性结合的琥珀酰亚胺脂基团和具有非酶促水解作用的羟基荧光素二乙酸盐基团而成为一种良好的细胞标记物。CFSE 进入细胞后可以不可逆地与细胞内的氨基结合偶联到细胞蛋白质上。当细胞分裂时，CFSE 标记荧光可平均分配至两个子代细胞中，因此其荧光强度是亲代细胞的一半。在一个 CFSE 标记的增殖细胞群中，各连续代细胞的荧光强度呈对递减，利用流式细胞仪在 488nm 激发光和荧光检测通道可对其进行分析。

三、实验材料

1. 细胞

1）T 细胞

Naive T 细胞、纯化的 T 细胞、纯化的 $CD4^+CD25^-$T 细胞或 $CD4^+CD25^+$T 细胞均

可，根据实验目的不同进行选择。

2）抗原递呈细胞（APC）

用表达 MHCII 分子的细胞株或树突细胞。利用表达 MHCII 分子的细胞株作 APC，加入细胞培养板之间需要利用丝裂霉素 C 处理，使其不能进行分裂（注意：不作处理的细胞株分裂很快，细胞数目会增多，影响 T 细胞的分裂）。

2. 试剂

（1）CFSE 储存液：用 DMSO 溶解为 1mmol/L（1mg CFSE 溶解于 1800μl DMSO 即是 1mmol/L），分装后−20℃避光保存，避免反复冻融。CFSE 储存液为无色，见光变绿后不能再使用。

（2）PBS/含 Ca 离子和 Mg 离子的 PBS：高压灭菌 4℃分装保存。

（3）其他：胎牛血清、RPMI1640 完全培养基、β-巯基乙醇。

四、实验步骤

（1）制备 T 细胞：分离纯化的 T 细胞用 PBS 洗两次，3000r/min 离心 5min，弃上清后用 PBS 调节细胞浓度为 1×10^7 个/ml。

（2）染色：1×10^7 个/ml 加入 1μl CFSE 储备液（终浓度为 1μmol/L），马上漩涡混匀，室温避光染色 6min，按细胞数目调节体积和加入的 CFSE 量。染色时管子避光平放。

（3）加入 1/2 体积胎牛血清终止反应，3000r/min 离心 5min，弃上清后，用 500μl 100%胎牛血清悬浮细胞加入 1μl β-巯基乙醇（终浓度为 50μmol/L），β-巯基乙醇具有抗氧化作用，可防止细胞死亡，37℃温箱避光孵育 30min。

（4）用 RPMI1640 完全培养基清洗细胞，离心弃上清，重复 3 次。

（5）细胞计数后加入细胞培养板，每孔加入（2～5）$\times10^5$ 个 CFSE 标记的细胞，同时加入（2～5）$\times10^4$ 个 APC 细胞。加入不同的刺激物，包括 CD3 抗体/CD28 抗体（阳性对照），无关抗原对照（如 BSA）及抗原（实验抗原），同时设不加刺激物和不用 CFSE 染色的细胞作为对照。用培养基即将各孔终体积调为一致。用 Tip 头轻轻将各孔混匀。

（6）将细胞放入 37℃细胞培养箱，5% CO_2 避光培养，分别在 24h、48h 或 72h 用流式细胞仪检测细胞增殖情况。

五、结果分析

利用流式细胞仪分析 CFSE 荧光强度，分析细胞分裂的次数（图 46-1）（Humphreys *et al.*，2003）及分裂的细胞所占百分比（图 46-2）（Kang *et al.*，2008）。

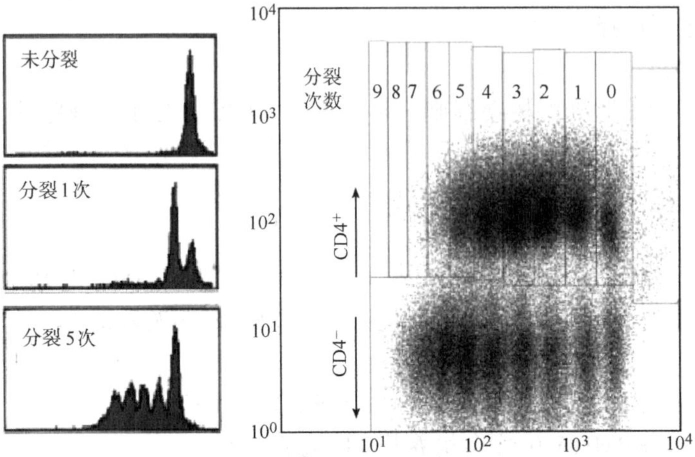

图 46-1 显示细胞分裂次数（直方图/点图）（Humphreys *et al.*, 2003）

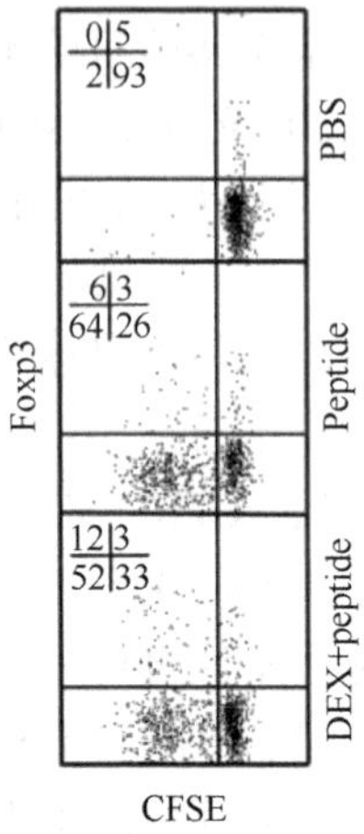

图 46-2 显示分裂细胞比例（点图）（Kang *et al.*, 2008）

六、注意事项

（1）CFSE 未使用前应该为无色，颜色变绿表明已部分变质，所以 CFSE 必须分装保存，避免反复冻融。

（2）CFSE 对细胞有毒害作用，所以染色不能超过 6min，只在刚加入 CFSE 时漩涡混匀。染色后的细胞用 100% FCS 孵育 37℃温箱孵育 30min，恢复细胞活性。

（3）CFSE 染的细胞进行操作时注意避光。

七、参考文献

Humphreys NE, Dearman RJ, Kimber I. 2003. Assessment of cumμlative allergen-activated lymph node cell proliferation using flow cytometry. Toxicol Sci, 73（1）: 80-89

Kang Y, Xu L, Wang B, et al. 2008. Cutting edge: Immunosuppressant as adjuvant for tolerogenic immunization. J Immunol, 180（8）: 5172-5176

实验四十七 体外 CTL 实验

一、实验目的

1. 学习体外检测 CTL 反应的实验方法。
2. 理解体外检测 CTL 反应的原理。
3. 掌握体外检测 CTL 反应的实验操作。

二、实验原理

用 DIOC18（3）（3，3，-dioctadecyloxacarbocyanine perchlorate）标记靶细胞（target，T）膜，用红色荧光核染料碘化丙啶（propidium iodide，PI）标记效应细胞（E）和死亡靶细胞，通过流式细胞分析可清楚区分 2 类细胞，DIOC/PI 双阳性的细胞即为被杀伤的靶细胞，并且靶细胞溶解百分比与不同 E：T 比之间存在良好相关。

三、实验材料

DIOC、PI、靶细胞、效应细胞、RPMI1640 完全培养基、抗原特异性或非特异性肽。

四、实验步骤

（1）准备靶细胞：将靶细胞在含 10%胎牛血清的培养基中培养 24h 后，调整细胞浓度为 1×10^6 个/ml，分成 2 份于两个培养皿中，一份孵育 20μg 抗原特异性的肽，另一份孵育 20μg 抗原非特异性肽，37C，5% CO_2 培养过夜（此步可以根据实验组所需靶细胞数目进行调整）。

（2）第 2 天，3000r/min 离心 5min，用 PBS 清洗两次，调节细胞浓度为 1×10^6 个/ml，将没有孵育或孵育抗原/非特异性肽的靶细胞加入 10μl DIOC（3mmol/L）染色，37℃避光染色 15min。

（3）3000r/min 离心 5min，弃上清，用 PBS 清洗 3 次，用 RPMI1640 完全培养基重悬，进行细胞计数。

（4）准备效应细胞（effector cell，E）：免疫后小鼠的脾细胞裂解红细胞后制备为单细胞悬液，细胞计数后，按 E：T 为 3：1，11：1，33：1 和 100：1 加入 96 孔板，37℃，5% CO_2 培养 4h，同时设最大杀伤对照（加入 20μl 0.3mg/ml 皂素）和自然死亡对照（4℃放置）。

（5）加入 PI（终浓度为 2μg/ml）后，上机检测。

五、结果分析

流式细胞仪以 DIOC 阳性的靶细胞设门，分析 PI 阳性细胞的百分比（图 47-1）（Piriou *et al.*，2000），根据公式得出杀伤率（图 47-2）（Zhang *et al.*，2009）：

杀伤率=[（实验组靶细胞死亡%−自然杀伤死亡%）/（最大杀伤死亡%−自然杀伤死亡%）]×100

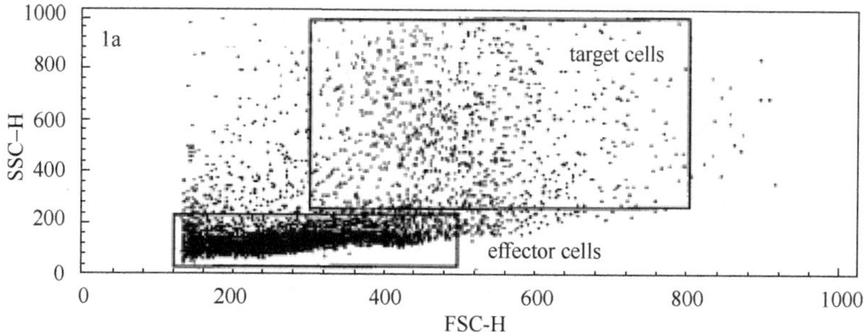

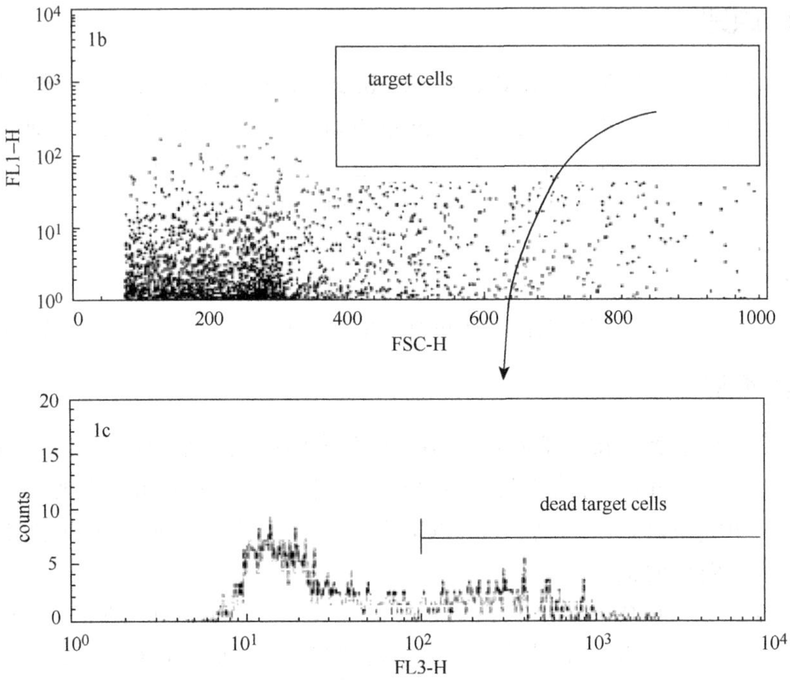

图 47-1　数据获取（Piriou *et al.*，2000）

target cells：靶细胞；effector cells：效应细胞；dead target cells：死亡的靶细胞；FSC-H：前向角散射，与被测细胞的大小及形状有关；SSC-H：侧向角散射，与被测细胞的颗粒密度和内部结构有关；1a：区分靶细胞与效应细胞，靶细胞设门；1b：绿色荧光标记的靶细胞（DIOC⁺）设门；1c：分析死亡的靶细胞（绿色和红色两种荧光标记的即为死亡的靶细胞，DIOC⁺PI⁺）；FL1-H：荧光通道 1，为绿色荧光通道；FL3-H：荧光通道 3，为红色荧光通道；counts：细胞数

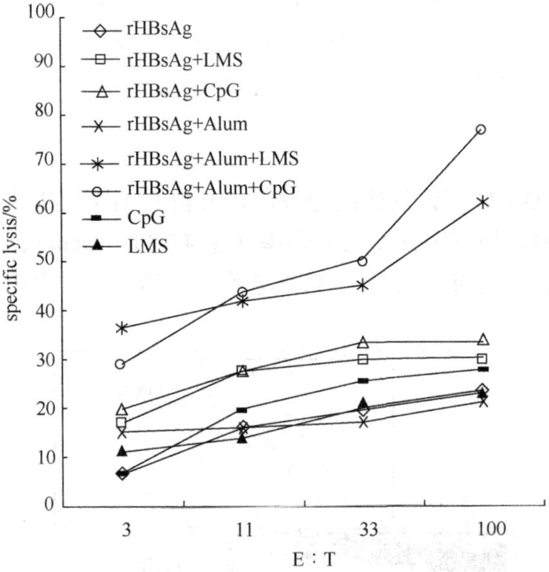

图 47-2　杀伤率（Zhang *et al.*，2009）

六、注意事项

（1）DIOC 必须分装保存，避免反复冻融。

（2）不同小鼠 MHC 类型不同，因此靶细胞的 MHC 应该与小鼠的 MHC 类型一致。例如，EL4 细胞株可用作 C57BL/6 小鼠的靶细胞，但不能用作 BALB/c 小鼠的靶细胞。

七、参考文献

Piriou L, Chilmonczyk S, Genetet N, et al. 2000. Design of a flow cytometric assay for the determination of natural killer and cytotoxic T-lymphocyte activity in human and in different animal species. Cytometry，41：289-297

Zhang W，Du X，Zhao G，et al. 2009. Levamisole is a potential facilitator for the activation of Th1 responses of the subunit HBV vaccination. Vaccine，27（36）：4938-4946

实验四十八　体内 CTL 实验

一、实验目的

1. 学习体内检测 CTL 反应的实验方法。
2. 理解体内检测 CTL 反应的原理。
3. 掌握体内检测 CTL 反应的实验操作。

二、实验原理

当病毒进入机体以后，免疫系统内的细胞毒 T 淋巴细胞，能够杀死被感染的细胞，抑制病毒在机体内的复制起着重要的作用。其主要原理是病毒进入细胞后，病毒的蛋白质通过内源性递呈途径，蛋白质被蛋白质酶体加工成小肽，小肽被高尔基体通过内质网运送到细胞表面与 MHCI 分子结合，细胞毒 T 淋巴细胞通过 TCR 与 MHCI 和小肽复合物结合，细胞毒 T 淋巴细胞释放出穿孔素和细胞毒颗粒脱粒作用释放各种酶，被感染的细胞被杀死。本实验根据 CTL 反应的原理，将脾细胞作为靶细胞与肽孵育，使小肽与 MHCI 结合，再将靶细胞通过尾静脉注射回小鼠体内，靶细胞在体内的细胞毒 T 淋巴细胞的作用下被杀死。

三、实验材料

1. 实验动物

纯系实验小鼠。

2. 实验用品

解剖器、200 目铜网、注射器、一次性细胞培养皿。

3. 试剂

CFSE 染料（配制方法见实验四十六）、抗原特异性或非特异性多肽、RPMI1640 培养基、胎牛血清、PBS。

四、实验步骤

（1）取一只 Naive 小鼠，分离制备脾单细胞悬液（注意：具体步骤见实验三十六），进行细胞计数。

（2）每只实验小鼠需要 2×10^7 个细胞，其中 1×10^7 个细胞孵育 10^{-6}mol/L 抗原特异性的多肽（实验组），另 1×10^7 个细胞不孵育（对照组）或孵育抗原非特异性肽（非特异性抗原对照），体积为 1～2ml 的细胞加入培养皿与多肽于 37℃、5%CO_2 培养箱孵育 1h（注意：此步可以根据实验组小鼠数量相应增加靶细胞的数目）。

（3）4h 后将细胞转入 15ml 的细胞管中，3000r/min 离心 5min，将没有孵育或孵育抗原非特异性肽的靶细胞用低浓度的 CFSE（0.5μmol/L）染色；孵育抗原特异性多肽的靶细胞用高浓度的 CFSE（5μmol/L）染色，37℃避光轻摇染色 6min。

（4）染色后加入等体积的胎牛血清终止反应，3000rmp 离心 5min，弃上清。加入 100%胎牛血清 1ml 于 37℃、5%CO_2 培养箱孵育 30min，再用 10ml 的 PBS 洗 3 次，用含 10%胎牛血清的 RPMI1640 培养基重悬细胞。

（5）将低浓度和高浓度染色的靶细胞等体积混合，按每只小鼠 2×10^7 个细胞（注意：此时体积为 100μl）由尾静脉注射入实验小鼠体内，进行体内细胞毒反应（注意：此时小鼠要避光）。

（6）注射后 4h，处死实验小鼠，避光分离制备脾单细胞悬液，铜网过滤后转入 FACS 专用管中，进行检测和分析。

五、结果分析

利用流式细胞仪分析低浓度和高浓度 CFSE 标记细胞的百分比，根据公式计算杀伤率（图 48-1）（Du *et al.*，2007）：

比率=低浓度 CFSE%/高浓度 CFSE%；杀伤率=[1−（未刺激对照比率/刺激组比率）]×100

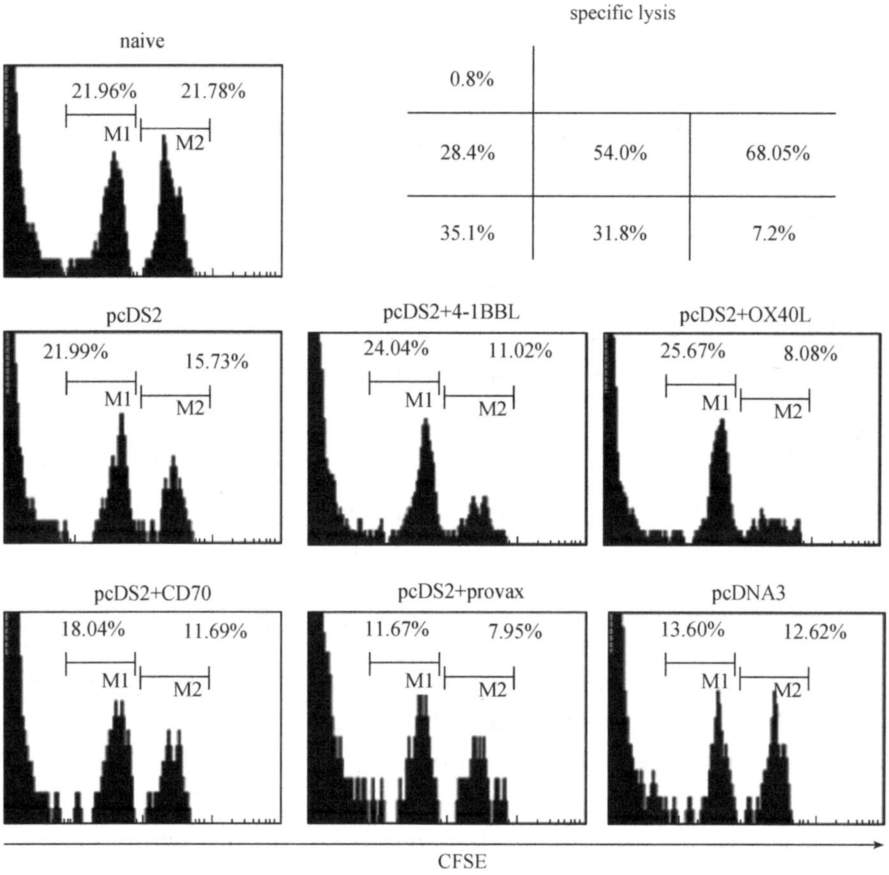

图 48-1 体内 CTL 实验（Du *et al.*，2007）

六、注意事项

（1）实验过程要无菌、避光操作。

（2）细胞除 CFSE 染色时用 PBS 重悬，其他均用含 10%胎牛血清的 RPMI1640 培养基，以保证细胞活性。

（3）染色时一定要把 CFSE 和细胞振荡混匀；细染色后一定要清洗干净，否则混合后荧光强度可能会没有区别。

（4）保证低浓度和高浓度的靶细胞数目相等，且保证将 2×10^7 个靶细胞静脉注射入小鼠体内。

（5）多肽应是 CTL 表位肽，多肽的浓度不能太低。

七、参考文献

Du X，Zheng G，Jin H，et al. 2007. The adjuvant effects of co-stimµlatory molecµles on cellµlar and memory responses to HBsAg DNA vaccination. J Gene Med，9（2）：136-146

实验四十九　酶联免疫斑点实验

一、实验目的

1. 学习酶联免疫斑点法检测细胞因子的实验方法。
2. 理解酶联免疫斑点法检测细胞因子的原理。
3. 掌握酶联免疫斑点法检测细胞因子的实验操作。

二、实验原理

酶联免疫斑点法（enzyme linked immunospot assay，ELISPOT），是在单细胞水平检测分泌抗体细胞或分泌细胞因子细胞的一项细胞免疫学检测技术。ELISPOT原理从本质上说和ELISA的原理是一样的。细胞受到刺激后局部产生细胞因子，此细胞因子被特异单克隆抗体捕获。细胞分解后，被捕获的细胞因子与生物素标记的二抗结合，其后再与碱性磷酸酶标记的亲和素结合。BCIP/NBT底物孵育后，PVDF（polyvinylidene fluoride，聚偏氟乙烯树脂）孔板出现“紫色”的斑点，表明细胞产生了细胞因子，通过ELISPOT酶联斑点分析系统对斑点的分析后得出结果。传统的ELISA与ELISPOT都是根据酶免疫学检测原理，通过酶的高催化频率，放大反应效果，从而达到高敏感度的检测效果。ELISPOT常用于移植中排斥反应的预测、疫苗效果检测、Th1/Th2 分析、自身免疫病研究、肿瘤研究、过敏性疾病研究等。

由于是单细胞水平检测，ELISPOT比ELISA和有限稀释法等更灵敏，能从20万～30万细胞中检出1个分泌该蛋白的细胞。捕获抗体为高亲和力、高特异性、低内毒素单抗，在研究者以刺激剂激活细胞时，不会影响活化细胞分泌细胞因子。

三、实验材料

96孔板、PVDF薄膜、细胞因子的一抗、生物素标记的二抗、显色液（或试剂盒）。

四、实验步骤

（1）用50μl 70%乙醇室温下孵育PVDF孔板1min。倒去乙醇，用100μl PBS洗涤3次。

（2）将100μl捕获抗体加入10ml PBS中，混合，每孔加100μl，盖上板盖，4℃过夜。倒去液体，100μl PBS洗涤一次。

（3）每孔加入 100μl 2%脱脂乳 PBS，盖上板盖，室温下孵育 2h。在水槽边和吸水纸上轻打，倒去液体。用 100μl PBS 洗涤一次。

（4）每孔加入 100μl 细胞悬浮液（含适当量的细胞和相应浓度的刺激剂）。盖上标准的 96 孔板塑料板盖，37℃、5% CO_2 孵育箱中孵育一定的时间（15～20h）。这期间不要晃动或移动孔板。在水槽边和吸水纸上轻打，倒去液体。

（5）每孔加 100μl 洗涤缓冲液，4℃孵育 10min。用 100μl 洗涤缓冲液洗孔 3 次。

（6）于 10ml PBS-1%BSA 中稀释 100μl 检测抗体，此为一板的量。每孔加 100μl 此液体，盖上板盖，室温下孵育 2h。倒去液体，用 100μl 洗涤缓冲液洗 3 次。

（7）每板以 10ml PBS-1%BSA 稀释 10μl 的亲和素碱性磷酸酶。每孔加入 100μl 此液体，盖上板盖，室温下孵育 1h。倒去液体，用 100μl 洗涤缓冲液洗 3 次。在吸水纸上拍打，吸干残留的洗涤液。

（8）每孔加入 100μl BCIP/NBT。于室温下反应 5～15min。完全显色后，将此液倒于相应的盘中。用蒸馏水充分洗涤膜的两边。在吸水纸上轻拍，使膜干燥。保存时，将板倒置以免残留的液体流回膜上，一旦膜干燥后，读取点数。4℃下放置一夜，点会比较明显。此板在室温下避光保存。

五、结果分析

利用显微镜或者特定的读板机（reader）计算出样品中被激活细胞的数目（图 49-1）（Biglino *et al.*，2008）。

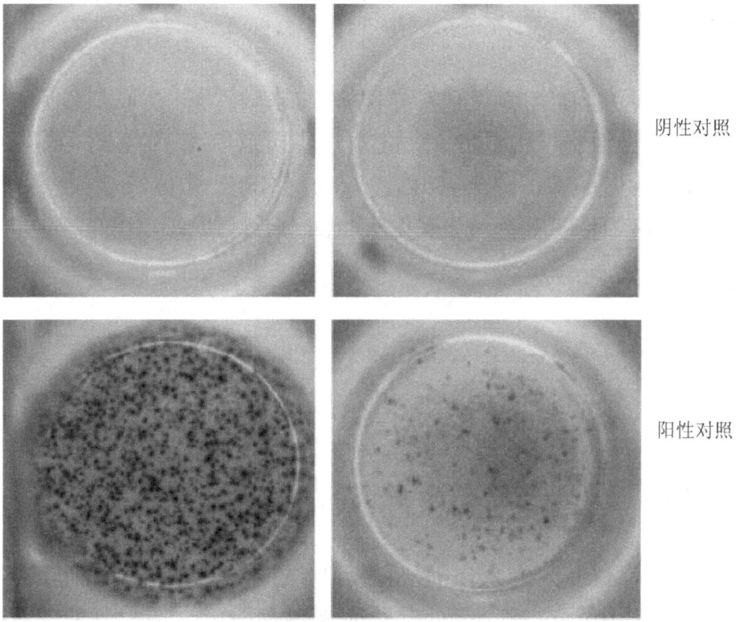

图 49-1　ELISPOT 实验结果（Biglino *et al.*，2008）

六、注意事项

（1）封闭步骤可用 FBS、BSA、酪蛋白等代替脱脂乳，效果会更好，但价格较高。

（2）孵育后细胞裂解可使用低盐溶液或去离子水，4℃孵育 10min，低渗裂解细胞。

七、参考文献

Biglino A, Crivelli P, Concialdi E, et al. 2008. Clinical usefulness of ELISPOT assay on pericardial fluid in a case of suspected tuberculous pericarditis. Infection，36（6）：601-604

实验五十　B 细胞增殖实验

一、实验目的

1. 学习 B 细胞增殖的实验方法。
2. 理解 MTT 法、^{3}H-TdR 掺入法及 CFSE 染色法使 B 细胞增殖的原理。
3. 掌握 B 细胞增殖的实验操作。

二、实验原理

机体免疫系统内的 B 细胞受到特异性抗原或非特异性抗原刺激后，细胞会发生活化并大量增殖。B 细胞增殖反应在一定程度上可反映 B 细胞的功能状态。B 细胞增殖反应实验可采用 MTT 法、^{3}H-TdR 掺入法及 CFSE 染色法进行检测。MTT 法原理参见实验四十四；^{3}H-TdR 掺入法参见实验四十五；CFSE 染色法参见实验四十六。

三、实验材料

1. 实验动物

纯系小鼠。

2. 实验用品

解剖器、200 目铜网、注射器。

3. 试剂

（1）MTT 法：MTT 浓度为 5mg/ml，称取 MTT 0.5g，溶于 100ml 的磷酸缓冲液（PBS）的培养基中，过滤除菌后 4℃避光保存即可。在配制和保存的过程中注意避光。

^{3}H-TdR 掺入法：^{3}H-TdR，将 1mCi/ml 的溶液用无菌的生理盐水稀释成 100μCi/ml，4℃保存，临用时再用培养液稀释 10 倍成 10μCi/ml。

CFSE 染色法：CFSE 储存液，用 DMSO 溶解为 1mmol/L（1mg CFSE 溶解于 1800μl DMSO 即是 1mmol/L），分装后–20℃避光保存，避免反复冻融。CFSE 储存液为无色，见光变绿后不能再使用。

（2）完全培养基：含 10%胎牛血清的 RPMI1640 培养基。

（3）红细胞裂解液。

（4）细菌脂多糖（lipopolysaccharides，LPS）：作为阳性刺激物。

（5）牛血清白蛋白（bovine serum albumin，BSA）或卵清蛋白（ovalbumin，OVA）：作为非特异性抗原刺激物。

四、实验步骤

以 1 只小鼠为例。

（1）准备工作：实验中用到的所有物品均需提前高压灭菌；适量玻璃棉加入 1ml 注射器针筒（提前高压灭菌）；实验前超净工作台用紫外灯灭菌 20min。

（2）脱臼处死小鼠，用 70%乙醇浸泡 3～5min（注意：时间不能太长），以保证无菌。

（3）无菌条件下取小鼠脾脏加入 1ml RPMI1640 培养液（含 10%胎牛血清）的细胞培养皿中。

（4）将铜网灼烧后降温放入平皿中，利用无菌注射器柄将脾脏磨碎，制成细胞悬浮液，并过滤转移到 1.5ml 的 EP 管内，再利用 0.5ml 培养基进行冲洗培养皿并转移到 1.5ml 的 EP 管。细胞 3000r/min 离心 5min。

（5）弃上清，加入 1ml 红细胞裂解液悬浮细胞（注意：不能剧烈吹打细胞，吹打不超过 5 次），室温裂解 2min，加 0.5ml 胎牛血清终止反应，3000r/min 离心 5min。

（6）弃上清，加入 1.5ml 完全培养基洗涤，3000r/min 离心 5min。

（7）弃上清，加入 1.5ml 完全培养基重悬细胞，利用 B 细胞纯化试剂盒或流式细胞仪分选得到纯化的 B 细胞，用细胞计数板计数。

此步骤需进行 CFSE 染色，具体方法参见实验四十六。

（8）将 B 细胞加入 96 孔板，每孔 100μl [每孔（3～4）×10^5 个细胞]，每孔加刺激物 20μl（刺激物终浓度为：LPS 为 10μg/ml），37℃细胞培养箱（5% CO_2）进行培养。

（9）MTT 法：细胞培养 48～72h，终止培养前 4h 每孔加入 20μl MTT（浓度为 5mg/ml）终止培养后 1500r/min 离心 5min，弃上清，每孔加 150μl DMSO，振荡 10min，使结晶物充分熔解。利用酶标仪测定 492nm 吸光度（OD）值。

^{3}H-TdR 掺入法：细胞培养 48h，每孔加 ^{3}H-TdR 20μl，继续培养 24h，用细胞收集器将每孔培养物分别吸收于滤纸上，将滤纸片吹干后分别将纸片浸入含 2ml 闪烁液瓶中，并做好编号标记。置液体闪烁仪中测定样品的每分钟脉冲数（counts per minute，cpm）。CFSE 染色法：将细胞放入 37℃细胞培养箱，5% CO_2 避光培养，分别在 24h、48h 或 72h 用流式细胞仪检测细胞增殖情况。

五、结果分析

MTT 法结果分析参见实验四十四；^{3}H-TdR 掺入法结果分析参见实验四十五；CFSE 染色法结果分析参见实验四十六。

六、注意事项

MTT 法结果分析参见实验四十四；^{3}H-TdR 掺入法结果分析参见实验四十五；CFSE 染色法结果分析参见实验四十六。

实验五十一　B 细胞溶血空斑实验

一、实验目的

1. 学习 B 细胞溶血空斑实验的方法。
2. 理解 B 细胞溶血空斑实验的原理。
3. 掌握 B 细胞溶血空斑实验的操作。

二、实验原理

溶血空斑实验（plaque forming cell assay，PFC）是体外检测 B 淋巴细胞抗体形成功能的一种方法。其原理是将绵羊红细胞（SRBC）免疫小鼠，取小鼠脾脏制成单细胞悬液，与高浓度的 SRBC 混合后加入琼脂凝胶中，其中每个释放溶血性抗体的细胞可致敏其周围的 SRBC，在补体参与下，抗体形成细胞周围的 SRBC 溶解，在其周围形成一个肉眼可见的空斑。一个空斑代表一个抗体形成细胞，空斑的数量反映机体的体液免疫功能。

三、实验材料

1. 实验动物

8～12 周龄纯系小鼠。

2. 实验用品

解剖器、200 目铜网、注射器。

3. 试剂

pH7.2 的 Hank's 液、10%小牛血清-Hank's（小牛血清 56℃，30min 灭活）、5%～10%SRBC（Hank's 液配制）、琼脂、PBS、补体。

四、实验步骤

（1）10%小牛血清-Hank's 液制备：取两份小牛血清加一份洗过 3 次的压积 SRBC 混合后，置 37℃温箱 30min，中间吹打两次，离心 2000r/min、10min，吸出血清置 56℃水浴 30min 灭活，再以 Hank's 液配成 10%小牛血清-Hank's 液。

（2）补体的制备：用心脏采血法收集 3 只以上豚鼠的血液，析出血清后混合。应用前以 Hank's 液配成 1∶5 的浓度。

（3）脾细胞悬液的制备：每只小鼠经腹腔注射 5%或 10%SRBC 0.4ml，免疫后 4 天，将小鼠脱颈椎处死后，取出脾脏，放入含小牛血清-Hank's 液的平皿中，漂洗两次，置细胞培养皿中加入铜网，用 1ml 注射器芯研磨，加入 5～10ml 的 Hank's 液制备为单细胞悬液，200 目铜网过滤至刻度离心管中，1500r/min 离心 5min，反复两次，加入 5～10ml 的 10%小牛血清-Hank's 液，调整细胞数为 1×10^7 个/ml。

（4）底层琼脂制备：用 Hank's 液配制 1.4%琼脂，加热熔化后，倾注于直径 7.5cm 的平皿内，每皿 3.5ml 使其均匀平铺，待其凝固后移至 4℃冰箱反扣保存。

（5）表层琼脂制备：实验组取 0.1ml 脾细胞（1×10^7 个/ml），对照组取同样量的正常小鼠脾细胞与 0.1ml 2×10^9/ml（5%～10%）SRBC，同时迅速加入保温于 50℃水浴中的 3.5ml 浓度为 0.7%的琼脂管中，摇匀后立即将混合物倾入铺有底层琼脂的平皿内，轻摇使其铺开，待琼脂凝固后，37℃孵育 1h。

（6）加补体：取出上述平皿，每皿加入 1∶5 稀释的补体 2ml，继续放入 37℃温箱中温育 30min 后取出，即出现肉眼可见的溶血空斑。如需计数 PFC，则置于室温 1h，再放入 4℃冰箱过夜，次日倒去表层液体，计数空斑。如需保存，则加入生理盐水或 PBS 配制的 0.25%戊二醛 6ml 加以固定。

五、结果分析

此方法可直接观察，主要用于测 IgM 抗体生成细胞。

（1）空斑：大小均匀，边缘整齐，圆形透明，肉眼勉强可见，镜下可见中心有淋巴细胞。

（2）假斑：可能是气泡，SRBC 没有铺匀，细胞悬液中有细胞团存在所致。

（3）空斑计数：一般以 3～5 个平皿上的空斑均数为该组的空斑数，然后推算每百万细胞产生的空斑数。如每皿加入细胞数为 10^6 个，出现空斑 50 个，那么每百万细胞产生空斑数为 50 个。分别计算并比较实验组与对照组每百万细胞产生的空斑数。

六、注意事项

（1）SRBC 要新鲜，其保存于 Hank's 液中可使用两周，洗涤不得超过 3 次。

（2）脾细胞洗涤应充分，以避免小鼠血清蛋白的干扰。

（3）倾注表层琼脂时，要充分混匀细胞，但要避免产生气泡。

（4）应在水平台上倾注琼脂以保证琼脂表层水平光滑。

七、参考文献

郭鑫. 2007.动物免疫学实验教程. 北京：中国农业大学出版社

实验五十二　NK 细胞杀伤活性实验——乳酸脱氢酶释放法

一、实验目的

1. 学习乳酸脱氢酶释放法检测 NK 细胞杀伤活性实验的方法。
2. 理解乳酸脱氢酶释放法检测 NK 细胞杀伤活性实验的原理。
3. 掌握乳酸脱氢酶释放法检测 NK 细胞杀伤活性实验的操作。

二、实验原理

乳酸脱氢酶（lactic dehydrogenase，LDH）是一种存在于细胞质内的酶。正常情况下 LDH 不通过细胞膜，当靶细胞受到攻击损伤时，细胞膜通透性改变，LDH 释放到介质中，催化乳酸生成丙酮酸，使氧化型辅酶 I 变成还原型辅酶 I 。还原型辅酶 I 通过递氢体——吩嗪二甲酯硫酸盐（phenazine-methosulfate，PMS）还原硝基氯化四氮唑蓝（nitrotetrazolium blue chloride，NBT），形成有色的甲臜化合物（formazan）。NK 细胞杀伤靶细胞后，加入 LDH 底物缓冲液，终止反应，在酶标测定仪 490nm 或 570nm 波长测得 OD 值，能够反映 NK 细胞活性，测出的 LDH 浓度与 NK 细胞毒活性正相关。

三、实验材料

1. 实验材料

（1）靶细胞：取对数生长期 YAC-1 细胞（小鼠 NK 细胞敏感的细胞株）。

（2）效应细胞：小鼠脾细胞（或外周血淋巴细胞），作为 NK 细胞的来源。

2. 实验用品

解剖器、200 目铜网、注射器。

3. 试剂

（1）1mol/L 乳酸钠溶液：取 11.2g 乳酸钠溶于 100ml 去离子水。

（2）LDH 底物溶液（pH7.4）：NBT 4mg，氧化型辅酶 I 10mg，PMS 1mg，加 2ml 蒸馏水溶解。混匀后取 1.6ml 加 1mol/L 乳酸钠 0.4ml。

（3）1% NP-40：取 1ml NP-40 加入 99ml 去离子水中。

（4）终止液：1mol/L 枸橼酸，取 4.2g 枸橼酸溶于 200ml 去离子水即可。

（5）其他试剂：RPMI1640 培养基、小牛血清、红细胞裂解液、20%的 SDS。

四、实验步骤

（1）靶细胞制备：取对数生长期 YAC-1 细胞，用 RPMI1640 培养液洗两次，调整细胞浓度为 1×10^6 个/ml。

（2）效应细胞制备：小鼠脾单细胞悬液（具体制备方法参见实验三十六），调整细胞浓度为 1×10^7 个/ml。

（3）测定管：将靶细胞与效应细胞按 1：100、1：50、1：25、1：12.5 等浓度加入 96 孔板中，每孔 100μl，组均设 3 个复孔。

（4）自然释放孔：靶细胞 100μl，RPMI1640 液 100μl，加入 96 孔板中，设 3 个复孔。

（5）最大释放孔：靶细胞 100μl，1% NP-40 100μl，加入 96 孔板中，设 3 个复孔。

（6）细胞对照孔：效应细胞 100μl，RPMI1640 液 100μl，加入 96 孔板中，设 3 个复孔。

（7）将 96 孔板轻轻混匀后置 37℃、5% CO_2 细胞培养箱中培养 2h，吸出孔中上清液 100μl 相应放入另一 96 孔板中，置 37℃、5% CO_2 细胞培养箱中培养 10min，每孔加入 LDH 底物溶液 100μl，室温避光反应 10min，每孔加入终止液 30μl，终止反应。

（8）用酶标测定仪（490nm 或 570nm）测得 OD 值。

五、结果分析

（1）细胞毒指数：

$$\text{细胞毒指数（\%）}=\frac{\text{测定组OD值}-\text{自然释放对照组OD值}}{\text{最大释放对照组OD值}-\text{自然释放对照组OD值}}\times100\%$$

（2）正常参考值 55.35%±14.92%。

六、注意事项

（1）靶细胞一定要选择对数生长期细胞，活细胞比例应>95%。

（2）脾细胞用新鲜的活细胞，分离纯度越高越好。

（3）实验过程要求无菌，以免细胞污染而影响结果。

（4）底物要使用前临时配制。

七、参考文献

张文学. 2007. 免疫学实验技术. 北京：科学出版社

实验五十三　NK 细胞杀伤活性检测——MTT 比色法

一、实验目的

1. 学习 MTT 法检测 NK 细胞杀伤活性的实验方法。
2. 理解 MTT 法检测 NK 细胞杀伤活性的实验原理。
3. 掌握 MTT 法检测 NK 细胞杀伤活性的实验操作。

二、实验原理

MTT 全称为 3-（4，5）-dimethylthiahiazo（-z-y1）-3，5-di-phenytetrazoliumromide，活细胞的琥珀酸脱氢酶能还原 MTT，形成不溶于水的蓝紫色甲臜（formazan）结晶，该结晶经加入有机溶剂溶解后呈蓝紫色，用分光光度计可测定其吸光度值，其大小可反映细胞的数量及活性。细胞生长旺盛时因细胞内的线粒体对 MTT 的代谢增强，形成甲臜颗粒增多，显色深；而细胞生长受抑制时则对 MTT 的代谢降低，细胞内形成的甲臜颗粒减少，显色浅。利用酶标仪测定其在 490nm 波长的吸光值，通过计算效应细胞对靶细胞生长的抑制率即为细胞毒活性。

三、实验材料

1. 实验材料

（1）靶细胞：取对数生长期 YAC-1 细胞（小鼠 NK 细胞敏感的细胞株）。

（2）效应细胞：小鼠脾细胞（或外周血淋巴细胞），作为 NK 细胞的来源。

2. 实验用品

解剖器、200 目铜网、注射器、酶标仪。

3. 试剂

5mg/ml MTT 溶液、盐酸异丙醇、RPMI1640 培养液、小牛血清、10%SDS。

四、实验步骤

（1）靶细胞制备：取对数生长期 YAC-1 细胞，用 RPMI1640 培养液洗两次，调整细胞浓度为 2×10^5 个/ml。

（2）效应细胞制备：小鼠脾单细胞悬液（具体制备方法参见实验三十六），调整细胞浓度为 1×10^6 个/ml。

（3）细胞毒实验：取上述效应细胞及靶细胞悬液各 100μl，加入 96 孔细胞培养板中混匀，设相应的对照孔及每个样本做 3 个重复孔。同时设单独靶细胞或效应细胞对照各 3 个重复孔。

（4）将细胞培养板置 37℃、5% CO_2 细胞培养箱培养 4h 后离心，每孔弃上清液 100μl，每孔加入 MTT 10μl，继续孵育 4h。

（5）终止反应时每孔加入盐酸异丙醇 100μl，充分混匀后用酶标仪测定 490nm 处 OD 值。

五、结果分析

利用测定的每孔 OD 值后按下式计算效应细胞的细胞毒活性：

$$杀伤率（\%）=(1-\frac{OD_{E+T}-OD_E}{ODT})\times100\%$$

式中，OD_E 为效应细胞的光密度值；OD_{E+T} 为实验组的光密度值；OD_T 为靶细胞孔的光密度值。

六、注意事项

（1）靶细胞一定要选择对数生长期细胞，活细胞比例应>95%。

（2）脾细胞用新鲜的活细胞，分离纯度越高越好。

（3）加入 SDS 后应将培养物充分混匀，使细胞内形成的甲臜颗粒充分溶解。

七、参考文献

顾忠民，马忠森，安继红，等. 2003. 改良 MTT 比色法检测 NK 细胞活性. 吉林大学学报（医学版），1：119-120

实验五十四　NK 细胞杀伤活性实验——^{51}Cr 释放法

一、实验目的

1. 学习 ^{51}Cr 释放法测 NK 细胞杀伤活性的实验方法。

2. 理解 ^{51}Cr 释放法测 NK 细胞杀伤活性的实验原理。

3. 掌握 ^{51}Cr 释放法测 NK 细胞杀伤活性的实验操作。

二、实验原理

利用放射性同位素 ^{51}Cr 标记靶细胞，将标记的靶细胞与淋巴细胞共同孵育一定时间后，靶细胞 ^{51}Cr 释放量与效应细胞活性成正比，测定培养上清液中放射性强度可以反映 NK 细胞的杀伤活性。

三、实验材料

1. 实验材料

（1）靶细胞：取对数生长期 YAC-1 细胞（小鼠 NK 细胞敏感的细胞株）。

（2）效应细胞：小鼠脾细胞（或外周血淋巴细胞），作为 NK 细胞的来源。

2. 实验用品

解剖器、200 目铜网、注射器、γ 计数器。

3. 试剂

Na_2CrO_4、RPMI1640 培养液、小牛血清、1% NP-40。

四、实验步骤

（1）靶细胞制备与标记：取对数生长期 YAC-1 细胞，用 RPMI1640 培养液洗两次，调整细胞浓为 2×10^6 个/ml。取 1×10^6 个/ml 细胞 0.5ml，加入 ^{51}Cr 100μCi 混匀后置 37℃、5% CO_2 细胞培养箱孵育 2h，每 30min 轻轻振摇一次。用细胞培养液洗涤细胞 3 次后调细胞浓度至 1×10^5 个/ml 备用。

（2）效应细胞制备：小鼠脾单细胞悬液（具体制备方法参见实验三十六），调整细胞浓度为 1×10^6 个/ml，作为 NK 细胞的来源。

（3）细胞毒实验：取上述效应细胞悬液 1ml 置聚丙烯试管中，加入靶细胞悬液 0.1ml（也可设不同的效应细胞与靶细胞比例），设相应的对照管。置 37℃、5% CO_2 细胞培养箱中培养 4h。

（4）将细胞离心，每管取上清液 0.5ml。

（5）将上清液置 γ 计数器中，测定其放射性（cpm 值）。

五、结果分析

测定每管 cpm 值，依下式计算：

$$细胞毒活性（\%）=\frac{试管中^{51}Cr释放量(cpm)-自然释放管^{51}Cr释放量(cpm)}{最大^{51}Cr释放量(cpm)-自然释放管^{51}Cr释放量(cpm)}\times100\%$$

式中，自然释放管为 1ml RPMI1640 培养液代替相应细胞悬液；最大释放管以 1ml 1% NP-40 液代替相应细胞悬液。

六、注意事项

（1）靶细胞一定要选择对数生长期细胞，活细胞比例应>95%。

（2）脾细胞用新鲜的活细胞，分离纯度越高越好。

（3）根据预实验确定效应细胞/靶细胞的最佳比例。

（4）注意防护同位素放射性污染。

附录一 常用血液抗凝剂的配制及用法

1. 肝素

1）肝素抗凝作用原理

肝素的抗凝作用很强，做死亡复苏等实验时，常用它作动物全身抗凝剂，肝素的抗凝作用主要是抑制凝血致活酶的活性，阻止血小板凝聚及抑制抗凝血酶等作用，从而使血液不发生凝固。

2）配制和用量

纯的肝素 10mg 能抗凝 65～125ml 血液（按 1mg 等于 125U，10～20U 能抗 1ml 血液计算）。由于肝素制剂的纯度高低及其保存时间长短不等，其抗凝效果也不相同。一般可配成 1%肝素生理盐溶液，用时取 0.1ml 于试管内，100℃烘干，每管能抗凝 5～10ml 血液。动物实验做全身抗凝时，一般剂量为：大白鼠 2.5～3.0mg/200～300g 体重，兔 10mg / kg 体重，狗 5～10mg / kg 体重。肝素可改变蛋白质等电点，因此当用盐析法分离蛋白质作蛋白质各部分的测定时，不可采用肝素。市售的肝素钠溶液每毫升含肝素 12 500U，相当于 100mg。

2. 草酸盐合剂

1）原理

草酸胺能使血细胞略为膨大，而草酸钾能使血细胞微缩小，因此草酸铵与草酸钾按 3∶2 比例配制，可使血细胞体积保持不变；加福尔马林则能防止微生物在血中繁殖。此抗凝剂最适于作红细胞比积测定。

2）配制方法及用量

草酸铵 1.2g、草酸钾 0.8g、福尔马林 1.0ml、蒸馏水加至 100ml，每毫升血加草酸盐合剂 0.1ml（即相当草酸铵 1.2mg，草酸钾 0.8mg）。根据取血量将计算好的草酸盐剂量加入玻璃容器内烤干备用。如取 0.5ml 于试管，烘干后每管可使 5ml 血不凝固。

3）注意事项

草酸能够沉淀血凝过程中所必需的钙离子，而达到抗凝目的。使用时注意所加的量应适中，不能过多，以免妨碍去蛋白质血滤液的制取。不适用于血液内钙或钾的测定，也不能用于血液非蛋白氮测定。

3. 枸橼酸钠

1）原理

枸橼酸钠可使钙失去活性，防止凝血。但其抗凝作用比较差，碱性较强，不宜做化学检验之用。仅可用于红细胞沉降速度测定。急性血压测定实验所用枸橼酸钠为 5%～6%溶液。

2）配制方法及用量

常配成 3%～5%水溶液。也可直接加粉剂，每毫升血加 3～5mg，即可达到抗凝目的。

4. 草酸钾

1）原理

草酸钾与血液混合后可迅速与血液中的钙离子结合，形成不溶解的草酸钙，使血液不凝固。常用于非蛋白氮测定，但不适用于测定钾和钙（注意：草酸盐能抑制乳酸脱氢酶、酸性磷酸酶和淀粉酶的活性）。

2）配制及使用方法

取草酸钾 10g，加蒸馏水少许使溶解，再加蒸馏水至 100ml。配制成 10%水溶液，如每管加 0.1ml 则可使 5～10ml 血不凝。一般如做微量检验，用血量较少，可配制成 2%溶液，如每管加 0.1ml 可使 1～2ml 血液不凝。

5. 乙二胺四乙酸二钠盐（EDTA）

1）原理

EDTA 对血液中钙离子有很大的亲和力，能与钙离子络合而使血液抗凝。

2）配制及使用方法

每 0.8mg 可抗凝 1ml 血液。除不能用于血浆中钙、钠及含氮物质之测定外，适用于多种抗凝。

附录二　常用消毒液的配制及用途

1. 75%乙醇溶液

量筒量取药用乙醇（95%）789ml倒入烧杯中，加水211ml，混匀后，用乙醇密度计测溶液酒精度，再用95%乙醇或注射用水补足使酒精度达75%，用0.22μm的微孔滤膜过滤后备用。在容器上贴标签，注明品名、浓度、配制时间、配制人，24h更换。常用于皮肤、工具、设备、容器、房间的消毒。

2. 3%双氧水溶液

量筒量取蒸馏水900ml倒入烧杯中，再量取30%双氧水100ml倒入烧杯中，混匀后备用。在容器上贴标签，注明品名、浓度、配制时间、配制人。常用于工具、设备、容器的消毒。

3. 0.1%新洁尔灭消毒液

用量筒量取800ml蒸馏水倒入烧杯中，然后加入5%新洁尔灭200ml，搅拌混匀备用。在容器上贴标签，标明品名、浓度、配制时间、配制人。常用于皮肤、工具、设备、容器、房间的消毒，具有地漏液封、清洁、消毒的作用。

附录三　常用试剂和溶液的配制

1. **磷酸缓冲盐溶液**（PBS）

用 800ml 蒸馏水溶解 8g NaCl，0.2g KCl，1.44g Na_2HPO_4 和 0.24g KH_2PO_4。用 HCl 调节溶液的 pH 至 7.4，加水至 1L。分装后 103.4kPa（1.05kg/cm^2）高压蒸汽灭菌 20min，或过滤除菌，保存于室温。

2. 10×Tris EDTA（TE）

（1）pH7.4 的 TE：100mmol/L Tris-HCl（pH7.4）
10mmol/L EDTA（pH8.0）

（2）pH7.6 的 TE：100mmol/L Tris-HCl（pH7.6）
10mmol/L EDTA（pH8.0）

（3）pH8.0 的 TE：100mmol/L Tris-HCl（pH8.0）
10mmol/L EDTA（pH8.0）

分装后 103.4kPa（1.05kg/cm^2）高压蒸汽灭菌 20min，室温保存。

3. 50×TAE buffer（pH8.5）

（1）称量下列试剂，置于 1L 烧杯中：

Tris	242g
$Na_2EDTA \cdot 2H_2O$	37.2g

（2）向烧杯中加入约 800ml 的去离子水，充分搅拌溶解。

（3）加入 57.1ml 的乙酸，充分搅拌。

（4）加去离子水将溶液定容至 1L 后，室温保存。

4. **溴化乙锭**（10mg/ml）

（1）称量 1g 溴化乙锭，加入到 100ml 容器中。

（2）加入去离子水 100ml，充分搅拌数小时完全溶解溴化乙锭。

（3）将溶液转移至棕色瓶中，室温避光保存。

溴化乙锭的工作浓度为 0.5mg/ml，临用时进行稀释。注意：溴化乙锭是一种致癌物质，必须小心操作。

5. Tris-HCl（1mol/L pH7.4，pH7.6，pH8.0）

用 800ml 蒸馏水溶解 121.1g Tris 碱，加浓盐酸调 pH 至所需值。

pH	HCl
7.4	70ml
7.5	60ml
8.0	42ml

注意事项如下。

（1）应使溶液冷至室温后，方可最后调 pH。加水定容至 1L。分装后高压蒸汽灭菌。

（2）如果 1mol/L 溶液呈黄色，应予丢弃，并使用质量更好的 Tris，Tris 溶液的 pH 因温度而异，温度每升高 1℃，pH 大约降低 0.03 单位，0.05 mol/L 溶液在 5℃，25℃和 37℃时的 pH 分别为 9.5，8.9 和 8.6。

6. Tris-HCl（pH8.8）

称量 181.7g Tris 置于 1L 烧杯中，加入约 800ml 的去离子水，充分搅拌溶解；用浓盐酸调节 pH 至 8.8；将溶液定容至 1L。高温高压灭菌后，室温保存。

注意：应使溶液冷却至室温后再调定 pH。

7. 0.5mol/L EDTA（pH8.0）

（1）称取 186.1g $Na_2EDTA·2H_2O$，置于 1L 烧杯中。

（2）加入约 800ml 的去离子水，充分搅拌。

（3）用 NaOH 调节 pH 至 8.0（约 20g NaOH）。

（4）加去离子水将溶液定容至 1L。

（5）适量分成小份后，高温高压灭菌，室温保存。

注意：pH 至 8.0 时，EDTA 才能完全溶解。

8. 3mol/L 乙酸钠（pH5.2）

称量 40.8g $NaAc·3H_2O$ 置于 100～200ml 烧杯中，加入约 40ml 的去离子水搅拌溶解。加入冰醋酸调节 pH 至 5.2，加去离子水将溶液定容至 100ml，高温高压灭菌后，室温保存。

9. Tris 镁盐溶液（TM）

50mmol/L Tris-HCl（pH7.8）

10mmol/L $MgSO_4$

10. Tris 缓冲盐溶液（TBS）

用 800ml 蒸馏水溶解 8g NaCl，0.2g KCl 和 3g Tris 碱，加入 0.015g 酚红并用 HCl 调 pH 至 7.4，用蒸馏水定容至 1L。分装后 103.4kPa（1.05kg/cm^2）高压蒸汽灭菌 20min，室温保存。

11. 10%（*W/V*）SDS

称量 10g 高纯度的 SDS 置于 100～200ml 烧杯中，加入约 80ml 的去离子水，68℃加热溶解。滴加浓盐酸调节 pH 至 7.2，将溶液定容至 100ml 后，室温保存。

12. 2mol/L NaOH

（1）量取 80ml 去离子水置于 100～200ml 塑料烧杯中（NaOH 溶解过程中大量放热，有可能使玻璃烧杯炸裂）。

（2）称取 8g NaOH 小心地逐渐加入到烧杯中，边加边搅拌。

（3）待 NaOH 完全溶解后，用去离子水将溶液定容至 100ml。

（4）将溶液转移至塑料容器中后，室温保存。

13. 2.5mol/L HCl

（1）称取 292.2g HCl 置于 1L 烧杯中，加入约 800ml 的去离子水后搅拌溶解。

（2）加去离子水将溶液定容至 1L 后，适量分成小份。

（3）高温高压灭菌后，4℃保存。

14. 1mol/L DTT

（1）称取 3.09g DTT，加入到 50ml 塑料离心管内。

（2）加 20ml 的 0.01mol/L NaOAc（pH5.2），溶解后使用 0.22mm 滤膜过滤除菌。

（3）适量分成小份后，–20℃保存。

15. 溶菌酶（10mg/ml）

使用前用 10mmol/L Tris-HCl（pH8.0）即刻溶解溶菌酶，配成 10mg/ml 浓度的储存液。配制时要确保 Tris 的 pH 为 8.0，如果溶液的 pH 低于 8.0，溶菌酶则不能有效工作。

16. RNase A（10mg/ml）

溶解 10mg 的 RNA 酶于 1ml 的 10mmol/L 的乙酸钠水溶液中（pH5.0）。溶解后于水浴中煮沸 15min，使 DNA 酶失活。用 1mol/L 的 Tris-HCl 调 pH 至 7.5，于–20℃储存（配制过程中要戴手套）。

17. Ampicillin（100mg/ml）

（1）称量 5g Ampicillin 置于 50ml 离心管中。

（2）加入 40ml 灭菌水，充分混合溶解后，定容至 50ml。

（3）用 0.22mm 过滤膜过滤除菌。

（4）小份分装（1ml/份）后，–20℃保存。

参考文献

奥斯伯 FM，布伦特 R，金斯顿 RE，等. 1998. 精编分子生物学实验指南. 金由辛，包慧中，赵丽云，等译. 北京：科学出版社

陈士怡. 1989. 酵母遗传学. 北京：科学出版社

卢圣栋. 1999. 现代分子生物学实验技术. 北京：中国协和医科大学出版社

萨姆布鲁克 J，拉塞尔 DW. 1992. 分子克隆实验指南. 黄培堂译. 北京：科学出版社

汪家政，范明. 2000. 蛋白质技术手册. 北京：科学出版社

周顺伍. 2010. 动物生物化学实验指导. 北京：中国农业出版社